T0244023

SUPERA TUS EXPECTATIVAS

DAVID ROBSON

SUPERA TUS EXPECTATIVAS

Cómo transformar tu vida cambiando
tu forma de pensar

Urano

Argentina – Chile – Colombia – España
Estados Unidos – México – Perú – Uruguay

Título original: *The Expectation Effect*
Editor original: Canongate Books Ltd.
Traducción: Marta García Madera

1.ª edición Octubre 2023

Reservados todos los derechos. Queda rigurosamente prohibida, sin la autorización escrita de los titulares del *copyright*, bajo las sanciones establecidas en las leyes, la reproducción parcial o total de esta obra por cualquier medio o procedimiento, incluidos la reprografía y el tratamiento informático, así como la distribución de ejemplares mediante alquiler o préstamo público.

Copyright © 2022 *by* David Robson
All Rights Reserved
First published in Great Britain in 2022 by Canongate Books Ltd.
© 2023 de la traducción *by* Marta García Madera
© 2023 *by* Urano World Spain, S.A.U.
Plaza de los Reyes Magos, 8, piso 1.º C y D – 28007 Madrid
www.edicionesurano.com

ISBN: 978-84-18714-21-4
E-ISBN: 978-84-19699-34-3
Depósito legal: B–14.556–2023

Fotocomposición: Ediciones Urano, S.A.U.

Impreso por: Rotativas de Estella – Polígono Industrial San Miguel Parcelas E7-E8
31132 Villatuerta (Navarra)

Impreso en España – *Printed in Spain*

Para Robert

Índice

INTRODUCCIÓN

«La mente es su propio lugar, y en sí misma puede hacer un
cielo del infierno, y un infierno del cielo»

JOHN MILTON, *Paraíso perdido*

Nuestras expectativas son como el aire que respiramos: nos acompañan a todas partes, pero rara vez somos conscientes de su presencia.
Puede que supongas que tu cuerpo es resiliente, o que tiende a ponerse enfermo. Quizás pienses que eres delgado y atlético de forma
natural o que tienes predisposición a aumentar de peso. Quizás creas
que el estrés de la vida te perjudica la salud, y que, si has dormido
mal una noche, al día siguiente irás como un zombi.

Estas suposiciones pueden parecer verdades objetivas, ineludi-
bles. Sin embargo, en este libro, quiero mostrarte que dichas creencias, en sí, moldean profundamente tu salud y bienestar, y aprender
a reprogramar nuestras expectativas acerca de estas cuestiones puede
tener efectos realmente notables sobre nuestra salud, felicidad y productividad.

¿No me crees? Echémosle un vistazo a este interesante estudio
de la Universidad de Harvard. Los participantes eran limpiadores de
hotel, cuyo trabajo suele ser intenso físicamente, aunque parezca
muy distinto al ejercicio que uno hace en el gimnasio. Para cambiar

las percepciones de su propia forma física, los investigadores les explicaron que la cantidad de energía que se empleaba para aspirar el suelo, cambiar las sábanas o mover muebles durante una semana equivalía fácilmente al nivel de ejercicio recomendado para tener buena salud. Al cabo de un mes, los investigadores descubrieron que la forma física de los limpiadores había mejorado mucho, concretamente, en el peso y la presión arterial. Sorprendentemente, cambiar sus creencias sobre su cuerpo y tener expectativas nuevas sobre su trabajo les aportó ventajas fisiológicas reales, sin hacer ningún cambio en su estilo de vida.[1]

Descubriremos que los «efectos de las expectativas» como este también pueden influir en nuestra susceptibilidad a la enfermedad, nuestra habilidad para mantener un peso corporal estable y las consecuencias del estrés y el insomnio a corto y largo plazo. Tal y como muestra la historia siguiente, el poder de las expectativas es tan fuerte que incluso puede determinar cuánto tiempo vivimos.

* * *

A finales de la década de 1970, los Centros para el Control y la Prevención de Enfermedades de Estados Unidos empezaron a recibir información sobre el preocupante número de inmigrantes laosianos recién llegados que se morían mientras dormían. En general, eran de sexo masculino, de entre veinticinco y cuarenta y cinco años, y casi todos pertenecían al grupo étnico Hmong, que había escapado de la persecución en Laos tras la llegada al poder del movimiento político comunista Pathet Lao. Lo único que alertaba a sus seres queridos era oír un sonido que indicaba que les faltaba el aire y, a veces, un jadeo, un gemido o un grito. Pero cuando llegaba la ayuda, ya habían muerto.

A pesar de sus esfuerzos, los epidemiólogos no encontraban ninguna explicación médica aceptable para el denominado «síndrome de muerte nocturna súbita e imprevista». Las autopsias no evidenciaban indicios de envenenamiento, ni había nada particularmente extraño sobre su dieta o salud mental. Sin embargo, en su punto más alto, la tasa de mortalidad era tan elevada entre los hombres jóvenes Hmong que ese síndrome acababa con más vidas que la suma de las otras cinco causas principales de muerte. ¿Por qué tantos adultos aparentemente sanos fallecían mientras dormían?

Las investigaciones de la médica y antropóloga Shelley Adler resolverían el misterio. Según el folklore tradicional Hmong, un demonio malvado llamado *dab tsog* deambula por el mundo de noche. Cuando encuentra a su víctima, se tiende encima de su cuerpo, la paraliza y le tapa la boca hasta que ya no puede respirar.

En las montañas de Laos, los Hmong podían pedir a un chamán que les hiciera un collar de protección, o podían sacrificar un animal para apaciguar a sus ancestros, que los protegerían del *dab tsog*. Pero como aquellos hombres estaban en Estados Unidos, no había chamanes ni se podían realizar sacrificios rituales para calmar a sus antepasados, lo que significaba que no tenían protección frente al *dab tsog*. Muchos de ellos se habían convertido al cristianismo para poder integrarse mejor en la cultura estadounidense, abandonando por completo sus antiguos rituales.

La culpabilidad que sentían por haber abandonado sus tradiciones era en sí misma una fuente de estrés crónico que, en términos generales, podía haber tenido un efecto negativo en su salud. Pero era durante la noche cuando el miedo frente al *dab tsog* se convertía en una realidad. Unas pesadillas perturbadoras les provocaban parálisis del sueño. Es decir, la mente estaba consciente, como si estuvieran totalmente despiertos, pero su cuerpo no se podía mover. Este tipo de parálisis no es peligroso de por sí (afecta a alrededor del ocho por ciento de las personas).[2] Sin embargo, los inmigrantes Hmong pensaban que el *dab tsog* había vuelto para vengarse de ellos. Adler llegó a la conclusión de que el pánico era tan fuerte que podía agravar una arritmia que acabara conduciendo a un paro cardíaco.[3] A medida que aumentaban las muertes, los hombres Hmong se asustaban todavía más, lo que creaba una especie de histeria entre la población que podría haber causado aún más defunciones. Actualmente, esta explicación es aceptada por muchos científicos.[4]

Los reportajes periodísticos de la época describían el «primitivismo cultural» de aquellas personas que estaban «congeladas en el tiempo» y «gobernadas por el mito y las supersticiones». Sin embargo, hoy en día, los científicos discuten si todos somos susceptibles a creer que somos tan potentes como el *dab tsog*. Puede que no creas en demonios, pero los pensamientos sobre la forma física, y las expectativas sobre la salud a largo plazo pueden tener consecuencias reales para tu longevidad, incluido el riesgo de sufrir una enfermedad cardíaca. Este es el enorme poder del efecto de las expectativas. Solo cuando reconozcamos su influencia podremos empezar a usarlo en nuestro propio beneficio para asegurarnos de tener una vida más larga, más sana y más feliz.

Este tipo de afirmaciones provocativas puede recordar peligrosamente al contenido de muchos libros de autoayuda *New Age*, como el superventas de Rhonda Byrne *El Secreto*, que ha vendido treinta y cinco millones de ejemplares. Byrne promovió la «ley de la atracción», la idea de que, por ejemplo, visualizar que eres rico atraerá más dinero a tu vida. Estas ideas son pura seudociencia, mientras que todos los descubrimientos del presente libro se basan en experimentos fundamentados, publicados en revistas especializadas revisadas por expertos, y todos pueden ser explicados por mecanismos psicológicos y fisiológicos ampliamente aceptados, como las acciones de los sistemas nervioso e inmunológico. Aprenderemos cómo influyen nuestras creencias en muchas consecuencias importantes de la vida sin tener que recurrir a lo paranormal.

Quizás te preguntes de qué forma el contenido de nuestros pensamientos puede tener una influencia significativa sobre el caos que existe en el mundo actualmente. Escribí gran parte de este libro en plena pandemia del Covid–19, cuando muchos de nosotros estábamos de luto por la muerte de seres queridos y temíamos perder nuestro medio de vida. Nos hemos enfrentado a una inestabilidad e incertidumbre política enormes, y muchas personas siguen luchando contra enormes desigualdades estructurales a día de hoy. Puede parecer que nuestras expectativas y creencias tengan poco peso frente a todas esas barreras.

Sería ridículo afirmar que el pensamiento positivo puede eliminar toda esta infelicidad y ansiedad, y no seré yo quien defienda tal cosa (la investigación científica sigue mostrando que el mero hecho de negar las dificultades de una situación solo conduce a resultados peores). Sin embargo, como veremos pronto, nuestras creencias sobre nuestras propias capacidades pueden influir en cómo abordamos los retos y determinan cómo estos pasan factura a nuestra salud física y mental. Pese a que muchas crisis actuales escapen a nuestro control, nuestras respuestas a situaciones difíciles a menudo son producto de nuestras expectativas, y comprender este hecho nos permite aumentar nuestra resiliencia y reaccionar de forma más constructiva a los problemas a los que nos enfrentamos.

El efecto de las expectativas descrito en estos capítulos, y esto es algo en lo que haré hincapié a lo largo del libro, afecta de manera crucial a creencias *específicas* y no a un optimismo o pesimismo generales. Armado con conocimiento científico sobre la forma en la que tus expectativas moldean tu vida, puedes aprender a reencuadrar y reevaluar tu forma de pensar sin autoengañarte, y sin que sea necesario vivir en una ficción exageradamente optimista para beneficiarte de ello.

* * *

Yo mismo comprendí el enorme poder de las expectativas hace siete años, durante un período convulso de mi vida.

Como muchas personas, en el pasado había sufrido depresión y ansiedad, pero, a lo largo de mi vida, había conseguido las herramientas para capear el temporal de la infelicidad hasta que pasaba la tormenta. Sin embargo, tras un período de estrés intenso, mis bajones anímicos empezaron a ser cada vez más profundos y duraderos hasta que llegaron a ser insoportables.

Al reconocer esos síntomas, fui a mi médico de cabecera, que me recetó antidepresivos y me hizo las advertencias habituales sobre sus efectos secundarios conocidos, como por ejemplo la migraña. Efectivamente, mi humor pareció estabilizarse, pero durante los primeros días, también experimenté unos dolores de cabeza horribles, como si me hubieran clavado un punzón de hielo en el cráneo. El dolor era tan intenso que estaba seguro de que me estaba pasando algo horrible en el cerebro. Era imposible que aquel dolor tan agudo no fuera alguna especie de aviso.

Sin embargo, dio la casualidad de que también empecé a escribir un artículo de ciencia popular sobre el efecto placebo (del latín «me curaré»). Tal y como es bien sabido actualmente, a menudo las pastillas de azúcar pueden reducir síntomas y acelerar la recuperación a través de la mera expectativa del paciente de que su cuerpo sanará. Y esto coincide con cambios fisiológicos en la circulación sanguínea, el equilibrio hormonal y la respuesta inmunológica.

Mientras trabajaba en el artículo, descubrí que muchas personas que toman pastillas placebo no solo experimentan los beneficios del medicamento que creen estar tomando, sino que también sufren sus efectos secundarios como náuseas, dolores de cabeza, desmayos o caídas en ocasiones peligrosas de la presión arterial. Y cuanto más les hablen sobre los efectos secundarios, más probable es que afirmen tenerlos. Es lo que se conoce como «efectos nocebo» (del latín «haré daño»). Y, al igual que las respuestas placebo, estos síntomas no son simplemente «imaginarios» sino que son el resultado de cambios fisiológicos mensurables, y eso incluye cambios significativos de nuestras hormonas y neurotransmisores.

En muchos antidepresivos, la gran mayoría de los efectos secundarios se pueden explicar a través de la respuesta nocebo y no por una reacción inevitable. Es decir, el dolor horrible que sentía al tomar esa medicación era perfectamente real, pero era producto de la expectativa de mi mente, más que de los efectos químicos reales de los fármacos. Tras saber esto, el dolor pronto desapareció. Después de algunos meses más tomando los antidepresivos (sin efectos secundarios), la depresión y la ansiedad desaparecieron. Sin duda, el hecho de saber que podían aparecer muchos síntomas de abstinencia por el efecto nocebo también me ayudó a dejar de tomar la medicación al final.

Desde entonces, he seguido de cerca la investigación sobre la capacidad de la mente para dar forma a nuestra salud y bienestar, y nuestras capacidades físicas y mentales. Y ahora es evidente que las respuestas placebo y nocebo a los fármacos son solo dos ejemplos de las formas en las que las creencias pueden convertirse en profecías autocumplidas, cambiándonos la vida para bien o para mal. En la literatura científica, estos fenómenos reciben varios nombres, como «efectos de las expectativas», «efectos de la esperanza», «efectos de Edipo» (por la profecía autocumplida de la famosa obra de Sófocles) y «respuestas al significado». Para simplificar, uso el primero, «efectos de las expectativas» para describir todos los fenómenos científicos que forman la base de las consecuencias reales de nuestras creencias.

El estudio sobre los limpiadores de hotel solo es un ejemplo de esta investigación puntera, pero existen muchos otros hallazgos fascinantes. Los denominados «buenos durmientes que se quejan», las personas que sobreestiman cuánto tiempo pasan inquietas y despiertas cada noche, son mucho más propensos a sufrir de mayor fatiga y peor concentración durante el día, que los «malos durmientes que no se quejan», quienes parecen escapar de los efectos adversos del insomnio. A efectos del rendimiento que tenemos al día siguiente, dormimos tan bien como pensamos que hemos dormido.

Al mismo tiempo, las creencias sobre las consecuencias de la ansiedad pueden cambiar las respuestas fisiológicas de una persona al estrés y afectan tanto al rendimiento a corto plazo como al daño a largo plazo en la salud mental y física. Las profecías autocumplidas positivas y negativas también pueden determinar la capacidad de la memoria, la concentración y la fatiga en la realización de tareas mentales difíciles, y la creatividad en la resolución de problemas. Incluso la inteligencia de alguien, algo que durante mucho tiempo se consideró un rasgo inmutable, puede aumentar o disminuir según las expectativas de esa persona.

Estos descubrimientos han hecho que algunos científicos hayan cuestionado los límites fundamentales del cerebro y que sugieran que es posible que todos tengamos reservas mentales sin usar que podemos liberar si desarrollamos la mentalidad adecuada. Y esto tiene implicaciones inmediatas para el trabajo, la educación y nuestra forma de enfrentarnos a presiones nuevas.

Los resultados más llamativos son los relacionados con el proceso de envejecimiento. Las personas que tienen una actitud más positiva respecto a sus últimos años es menos probable que desarrollen pérdida de audición, fragilidad y enfermedades (incluso Alzheimer) que las personas que asocian el envejecimiento con la senilidad y la discapacidad. En un sentido muy real, somos tan jóvenes como nos sentimos.

Tal y como muestra el estudio de Harvard sobre los limpiadores de hotel, nuestras expectativas no son inamovibles. Una vez que reconocemos el poder que nuestras expectativas tienen en nuestra vida, la investigación ofrece algunas técnicas psicológicas muy sencillas que todos podemos aplicar para impulsar nuestra salud física y mental, y liberar completamente nuestro potencial intelectual. Citando a una de las investigadoras más influyentes de este campo, Alia Crum, de la Universidad de Stanford: «Nuestra mente no es un observador pasivo que se limita a percibir la realidad tal y como es, sino que la mente cambia la realidad. Es decir, la realidad que experimentaremos mañana es en parte un producto de la mentalidad que tengamos hoy».[5]

Entonces, ¿cómo pueden el cuerpo, el cerebro y la cultura interactuar de forma tan potente como para producir esas profecías autocumplidas? ¿Qué creencias y expectativas gobiernan nuestro bienestar físico y mental? ¿Cómo podemos utilizar estos descubrimientos fascinantes a nuestro favor? Estas son las cuestiones principales que se responderán en este libro.

Empezaremos este viaje con una nueva y revolucionaria teoría sobre el cerebro que afirma que este es una «máquina de predicción», que explica que las expectativas conscientes e inconscientes pueden influir fuertemente en nuestras percepciones de la realidad (desde las extrañas alucinaciones de los exploradores árticos a nuestra experiencia del dolor y la enfermedad). Y lo que es más importante, esta máquina de predicción también puede alterar la fisiología del cuerpo. Eso nos lleva a explorar el poder de la creencia en la medicina, lo que incluye una intervención psicológica extraordinariamente sencilla que puede acelerar tu recuperación después de una operación quirúrgica. Descubriremos de qué formas se pueden transmitir las expectativas entre individuos a través del contagio social y los orígenes psicosomáticos de muchas crisis de salud recientes, como el aumento sorprendente de alergias alimentarias, y las formas de evitar ser víctima de estos efectos de las expectativas.

A continuación, iremos más allá de la medicina, para explorar el poder de las expectativas en la salud y el bienestar del día a día. Veremos de qué forma el etiquetado de los alimentos puede cambiar el modo de procesar los nutrientes de tu cuerpo, con un impacto directo en tu cintura; cómo puedes usar la mente para eliminar el dolor del ejercicio y mejorar tu rendimiento atlético, sin sustancias de por medio, y cómo cambiar tu respuesta física y mental al estrés. Entenderemos cómo las creencias culturales predominantes en países como la India producen una concentración y una fuerza de voluntad muy superiores a la media. También aprenderemos los secretos de los «superenvejecedores» de la mano de la bailarina de salsa acrobática más vieja del mundo, y el fuerte potencial de la creencia para ralentizar los estragos del tiempo, hasta llegar incluso al envejecimiento de nuestras células. Por último, volveremos a los

Hmong y descubriremos cómo puede ayudarnos su historia a generar nuestras propias profecías autocumplidas.

Al final de cada capítulo, también encontrarás resúmenes de las técnicas para emplear los efectos de las expectativas en tu propio beneficio. Habrá diferencias en los detalles, pero, en general, funcionarán mejor con repetición y práctica. Te animo a que abordes estos principios con un espíritu abierto, probándolos en situaciones cómodas para ti y así poder aprovechar cualquier pequeño beneficio. Aunque pueda ser tentador saltártelo todo para ir directamente a la información práctica, estos efectos de las expectativas tienden a ser más potentes si comprendes la ciencia que hay detrás de su éxito. Cuánto más profundamente proceses el material, mayores serán los beneficios. Por eso, puede que te sea útil escribir las formas específicas en las que esperas aplicarlo en tu vida. Quizás quieras compartir tus resultados en las redes sociales con el *hashtag* #efectoexpectativa o subirlos al sitio web www.expectationeffect.com, que iré actualizando con regularidad; existen investigaciones que sugieren que compartir el efecto de las expectativas con otras personas, y escuchar sus experiencias, puede aumentar su poder.

Seré totalmente claro. Tu mente, por sí sola, no puede hacer milagros. No puedes imaginar montañas de dinero y enriquecerte con el poder de tu mente, ni curarte de una enfermedad terminal a través de visualizaciones positivas. Sin embargo, tus expectativas y creencias pueden influir (de hecho, ya lo hacen) en tu vida de otras formas potentes y sorprendentes. Si quieres aprender a emplearlas en tu propio beneficio, sigue leyendo. Puede que tu potencial para el cambio personal te sorprenda.

1

LA MÁQUINA DE PREDICCIÓN

De qué forma tus creencias moldean tu realidad

Unas noches antes de Navidad, los drones parecían estar por todas partes y en ninguna al mismo tiempo.

El drama empezó a las nueve de la noche del 19 de diciembre de 2018, cuando un agente de seguridad del aeropuerto de Gatwick (Londres) vislumbró dos vehículos aéreos no tripulados: uno volaba alrededor de la valla perimetral y otro dentro del complejo. Enseguida se cerró la pista por miedo a un ataque terrorista inminente. Al fin y al cabo, solo hacía diecinueve meses del atentado islamista en el Manchester Arena, y había habido informes que alertaban de que Isis planeaba operar con explosivos en drones comerciales.

El caos escaló durante las treinta horas siguientes debido a las decenas de avistamientos que mantuvieron el aeropuerto confinado. Sin embargo, pese a los esfuerzos, ni los agentes de seguridad ni la policía pudieron localizar los drones. Era como si desaparecieran en cuanto alguien los veía. Más sorprendente todavía fue que sus operadores parecían haber encontrado una forma de esquivar el sistema de rastreo y desactivación del ejército, que no pudo detectar ninguna actividad inusual en aquella área, pese a que se declararan un total de ciento setenta avistamientos. La noticia pronto llegó a los medios de comunicación internacionales, que avisaron de que podrían ocurrir ataques similares en otros países.

A las seis de la mañana del 21 de diciembre, la amenaza parecía haber pasado por fin, y el aeropuerto reabrió al público. Quien estuviera detrás del ataque (fuera un terrorista o un bromista) había logrado el objetivo de sembrar el caos, alterando los viajes de ciento cuarenta mil pasajeros por la cancelación de más de mil vuelos. Pese a ofrecer una recompensa considerable, la policía fue totalmente incapaz de encontrar a un culpable, y no hay ni una foto que ofrezca pruebas del ataque, lo que ha hecho que haya voces (incluso de miembros de la policía) que cuestionaran si alguno de esos drones llego siquiera a existir.[6] Incluso en caso de que realmente hubiera habido, en cierto momento, un dron cerca del aeropuerto, es evidente que la mayoría de los avistamientos eran falsos, y el caos resultante casi seguro, innecesario.

Con tantos informes independientes de docenas de fuentes, podemos descartar fácilmente la posibilidad de que esto fuera alguna clase de mentira o conspiración. Ese suceso demuestra el poder de la expectativa para cambiar nuestra percepción, y, a veces, para crear una visión de algo que es totalmente falso.

Según un número creciente de neurocientíficos, el cerebro es una «máquina de predicción» que construye una simulación elaborada del mundo, basada tanto en sus expectativas y experiencias previas como en los datos sin procesar que llegan a los sentidos. Para la mayoría de las personas durante la mayor parte del tiempo, estas simulaciones coinciden con la realidad objetiva, pero a veces pueden alejarse de lo que existe realmente en el mundo físico.[7]

El conocimiento de la máquina de predicción puede explicarlo todo, desde avistamientos de fantasmas a decisiones desastrosamente malas de árbitros deportivos o la aparición misteriosa de drones inexistentes en el cielo invernal. Nos puede ayudar a entender por qué dos cervezas de la misma marca pueden tener un sabor diferente y nos muestra que, para alguien que tiene una fobia, el mundo parece mucho más aterrador de lo que es en realidad. Esta gran teoría unificadora de la mente también sienta las bases para todos los efectos de las expectativas que examinaremos en el presente libro.

EL ARTE DE VER

Las semillas de esta teoría extraordinaria sobre el cerebro fueron sembradas a mediados del siglo xɪx por el polímata alemán Hermann von Helmholtz. Mientras estudiaba la anatomía del globo ocular, se dio cuenta de que los patrones de luz que llegaban a la retina serían demasiado confusos para que reconociéramos lo que tenemos alrededor. El mundo en 3D (con objetos a varias distancias y ángulos extraños) había sido aplanado en dos discos de dos dimensiones, lo que daba como resultado contornos oscurecidos que se solapaban y que serían difíciles de interpretar. Incluso el mismo objeto podría reflejar colores muy distintos en función de la fuente de la luz. Si estás leyendo este libro físico en un interior al atardecer, por ejemplo, la página reflejará menos luz que una página gris oscuro con luz del sol directa. Sin embargo, en ambos casos, parecen claramente blancas.

Helmholtz sugirió que el cerebro recurre a las experiencias del pasado para arreglar el desorden visual y lograr la mejor interpretación posible de lo que recibe a través de un proceso que denominó «inferencia inconsciente». Él proponía que, aunque pensemos que vemos el mundo sin filtrar, la visión se forja realmente en el «trasfondo oscuro» de la mente a partir de lo que supone que es más probable que esté delante de ti.[8]

Las teorías ópticas de Helmholtz influyeron en artistas posimpresionistas como Georges Seurat[9], pero no fue hasta la década de 1990 cuando la idea empezó a arraigar en el campo de la neurociencia, con signos de que las predicciones de la mente influyen en cada etapa del procesamiento visual.[10]

Antes de entrar en una habitación, tu cerebro ya ha construido muchas simulaciones de lo que podría haber dentro, y las compara con lo que encuentra de verdad. En algunos puntos, las predicciones pueden tener que volverse a matizar para encajar mejor los datos de la retina; en otros, la confianza del cerebro en sus predicciones puede ser tan fuerte que opta por descartar algunas señales mientras acentúa otras. Tras numerosas repeticiones de este proceso, el cerebro llega a la «mejor suposición» de la escena. Tal y como afirma Moshe Bar, neurocientífico de la Universidad Bar-Ilan de Israel que ha dirigido gran parte de este trabajo: «Vemos lo que predecimos y no lo que hay ahí fuera».

Actualmente, numerosas pruebas, algunas de ellas relativas a la propia anatomía del cerebro, apoyan esta hipótesis. Si miras las conexiones de la corteza visual en la parte trasera de la cabeza, verás que los nervios que llevan señales eléctricas desde la retina son ampliamente superados por las conexiones neurales que alimentan las predicciones de otras regiones del cerebro.[11] Respecto a los datos que proporciona, el ojo es un elemento relativamente pequeño (aunque sea ciertamente esencial) de tu visión, mientras que el resto de lo que ves se crea «en la oscuridad» del interior de tu cráneo.

Midiendo la actividad eléctrica del cerebro, neurocientíficos como Moshe Bar pueden observar los efectos de nuestras predicciones en tiempo real. Por ejemplo, ha observado el paso de señales de las regiones frontales del cerebro (que participan en la formación de las expectativas) hasta la corteza visual en las etapas más tempranas del procesamiento visual, mucho antes de que la imagen aparezca en nuestra conciencia.[12]

Existe un sinfín de buenas razones por las que hemos podido evolucionar para ver el mundo de esta forma. En primer lugar, el uso de predicciones para guiar la visión ayuda a la mente a reducir la cantidad de información sensorial que procesa de verdad para así concentrarse en los detalles más importantes, es decir, las cosas más sorprendentes que no encajan con sus simulaciones más recientes.

Tal y como Helmholtz apuntó, la confianza de la mente en la predicción también puede ayudarnos a abordar una ambigüedad increíble.[13] Si miras la imagen siguiente (una fotografía descolorida y de poca calidad), probablemente te costará identificar algo reconocible.

En cambio, si te digo que busques una vaca, mirándote, con su gran cabeza hacia la izquierda de la imagen, quizás experimentes cómo algo «hace clic» y, de repente, la imagen tiene mucho más sentido. Si es así, acabas de experimentar el procesamiento predictivo de tu cerebro volviendo a sus modelos mentales para utilizar conocimiento adicional, transformando la foto en algo significativo.

¿Qué ves cuando miras lo siguiente? (Inténtalo al menos durante diez segundos antes de continuar.)

Si eres como yo, al principio, te parecerá extremadamente difícil distinguir algo concreto. ¿Y si te digo que es una popular mascota? Si todavía no se te ocurre nada, mira la foto original (página 46). Ahora debería estar mucho más claro: significa que las predicciones actualizadas de tu mente de repente han encontrado el sentido entre toda esa confusión.[14] Una vez que lo ves, es casi imposible creer que la imagen te confundiera, y el efecto de esas predicciones actualizadas es duradero. Aunque vuelvas a esta página al cabo de un año, es mucho más probable que descifres la imagen que cuando viste por primera vez esas manchas incomprensibles en blanco y negro.

El cerebro extrae cualquier información contextual que puede para reencuadrar sus predicciones, con consecuencias inmediatas para lo que vemos (si hubieras visto esa fotografía en una tienda de animales o en el consultorio de un cirujano veterinario, quizás habría sido mucho más probable que hubieras visto al perro a primera vista). Incluso el momento del año puede determinar cómo procesa la mente las imágenes ambiguas. Dos científicos suizos, por ejemplo, se pusieron en la entrada del zoo de Zúrich y preguntaron a los participantes lo que veían cuando miraban una versión de una ilusión visual famosamente ambigua:

En octubre, alrededor del noventa por ciento de los visitantes del zoo dijeron que veían a un pájaro mirando a la izquierda. En cambio, en Semana Santa, la cifra cayó al veinte por ciento. La gran mayoría vio un conejo mirando a la derecha. De los niños de menos de diez años, para los que el conejo de Pascua podría ser una figura especialmente importante, casi el cien por cien vio un conejo durante ese fin de semana. La máquina de predicción había sopesado qué interpretación potencial de la fotografía ambigua era más relevante, y la estación consiguió inclinar la balanza, con un efecto tangible sobre la experiencia visual consciente de las personas.[15]

Ahora sabemos que la influencia completa de las expectativas del cerebro no está limitada a la visión, sino que rige todos los tipos de percepción sensorial. Y es increíblemente efectiva. Supón que conduces en un día neblinoso: si la ruta te es familiar, tus experiencias previas ayudarán a tu mente a distinguir la vista de una señal de carretera o de otro coche para que evites un accidente. O imagina que intentas entender el significado de lo que te dice alguien durante una llamada que no para de cortarse. Te resultará mucho más fácil si ya estás familiarizado con el acento y la cadencia de la voz del hablante, gracias a la máquina de predicción.

Prediciendo los efectos de nuestros movimientos, la mente puede mitigar la sensación de contacto cuando una parte del cuerpo toca a otra para que no nos sobresaltemos cada vez que nos rozamos una pierna con otra o el brazo topa con un costado (por esta misma razón, no podemos hacernos cosquillas a nosotros mismos). Los errores en las simulaciones internas de las personas también podrían explicar por qué los amputados a menudo siguen sintiendo dolor en las extremidades perdidas: el cerebro no ha actualizado del todo su mapa del cuerpo, y predice erróneamente que el brazo o la extremidad está sufriendo mucho.

Inevitablemente, habrá algún pequeño error en cada una de las simulaciones de la mente sobre el mundo que nos rodea. Un objeto equivocado o una frase mal oída se corrige enseguida. Sin embargo, alguna vez, esas simulaciones pueden salir muy mal, cuando las altas expectativas evocan ilusiones vívidas de cosas que no existen en el mundo real, por ejemplo, drones volando por el segundo aeropuerto más grande del Reino Unido.

En una brillante demostración de esta posibilidad, se pidió a los participantes que miraran una pantalla de puntos grises aleatorios (como la «nieve» de un televisor analógico sin sintonizar). Con una sugestión adecuada, podrían ser preparados para ver caras en el treinta y cuatro por ciento de las pruebas, aunque no hubiera nada salvo ruido visual aleatorio. La expectación de que va a aparecer una cara conduce a la mente a definir ciertos patrones de píxeles en el mar de gris, lo que hace que la persona tenga una alucinación al ver una imagen significativa con una frecuencia sorprendente. De hecho, los escáneres cerebrales mostraban el cerebro formando esas alucinaciones en tiempo real. Los participantes demostraban una actividad neural intensa en las regiones asociadas normalmente con la percepción facial.[16] Es evidente que ver no es creer, sino que creer es ver.

Creer también es oír. Unos investigadores holandeses dijeron a algunos estudiantes que quizás podrían oír una interpretación apenas perceptible de *White Christmas* de Bing Crosby incorporada en una grabación de ruido blanco. Pese al hecho de que, objetivamente, no había ni una pizca de música, casi un tercio de los participantes afirmaron que podían oír la canción. La creencia implantada sobre lo que estaban a punto de oír condujo a que el cerebro de los estudiantes procesara el ruido blanco de una forma distinta, acentuando algunos elementos y silenciando otros, hasta que tenían la alucinación de oír a Crosby cantando. Lo interesante es que un estudio de seguimiento descubrió que las alucinaciones auditivas de este tipo son más comunes cuando nos sentimos estresados y hemos consumido cafeína, que se considera una sustancia ligeramente alucinógena que puede hacer que el cerebro confíe más en sus predicciones.[17]

Si recordamos el caso de los agentes de seguridad de Gatwick, es fácil imaginar que el miedo por un ataque terrorista inminente podría hacer aparecer la imagen de un dron en la sábana gris del cielo invernal, donde podría haber muchas figuras ambiguas (pájaros o helicópteros, por ejemplo) que la máquina de predicción es posible que malinterprete. Y, cuantos más avistamientos se reportaban, más personas esperaban ver dichos drones. Si los científicos hubieran podido echar un vistazo a sus cerebros, es probable que hubieran observado exactamente la misma actividad mental que alguien mirando un dron de verdad.[18]

Las alucinaciones momentáneas de este tipo pueden ser resultado de los errores de la máquina de predicción en innumerables situaciones. Por lo visto, es común que haya visiones extrañas entre los exploradores polares, por ejemplo, porque el vacío invariable del paisaje (la oscuridad blanca, como algunos la describen) causa estragos en las simulaciones de la máquina de predicción.

Uno de los ejemplos más memorables de este fenómeno concierne a la expedición de Roald Amundsen a la Antártica. El 13 de diciembre de 1911, el equipo de Amundsen estaba a un tiro de piedra del Polo y temían que la expedición rival, de Robert Falcon Scott, los superara en la meta. Mientras montaban el campamento, un miembro del grupo de Amundsen, Sverre Helge Hassel, gritó que había visto a unas personas moviéndose a lo lejos. Al poco tiempo, todo el equipo las veía. Sin embargo, cuando se acercaron hasta ellas corriendo, enseguida descubrieron que eran simplemente excrementos de sus propios perros sobre la nieve. La mente de los exploradores había transformado una pila de excrementos en algo que temían.[19]

Muchas experiencias supuestamente paranormales pueden surgir a través de un proceso similar. Cuando se incendió la catedral de Nôtre Dame de París el 15 de abril de 2019, por ejemplo, varios testigos oculares afirmaron ver la forma de Jesús en las llamas.[20] Algunos supusieron que era una señal de desaprobación de Dios por lo que había ocurrido; otros, que Él estaba intentando ofrecer consuelo a los afectados por los daños. Sin embargo, los científicos dirían que eran las creencias subyacentes de los observadores lo que condujo a su mente a construir algo significativo a partir de patrones de luz ambiguos. Siempre que alguien afirma haber visto a un fantasma, o haber oído voces de muertos vivientes en la estática de una radio sin sintonizar, o haber visto una imagen de Elvis en las nubes, la máquina de predicción exagerada podría ser la culpable. Todos estos fenómenos son consecuencias naturales de la forma en la que el cerebro acostumbra a dar sentido al mundo, aunque, por supuesto, es mucho más probable si ya tienes creencias religiosas o paranormales.

Los deportistas y los árbitros harían bien en recordar el papel de la máquina de predicción durante las polémicas deportivas. Cuando un jugador de tenis y un juez de silla discuten por un punto, ello refleja una diferencia seria en su experiencia de percepción: uno ha «visto» la pelota dentro del campo y el otro la ha «visto» fuera. Ninguno de los dos es idiota ni deshonesto, sino que su cerebro simplemente ha construido simulaciones distintas del mundo que tienen alrededor, lo que ha provocado que tengan experiencias radicalmente distintas de ese evento. Para cada persona, la percepción podría haber parecido tan real como verde es la hierba o azul es el cielo. Concretamente, un jugador confiado podría estar preparado para ver la pelota aterrizando a su favor y, sin intención consciente de engañar, eso podría influir en su percepción, un fenómeno que los psicólogos denominan visión ilusoria (*wishful seeing*).[21]

En el momento del «ataque» del aeropuerto, la policía de Gatwick subrayó la credibilidad de sus testigos oculares. Sin embargo, la teoría del cerebro como máquina de predicción sugiere que quizás no exista un observador totalmente objetivo. Como dice el neurocientífico Anil Seth: «No percibimos pasivamente el mundo, sino que lo generamos de forma activa. El mundo que experimentamos procede tanto, o más, de dentro a afuera que de fuera a adentro».[22] Las expectativas de nuestro cerebro están intrínsecamente entrelazadas con todo lo que experimentamos.

Las implicaciones filosóficas de esta subjetividad inherente son muy profundas. Pero, tal y como averiguaremos pronto, la teoría de la mente como máquina de predicción también tiene consecuencias enormes para nuestro bienestar, unas percepciones que van mucho más allá de la emergencia de ilusiones visuales asombrosas. Y, para abordar esta cuestión, tenemos que conocer a una paciente excepcional.

«ESTABA CIEGA, PERO AHORA VEO»

Una joven a la que llamaré Sara tenía unos diecisiete años cuando se despertó casi completamente ciega. Su visión se había ido deteriorando durante seis meses y ese día solo veía un resplandor leve alrededor de ciertas fuentes de luz. Todo lo demás era oscuridad. Los oftalmólogos no encontraban ningún problema con su vista, lo que no la ayudaba en absoluto a su bienestar diario, mientras contaba con cuidado cada paso y palpaba los muebles para poderse mover por casa.

Tras numerosas pruebas, Sara fue diagnosticada de trastorno neurológico funcional, un término que describe un problema serio en el funcionamiento del cerebro y del sistema nervioso sin ninguna prueba de daño anatómico. Otros ejemplos incluyen sordera, pérdida de sensación o movimiento en las extremidades, o incapacidad para sentir dolor. Todo esto en personas por lo demás sanas desde el punto de vista fisiológico. Y, pese a lo que pueda parecer, no son casos raros: aunque haya una conciencia pública relativamente baja, estos trastornos son la segunda razón más común de las visitas al neurólogo (después de las migrañas y dolores de cabeza).[23] Sigmund Freud supuso que esos síntomas eran consecuencia de traumas o estrés reprimidos. Hoy en día, muchos neurólogos creen que los trastornos neurológicos funcionales como el de Sara pueden ser resultado directo de errores en las predicciones que hace la mente, que, de alguna manera, disminuyen el procesamiento normal de las señales sensoriales hasta el punto de que estas ya no se experimentan. En el caso de Sara, su cerebro le estaba colocando una venda sobre los ojos.

Al principio, Sara rechazó la sugerencia de que su enfermedad tuviera orígenes psicogénicos; parecía un diagnóstico extraño porque nunca había experimentado ningún trastorno psiquiátrico, y estaba gestionado su ceguera reciente con una resiliencia notable. Al final, la remitieron a Jon Stone, un neurólogo de la Universidad de Edimburgo especializado en trastornos neurológicos funcionales. Durante sus primeras conversaciones, Jon descubrió que, antes de perder la vista, Sara había estado experimentando migrañas crónicas que parecían desencadenarse por la luz. Eso había provocado que pasara cada vez más tiempo en una habitación oscura, hasta que una mañana se despertó y ya no veía nada en absoluto.

Stone propuso que, con su creciente fotofobia (miedo a la luz) y la búsqueda constante de oscuridad, el cerebro de Sara de alguna forma se había quedado bloqueado con la idea de que no podía ver nada. Y, aunque aquella expectativa errónea podría haber surgido de forma inconsciente, Stone esperaba que fuera posible corregir el error dándole ánimos y manteniendo conversaciones de forma continuada.

Para ello, Stone señalaba siempre que Sara hacía contacto visual con él o copiaba ciertos gestos suyos. Eran pruebas de que, inconscientemente, el cerebro de Sara todavía era capaz de procesar cierta información visual, y el neurólogo animó a su familia a hacer lo mismo en casa.

Como apoyo extra, Stone usó una forma no invasiva de estimulación cerebral en la que un dispositivo electromagnético situado en el cuero cabelludo excita neuronas debajo del cráneo. Ampliar la actividad eléctrica en la corteza visual puede provocar la sensación de destellos brillantes de luz sin ningún estímulo ocular *per se*. Por lo tanto, el uso de la estimulación proporcionó una prueba directa de que el cerebro de Sara todavía era capaz de tener conciencia visual y ofrecía un recordatorio de cómo era ver.

Funcionó. Tras la primera sesión de estimulación cerebral, Sara afirmó que podía ver la luz brillante de la pantalla de su teléfono móvil más intensamente; en la tercera, empezó a ver imágenes en color por primera vez desde el comienzo de su ceguera. El siguiente progreso fue lento, pero ocho meses después de empezar el tratamiento, una mañana se despertó y vio que había recuperado la visión completamente. Asimismo, hay que destacar que las migrañas crónicas también habían terminado y, al cabo de dos semanas, no tenía ningún síntoma y pudo volver a llevar su estilo de vida anterior.[24]

LA REDUCCIÓN DEL MIEDO

La experiencia de Sara demuestra el gran poder de la máquina de predicción y, al mismo nivel, y lo que es más importante, muestra que es posible corregir estos errores graves. Afortunadamente, la mayoría de nosotros nunca sufriremos una experiencia tan fuerte provocada por los errores del cerebro, pero hay muchas maneras sutiles en las que nuestras percepciones se ven sesgadas por expectativas poco sanas, cada día de nuestra vida, para bien o para mal. Podrían describirse como microilusiones, pequeñas desviaciones en la percepción que confirmarán y amplificarán lo que ya sentimos.

Para dar un ejemplo sencillo de mi propia vida: recientemente, experimenté dos intentos de robo en mi apartamento, durante los cuales los intrusos intentaron forzar la cerradura de la puerta principal mientras yo estaba en la cama. Después, durante meses, mi cerebro transformaba cualquier pequeña perturbación (de día o de noche) en el sonido de la puerta abriéndose. Incluso el sonido de la impresora en otro lugar de la casa parecía el chasquido de la cerradura, con lo que yo iba corriendo a ver si había otro intruso. Todo aquello procedía de los intentos exagerados de la máquina de predicción para identificar otra amenaza.[25]

Con el tiempo, y el cambio de las cerraduras del apartamento, dejé de oír aquellos sonidos fantasma de alguien forzando la cerradura. Sin embargo, hoy en día hay fuertes evidencias de que muchas fobias y ansiedades duraderas van acompañadas (y quizás en parte están causadas) por percepciones permanentemente distorsionadas de peligros potenciales en el entorno. Por ejemplo, se pidió a personas con miedo a las alturas que miraran desde un balcón de ocho metros de altura y que adivinaran la distancia hasta el suelo. De media, sus estimaciones eran alrededor de un metro y medio más altas que las de las personas sin ese miedo.[26] Un ejemplo parecido es que las personas con aracnofobia ven las arañas sistemáticamente mucho más grandes y rápidas de lo que son en realidad, y, cuanto mayor es su miedo, más fuerte es su impresión.[27] Cuando te mira desde la pared que tienes cerca, una araña doméstica normal puede empezar a parecerse mucho a una tarántula aterradora.

Las percepciones deformadas, procedentes de los sesgos de las predicciones del cerebro, también pueden contribuir a nuestras ansiedades sociales. Cuando una persona siente timidez, tristeza o nerviosismo, las fotos de caras neutras le parecen más hostiles en comparación con una persona que esté más calmada.[28] Para colmo, la expectativa (consciente o inconsciente) de rechazo hace que se quede mirando las caras potencialmente antipáticas durante más tiempo, a la vez que pasa por alto cualquier sonrisa agradable. En un famoso experimento, los psicólogos hicieron un seguimiento de movimientos oculares de estudiantes universitarios mientras veían vídeos de adolescentes que estaban de vacaciones. Vieron que el éxito social de la persona alteraba fuertemente sus experiencias de los vídeos. Quienes ya se sentían populares y apreciados en su vida tendían a ver a las personas saludándose, charlando y sonriendo, mientras que las personas que experimentaban aislamiento y soledad apenas notaban ningún signo de cordialidad. De hecho, era mucho más probable que se concentraran en expresiones de falta de amabilidad o rechazo.[29] Tal y como apunta el psicólogo Mitch Prinstein: «Era como si hubieran visto dos películas completamente distintas, al concentrarse mucho más atentamente en señales que apenas eran detectadas por los demás».[30]

Puede que tú mismo hayas experimentado este hecho antes de un acontecimiento particularmente difícil, como hablar en público: debido a nuestros miedos, el público puede parecer lleno de caras aburridas o críticas. O quizás simplemente te has levantado de mal humor y te fijas en que todo el mundo en el tren en el que vas al trabajo parece especialmente antipático esa mañana. Eso son deformaciones temporales. Sin embargo, para muchas personas, la expectativa de hostilidad puede estar profundamente incrustada desde una edad temprana, y los rechazos del pasado comprometen gravemente todo su mundo social, de forma que nunca experimentan de verdad las expresiones de simpatía que les rodean.

En cada uno de estos ejemplos, la visión deformada del mundo parece totalmente objetiva. Gracias a la interacción entre nuestro ánimo, las predicciones del cerebro y los estímulos sensoriales reales, una persona ansiosa o deprimida «ve» el mundo como un lugar mucho más amenazador, del mismo modo que los testigos de Gatwick «vieron» los drones. Y este procesamiento sesgado puede tener consecuencias de comportamiento reales que conduzcan a evitar precisamente las situaciones que podrían ayudar a realinear las predicciones del cerebro. Si una escalera mecánica parece mucho más alta de lo que es en realidad, te va a resultar mucho más difícil poner el pie en el primer peldaño; y, si todas las caras que te rodean parecen estar frunciendo el ceño, es mucho menos probable que te pongas a hablar con alguien que está sentado a tu lado.

Por suerte, puedes aprender a neutralizar estas microilusiones con entrenamiento.[31] La terapia de exposición (en la que la persona es animada a enfrentarse directamente a sus temores) puede funcionar recalibrando las percepciones de las personas. En 2016, un equipo de investigadores alemanes pidió a personas con aracnofobia que se pusieran un casco de realidad virtual y pasearan por unas salas que tenían representaciones realistas de arañas, con un objetivo simple: conservar la calma y evitar huir de la amenaza. No solo el miedo de los participantes a las arañas de verdad se redujo durante la sesión, sino que sus estimaciones acerca del tamaño de estas también pasaron a ser mucho más realistas.[32]

Asimismo, se puede actuar directamente sobre las percepciones deformadas usando una técnica denominada «modificación del sesgo cognitivo». Por ejemplo, se entrega a personas con ansiedad juegos de ordenador simples en los que observan una serie de expresiones faciales representadas, en este caso, por hadas escondidas en un paisaje montañoso. El participante debe encontrar rápido la cara sonriente y feliz y, a la vez, pasar por alto la expresión más hostil (si te interesa probarlo por tu cuenta, puedes descargarte la app *Personal Zen*, desarrollada por investigadores de la Universidad Municipal de Nueva York y, en el momento de escribir este libro, ofrece una prueba gratuita para la mayoría de *smartphones*). El objetivo es reajustar el procesamiento visual para que deje de destacar la información amenazante de una escena. Muchos pacientes afirman notar beneficios significativos tras este tratamiento. Incluso una única sesión de un programa como *Personal Zen* parece aportar cambios a corto plazo en los sentimientos y el comportamiento de la gente (lo que mejora, por ejemplo, su capacidad para hablar en público) mientras que un entrenamiento más regular conduce a beneficios más duraderos.[33]

El mero reconocimiento de la subjetividad inherente del cerebro me ha ayudado a lidiar con mis bajones anímicos. Cuando me siento especialmente ansioso o deprimido (y el mundo que me rodea parece confirmar mis miedos), intento explicar el hecho de que mis emociones, y las expectativas que las acompañan, podrían haber sesgado mi percepción. Como las expectativas negativas también pueden influir en nuestra atención, me esfuerzo en buscar pruebas reales e inequívocas de simpatía (básicamente, reproduciendo los juegos de modificación del sesgo en una ciudad del mundo real).

Huelga decir que esta estrategia no es el método definitivo para tratar enfermedades mentales serias, pero he visto que normalmente evita que caiga en una espiral de pensamiento negativo que en otro momento habría empeorado y prolongado mi bajo estado de ánimo. Solo es un ejemplo de cómo, una vez que entendemos el poder de la expectativa, podemos recalibrar nuestras predicciones para experimentar una visión del mundo más sana y más feliz.

EL SABOR ESTÁ EN LA BOCA DEL QUE MIRA

El poder de la expectativa es muy conocido en el mundo de la gastronomía, donde los expertos en marketing y los chefs aprovechan desde hace años la máquina de predicción para que los comensales disfruten más de los platos.[34]

En uno de los primeros experimentos sobre los efectos generales sobre el sabor, realizado en la década de 1960, dos científicos estadounidenses estudiaron las percepciones de los individuos respecto a la comida de los astronautas, visto como un batido saludable con sabor a chocolate lleno de proteínas, carbohidratos y vitaminas. Sin saber el origen de la bebida, la gente tendía a decir que el sabor era poco apetecible, que era una versión mala del típico batido de chocolate. En cambio, cuando la bebida se etiquetaba explícitamente como «bebida espacial», la apreciación del público aumentaba de forma notable. El nombre exótico, asociado a una ciencia puntera, aumentaba las expectativas y, en consecuencia, actuaba como un potente potenciador del sabor.[35] Ahora sabemos que esto habría sido resultado directo de su procesamiento descendente, que cambiaba el sabor de acuerdo con sus expectativas.

Más recientemente, unos investigadores del MIT pidieron a personas que estaban bebiendo en dos pubs icónicos de la universidad, el *Muddy Charles* y el *Thirsty Ear*, que hicieran una sencilla prueþa de sabor. Los que accedieron a la prueba recibieron una muestra de una cerveza normal (Budweiser o Samuel Adams) y una desconocida a la que llamaron «cerveza MIT». Igual que ocurrió con la «comida espacial», la cerveza MIT sonaba innovadora y emocionante, como si la hubieran preparado con una tecnología avanzada. Pese a que los que bebían la cerveza no lo sabían, la MIT era idéntica a las marcas normales. Lo único que habían añadido los científicos era unas gotas de vinagre balsámico en cada vaso.

La idea de una cerveza mezclada con vinagre en principio no suena apetecible, pero a los del pub les gustó el brebaje. Alrededor del sesenta por ciento afirmó preferir de largo la cerveza MIT por delante de la otra. El hecho de saber que le habían puesto vinagre no cambiaba la preferencia, siempre que se lo dijeran después de haberla probado. Pero no sucedía lo mismo si eran informados de la naturaleza del «ingrediente secreto» antes de haberla probado. En ese caso, solo alrededor del treinta por ciento apreciaban su mezcla única de sabores y la preferían a la otra muestra. El efecto de su expectativa en la experiencia del sabor de la cerveza bastaba para reducir a la mitad la popularidad de la cerveza MIT.[36]

Puede que hayas experimentado algo muy similar al probar una botella de vino caro. Gracias a las expectativas de calidad alteradas, el hecho de saber que el precio es alto da como resultado una mejora notable del sabor, sin tener en cuenta la bebida real.[37] Los cambios de la apariencia pueden tener efectos similares. Cuando unos científicos tiñeron un vino blanco para que pareciera tinto, los participantes detectaron notas más ricas en su sabor, restos de ciruela, chocolate o tabaco que normalmente se asocian a vinos tintos de verdad. Y el poder de las expectativas es tan fuerte que incluso los expertos en vino caen en esta ilusión gustativa.[38]

Los efectos de nuestras ideas preconcebidas son evidentes en tacs de la respuesta del cerebro a la comida. Cuando se les daba el condimento umami básico (glutamato monosódico), por ejemplo, junto a una única frase que detallaba su «sabor rico y delicioso», mostraban una mayor actividad en las regiones que procesaban el placer gustativo que los participantes a los que se les dijo que les iban a dar glutamato monosódico o agua de hervir verduras.[39]

A veces, una misma sustancia puede evocar un intenso placer o auténtico asco en función de las expectativas de la persona. Por ejemplo, una mezcla de ácido isovalérico y butírico crea un olor ligeramente agrio que se puede encontrar en dos sustancias que nos resultan familiares: el queso parmesano y el vómito. Pero tu cerebro procesará el mismo aroma de una forma muy distinta, en función de cómo esté presentado, cosa que hará que o bien salivemos o bien tengamos arcadas.[40]

Estos efectos de las expectativas perceptuales de hecho no son tan distintos a cuando hemos descifrado las imágenes de las páginas 25 y 26. En ambos casos, las etiquetas nos ayudan a dar sentido a señales ambiguas que podrían ser interpretadas de múltiples formas. Teniendo en cuenta esta información, no es de extrañar que el gusto por la comida de una persona varíe tanto. En función de sus expectativas y asociaciones, puede que experimente cosas completamente distintas.

Si pruebas una comida nueva por primera vez, podría aplicar esta información leyendo sobre esa comida antes; al saber por qué otras personas han disfrutado del plato, estás preparando a tu mente para dar sentido a las señales gustativas y poder apreciar de forma más completa la combinación poco familiar de sabores. Esto será especialmente importante si viajas y la comida está muy alejada de tu zona de confort habitual. Por ejemplo, el durian, con su famoso olor penetrante, te resultará mucho menos desagradable si te han guiado para que reconozcas los «matices de avellana, albaricoque, plátano caramelizado y natillas de huevo» que describen algunos expertos en lugar de las comparaciones habituales con pescado podrido.[41]

Puedes usar los mismos principios cuando organices una cena en casa. Quizás no puedas convertir el agua en vino a través del pensamiento o la oración, pero la forma en la que describas la comida influirá mucho en cómo tus invitados y tú la apreciáis. Por lo tanto, asegúrate de condimentar tus platos con palabras deliciosas mientras los sirves. Ese adorno verbal puede ser tan importante como los ingredientes físicos de verdad (descubriremos las implicaciones de nuestras expectativas para la digestión y el metabolismo, y la perspectiva de la pérdida de peso en el capítulo seis).

SENTIDOS SOBRECARGADOS

Aprovechando la máquina de predicción, podemos ser capaces incluso de mejorar la agudeza general de nuestros ojos y nuestros oídos para que nos permitan ver y oír en alta definición. Si esto te parece inverosímil, considera cómo afecta la marca de las gafas de sol o los auriculares a la capacidad visual y auditiva de las personas. A principios de la década de 2010, un equipo de investigadores israelíes y estadounidenses pidieron a los participantes de su estudio que se pusieran unas gafas y que leyeran ochenta y cuatro palabras bajo el resplandor de una luz brillante. Todos tenían unas gafas de la misma calidad, pero las personas a las que les habían dicho que llevaban unas Ray-Ban cometieron aproximadamente la mitad de los errores que las que fueron informadas de que sus gafas eran de una marca de gama media del mercado, y acabaron la tarea más rápido, en alrededor del sesenta por ciento del tiempo.

Sorprendentemente, los investigadores obtuvieron exactamente los mismos resultados en una tarea de audio equivalente en la que utilizaban cascos para cancelar el ruido. Las personas que creían que llevaban una marca más prestigiosa (3M) oyeron mejor una lista de palabras por encima del ruido de una obra en comparación con los participantes que pensaban que les habían dado un producto de menor calidad cuando en realidad todo el mundo tenía el mismo.[42]

En ambos experimentos, la confianza de los participantes en los productos de (supuestamente) gran calidad los llevó a creer que podrían beneficiarse de una mayor percepción de las imágenes y los sonidos relevantes y eso fue lo que experimentaron, aunque no hubiera una diferencia real en la tecnología. La expectativa de que podrían ver u oír mejor si utilizaban otra marca aparentemente había alterado el procesamiento visual y auditivo del cerebro y eso hizo que se esforzaran más para construir simulaciones más ricas y precisas a partir de la información que les llegaba a los ojos y a los oídos.

Este descubrimiento recuerda un estudio de Ellen Langer de la Universidad de Harvard, en el que vio que las creencias de las personas pueden tener un efecto sorprendente en su visión a larga distancia. Los participantes eran cadetes del Cuerpo de Adiestramiento de Oficiales de Reserva del MIT. Primero hicieron una prueba ocular estándar que daba una referencia de su visión. Después, entraban en un simulador de vuelo. Pese a que era una simulación informática, les pidieron que hicieran el ejercicio con la máxima seriedad posible: debían imaginarse que estaban en una cabina real y debían reaccionar igual que un piloto de verdad. Durante la prueba posterior, cuatro aviones se acercaban desde la parte delantera y se pedía a los cadetes que leyeran los números de serie escritos en las alas. Los cadetes no lo sabían, pero aquello era otra prueba visual oculta ya que el tamaño de los números en las alas del avión era equivalente a las cuatro líneas más bajas de una tabla optométrica estándar.

Langer sospechaba que los cadetes asociarían la experiencia de pilotar un avión con tener una vista excepcional, y que eso, a su vez, mejoraría la agudeza de su visión durante la simulación, y eso fue exactamente lo que descubrió. En total, el cuarenta por ciento del grupo podría leer correctamente el texto más pequeño (a los lados de las alas del avión) frente a lo que habían podido percibir en la tabla optométrica estándar. Un grupo de control, que no había hecho una simulación de vuelo completa, sino que solo recibió una presentación con imágenes estáticas de los números en las alas, no mostró ninguna mejora.

Para confirmar el efecto, Langer condujo un segundo experimento en el que pidió a los participantes que realizaran algunos saltos laterales (un ejercicio intenso que, según dijo, podría mejorar su visión). Aunque es improbable que los movimientos cambiaran la óptica del ojo en un período de tiempo tan corto, estos participantes volvieron a obtener unos resultados mejores en una prueba posterior de agudeza visual, gracias a la creencia de que los atletas tienen una visión más clara.

Para obtener una confirmación final, Langer se limitó a revertir el orden de la tabla optométrica. Es decir, puso las letras más pequeñas arriba y las más grandes, abajo. Vio que los participantes eran capaces de leer letras más pequeñas de las que habían podido leer en la tabla estándar, aparentemente porque habían construido la creencia, a través de años de exámenes previos, de que es más fácil leer las líneas que están situadas más arriba.

En cada uno de los experimentos de Langer, la expectativa de una mejor visión fomentaba el procesamiento visual del cerebro y lo conducía a reencuadrar las imágenes ligeramente borrosas de las letras en la retina.[43] Lo sorprendente es que muchas de aquellas personas ya tenían buena visión (superior a 20/20), pero incluso las que tenían una vista peor mostraron mejoras significativas.

Pero no tires tus gafas ni tus lentillas todavía: esos cambios mentales casi con seguridad no pueden compensar una deficiencia óptica seria (normalmente, la miopía está causada por la deformación del globo ocular, y no hay pruebas de que este cambio anatómico aparentemente permanente sea un producto de nuestra mente). Sin embargo, los resultados de Langer sugieren que adoptar ciertas expectativas podría como mínimo mejorar tu visión, con las lentillas que llevas actualmente, garantizando que veas el mundo de la forma más nítida posible.

A lo largo de este libro, veremos que a menudo juzgamos mal nuestras propias capacidades y que es posible sobrepasar los límites de lo que se puede lograr a través de un simple cambio de mentalidad.

REALIDADES MÚLTIPLES

En su novela autobiográfica *La seducción del minotauro*, Anaïs Nin describe con gran belleza la diferencia entre las percepciones de la protagonista, Lillian, y el pintor Jay. «Lillian estaba perpleja por la enorme discrepancia que existía entre los modelos de Jay y lo que pintaba —nos dice—. Podían pasear juntos por el río Sena y ella lo veía gris suave, sinuoso y brillante, y él lo dibujaba opaco con barro fermentado, y un montón de tapones de botellas de vino y algas atrapadas en los bordes estancados». Jay, escribe Nin, era un «realista», decidido a retratar el mundo con la máxima objetividad. Pero, ¿era su percepción más realista que la de Lillian? «No vemos las cosas como son, las vemos como somos nosotros», concluye Lillian, en una de las citas más conocidas de Anaïs Nin.

Nuestra nueva comprensión de la máquina de las predicciones revela la profunda verdad detrás de esta afirmación en lo que respecta a la totalidad de la experiencia humana. En el punto más extremo, las expectativas pueden llegar a tapar la visión por completo, como vimos en el caso de Sara. En otras ocasiones, crean la percepción de algo que no está. Y, en el día a día, nuestras ideas preconcebidas alterarán lo que ya tenemos delante de nosotros, transformando el sabor de la comida, la emoción reflejada en una cara o las vistas del Sena. Estos efectos sutiles de las expectativas puede que sean menos dramáticos que las alucinaciones extremas, pero, como hemos visto, sus consecuencias pueden ser sustanciales porque crean círculos viciosos o virtuosos en nuestra vida diaria. Al hilo de las observaciones de Anaïs Nin: lo que sentimos y pensamos determinará lo que experimentamos y, a su vez, esto influirá, en un ciclo interminable, en lo que sentimos y pensamos.

Este conocimiento será esencial cuando miremos hacia nuestro interior para explorar la influencia de las expectativas en nuestra salud física durante los capítulos siguientes. La máquina de predicción recibe muchos estímulos del interior de nuestro cuerpo, lo que incluye a los nervios nociceptores que responden al daño (o a la posibilidad de daño) a nuestros órganos y contribuyen a la sensación de dolor. Nuestras expectativas influirán en el procesamiento de esas señales (pueden ajustarlas hacia arriba o hacia abajo) de la misma forma en que las expectativas cambian nuestras experiencias con la vista, el sonido, el olor, el gusto y el tacto. A veces, las predicciones defectuosas incluso podrían crear la ilusión de dolor a partir de absolutamente nada; o podrían hacer desaparecer la agonía de una herida física real.

Algo aún más misterioso es que las simulaciones del cerebro también pueden producir cambios fisiológicos mesurables. Como veremos, nuestras expectativas subjetivas se pueden convertir en la realidad objetiva de nuestro cuerpo, gracias al increíble poder de la máquina de predicción.

Cómo pensar sobre... el mundo sensorial

- Cuestiona tu propia objetividad como testigo ocular. Las simulaciones del cerebro sobre el mundo que te rodea suelen ser correctas, pero a veces están equivocadas, y el humilde conocimiento de este hecho te podría ayudar a reconocer ilusiones cuando se den.
- Si tienes una fobia, recuerda que tu cerebro puede que exagere la amenaza para que parezca físicamente más grande y más siniestra de lo que es en realidad. La terapia de exposición te puede ayudar a reducir ese sesgo perceptual.
- Si tienes ansiedad, considera descargarte la app *Personal Zen*. Su objetivo es que reconfigures la atención respecto a las amenazas de tu entorno.
- Cuando tengas un mal día, intenta pensar en cómo tu estado de ánimo y las expectativas resultantes podrían haber influido en tu visión de los acontecimientos. Algunas situaciones son incuestionablemente malas, pero hay sucesos que son susceptibles a los efectos de las expectativas. Aprender a separar los dos casos podría evitar que caigas en un pensamiento demasiado negativo.
- Potencia el disfrute de experiencias sensoriales como las comidas con el poder del lenguaje. La forma que tenemos de etiquetar la comida afecta a su gusto así que piensa o busca descripciones suntuosas de los platos que sirves para ti y para tus invitados.

(¿Reconoces a este bulldog? Es la foto original de la imagen de alto contraste de la página 26.)

2

UN FRAUDE PIADOSO

*Cómo las creencias pueden transformar la
recuperación de la enfermedad*

Pocas ideas científicas han generado tanto entusiasmo (o indignación) como el efecto placebo y la conexión potencial entre la mente y el cuerpo.

Desde el nacimiento de la medicina moderna en el siglo XVIII, los médicos eran perfectamente conscientes de que algunos tratamientos falsos podrían ofrecer alivio simplemente por las creencias del paciente sobre dichos tratamientos. Pero, ¿podían estas curas falsas curar el problema subyacente? E incluso si funcionaran, ¿esa falta de honradez inherente no rompe el código ético del médico?

Estas eran cuestiones enormes que preocupaban nada menos que al tercer presidente estadounidense, Thomas Jefferson. En una carta a un amigo en 1807, expresó su temor de que algunos médicos se hubieran vuelto demasiado entusiastas con la administración de medicamentos comunes como el mercurio y el opio, que él temía que a menudo hicieran más perjuicio que beneficio. Él creía que muchas quejas podían atenderse mejor con la «ilusión» de un tratamiento médico.

«Uno de los médicos de más éxito que conozco me aseguró que ha usado más pastillas de pan, gotas de agua de colores y polvos de ceniza de nuez que de todas las demás medicinas juntas», escribió. El engaño podría haber parecido moralmente discutible, pero era preferible que prescribir demasiadas sustancias potencialmente tóxicas que no aportaban ninguna mejora al paciente. Era, como decía Jefferson, «un fraude piadoso».[44]

Sin embargo, durante las décadas siguientes, los médicos se mostraron mucho más escépticos sobre los beneficios de creer. Puede que los placebos aporten consuelo emocional, pensaban, pero las pastillas falsas y las pociones tenían poco interés para la medicina moderna, que estaba basada en la comprensión biológica. Para algunos profesionales, los placebos debían considerarse una herramienta de diagnóstico para identificar a hipocondríacos y enfermos simulados en potencia: si uno encontraba alivio con un tratamiento falso, significaba que no tenía una enfermedad de verdad. A mediados del siglo XX, los artículos de las revistas científicas se mofaban de quienes respondían a un placebo llamándolos «poco inteligentes», «neuróticos», «ignorantes» e «inadecuados»; *The Lancet* describió el efecto placebo en sí como «un engaño simplón». ¿Por qué iba a dedicar tiempo alguien a investigar un fenómeno tan insustancial?[45]

Como resultado de ese escepticismo continuado, la ciencia del placebo ha tardado mucho en desarrollarse, pero ahora sabemos que las expectativas positivas pueden aportar mucho más que consuelo emocional, ya que alivian muchas condiciones físicas entre las que se incluyen el asma, la enfermedad de Parkinson, la cardiopatía y el dolor crónico. Aún más asombroso es que la cura a menudo se da a través de los mismos mecanismos que los fármacos reales prescritos para tratar dichas dolencias. La conexión entre la mente y el cuerpo es real y potencialmente poderosa.

El hecho de que hayamos desarrollado este don notable para la autocuración es muy misterioso y sus orígenes evolutivos son una fuente de amplio debate entre científicos. Y existen otros enigmas, como el hecho de que el efecto placebo sea más potente con el tiempo ¿Cómo es posible que un tratamiento falso que, por su propia definición, es «inerte» y químicamente «inactivo», aumente de repente su potencia? De hecho, hay cada vez más pruebas de que las personas pueden responder a un placebo incluso cuando saben que están tomando un tratamiento falso. Un descubrimiento que parece desafiar a la razón.

La solución a estos enigmas radica en la consideración creciente del cerebro como una máquina de predicción. Esto inspira algunas iniciativas realmente rompedoras para aprovechar todos los beneficios de las creencias positivas sin ningún tipo de engaño de por medio. Por lo visto, las pastillas falsas solo son una forma de empaquetar un efecto de las expectativas, y puedes repensar tus enfermedades y acelerar tu recuperación posible utilizando otras estrategias muy sencillas. Existe la preocupación de que se recetan demasiados medicamentos; por eso, estas técnicas psicológicas no podrían ser más necesarias a día de hoy.

Más de doscientos años después de que Jefferson ensalzara el poder de las pastillas de pan y el agua coloreada, podemos aprovechar la conexión entre la mente y el cuerpo sin necesidad de ningún tipo de fraude, sea piadoso o no.

CREER ES SER

El interés renovado por el efecto placebo empezó con un anestesista estadounidense llamado Henry Beecher. Mientras servía en el ejército en Italia y Francia al final de la Segunda Guerra Mundial, a menudo tenía que tratar a soldados con heridas realmente horribles: carne desgarrada, huesos destrozados y metralla incrustada en la cabeza, el pecho y el abdomen. Y se quedaba perplejo al observar que muchos de sus pacientes (alrededor del treinta y dos por ciento) decían que no sentían ningún dolor, mientras que el cuarenta y cuatro por ciento experimentaba solo una ligera o moderada molestia. Cuando les ofrecían la posibilidad de tomar analgésicos, el setenta y cinco por ciento de ellos se negaban. Para Beecher, parecía que el alivio de haberse salvado del campo de batalla había creado un tipo de euforia que era, en sí misma, suficiente para adormecer sus heridas. La interpretación que hacía el paciente de su problema de alguna forma permitía que el cerebro y el cuerpo liberaran su propio alivio natural contra el dolor. Un fenómeno que iba más allá de la comprensión de la medicina en aquel momento.

El hecho de que Beecher se fijara en aquello demostró ser un regalo del cielo, ya que la morfina era un bien escaso y a veces los soldados tenían que someterse a operaciones sin analgésicos, tanto si querían como si no. Para crear la ilusión de un tratamiento, a veces, la enfermera de Beecher inyectaba al paciente una solución salina mientras le aseguraba que era el analgésico de verdad. A menudo, los soldados respondían sorprendentemente bien a este tratamiento. De hecho, Beecher estimaba que el placebo tenía una efectividad de alrededor del noventa por ciento respecto al medicamento de verdad; de hecho, incluso parecía reducir el riesgo de choque cardiovascular que puede resultar de una operación quirúrgica sin sedación y analgesia, y que puede ser fatal.[46]

Estos soldados, que se habían entregado en cuerpo y alma a su país, difícilmente iban a ser los típicos neuróticos o falsos enfermos, quienes se consideraba que normalmente respondían a los placebos. Tampoco se podría decir que sus heridas de guerra fueran algún tipo de enfermedad imaginaria. Evidentemente, la respuesta al placebo era más prevalente y más interesante de lo que se tendía a creer.

Beecher quedó maravillado con el poder de la expectativa para mejorar síntomas, pero le importaban más las implicaciones de probar tratamientos nuevos. Los medicamentos activos son caros y muchos tienen efectos secundarios indeseables, así que hay que asegurarse de que, como mínimo, sean más efectivos que una pastilla de azúcar o una inyección de solución salina.

La investigación de Beecher al final condujo al uso generalizado del ensayo clínico con placebo, en el que los pacientes reciben al azar o bien un medicamento falso (como una pastilla de azúcar) o bien el tratamiento de verdad que se está estudiando. Ni los médicos ni los pacientes saben cuál de los dos están tomando hasta el final del ensayo, cuando se lo revelan. Una vez que se han recopilado todos los datos, los científicos comparan los efectos causados por el placebo y los efectos experimentados por los pacientes que reciben el tratamiento de verdad. Solo los tratamientos que hayan superado significativamente al placebo consiguen ser aprobados.

En la década de 1970, la FDA (Agencia Estadounidense de Alimentos y Fármacos) estaba de acuerdo con este protocolo y pronto se reconoció el ensayo clínico con placebo como el patrón oro de la regulación médica. Sin duda, ha supuesto un beneficio para los pacientes: garantiza que les suministren tratamientos demostrablemente efectivos, y eso también permite que los científicos comprueben la seguridad de los fármacos antes de dárselos a la población en general.

Por desgracia, esta configuración todavía enmarca la respuesta al placebo como una molestia; mientras el fármaco funcione mejor que el tratamiento falso, la respuesta al placebo se suele pasar por alto en vez de explotarse. Pero, al menos, los efectos se registran, lo que proporciona amplios datos para los investigadores interesados en el papel de la expectativa en medicina. Y sus descubrimientos durante los últimos veinte años han sido realmente notables.

Volvamos al potente efecto analgésico que Beecher observó en el campo de batalla, un descubrimiento que ha sido copiado sin parar en los ensayos clínicos de analgésicos con placebo. En total, los investigadores estiman que la respuesta al placebo puede representar el cincuenta por ciento del alivio al dolor que proporciona el fármaco real.

Como vimos en el último capítulo, este alivio del dolor podría ser resultado de cambios de la experiencia subjetiva, porque la máquina de predicción recalibra sus expectativas de sufrimiento. Sin embargo, también parece coincidir con cambios fisiológicos claros que imitan la acción de los fármacos en sí. Cuando una persona toma placebo para sustituir a la morfina, por ejemplo, el cerebro empieza a producir sus propios opioides que pueden calmar el dolor. Para demostrarlo, unos científicos administraron un analgésico placebo junto al producto químico naloxona, que se utiliza para tratar la sobredosis de morfina bloqueando los receptores de opioides del cerebro. En efecto, la naloxona redujo drásticamente el alivio del dolor del placebo de forma muy parecida a cómo habría revertido los efectos del fármaco real. La reacción sería imposible si el alivio al dolor fuera simplemente subjetivo.[47] Sin embargo, es como si el cerebro tuviera su propia «farmacia interna» que le permite crear ciertos agentes químicos, como los opioides, a la carta.

Asimismo, se han observado beneficios asombrosos en el tratamiento del Parkinson. Esta enfermedad está causada por un déficit de dopamina en el cerebro. Además de jugar un papel importante en las sensaciones de placer y recompensa, la dopamina es esencial para la coordinación efectiva de los movimientos del cuerpo. Por eso, los pacientes con Parkinson suelen sufrir de un temblor incontrolable. Los fármacos que tratan la enfermedad aumentan los niveles de dopamina o actúan como sustituto del neurotransmisor, estimulando las partes del cerebro que normalmente responden a él. Eso parecería imposible de lograr con una aparentemente inútil pastilla de azúcar. Sin embargo, varios ensayos han demostrado que un tratamiento con placebo puede mejorar los síntomas de los pacientes de Parkinson entre un veinte y un treinta por ciento.[48] De nuevo, la expectativa de mejora de alguna forma permite que el cerebro abra su propia «farmacia interna» y aumente la oferta de dopamina natural del cerebro.[49]

Además de cambiar la química cerebral, los placebos pueden afinar el sistema inmunitario. Por ejemplo, las alergias están causadas por una reacción exagerada frente a sustancias normalmente inofensivas que el cuerpo confunde con un patógeno peligroso. Ciertos fármacos pueden calmar esa respuesta, y también la mera expectativa de alivio. Por ejemplo, cuando una persona tiene una reacción alérgica en la piel, un tratamiento con placebo que aparentemente suprima la inflamación puede reducir el picor y el tamaño de las ronchas, aunque no haya ingrediente activo.[50] En el caso de las personas con asma, un inhalador vacío proporciona alrededor del treinta por ciento de los beneficios del fármaco Salmeterol.[51]

El efecto placebo puede incluso explicar los beneficios de ciertas formas de operación quirúrgica, como la colocación de un *stent* arterial. El procedimiento implica colocar un catéter a través de una arteria hasta la zona que está obstruida. Una vez colocado, el catéter permite poner un pequeño globo cubierto con una malla de metal. Después, se infla el globo para ensanchar la arteria, dejando la malla metálica (el *stent*) en ese lugar para que abra las paredes de la arteria.

Esta operación quirúrgica suele ser crucial en urgencias médicas como un ataque al corazón (una situación en la que es poco probable que el placebo aporte una ayuda inmediata). Pero los *stents* también se usan para facilitar la circulación sanguínea de pacientes que sufren una angina de pecho, con el objetivo de reducir el malestar y el dolor que siente el paciente, y aquí el papel de la expectativa puede ser mucho más significativo.

Este hecho ha salido a la luz muy recientemente ya que, al contrario de lo que sucede con el desarrollo de los fármacos, los médicos y científicos no siempre están obligados a realizar ensayos con placebo para las operaciones nuevas. Pueden usar otras comparaciones (como «el tratamiento normal», que puede que no produzca las mismas expectativas que el procedimiento nuevo). Para saber si un efecto placebo podría explicar algunos de los beneficios de los *stents* arteriales, un equipo de cardiólogos de hospitales de todo el Reino Unido dividieron a doscientos treinta pacientes en dos grupos, la mitad de ellos se sometió a la operación quirúrgica completa, y la otra mitad se sometió a una operación quirúrgica «falsa», en la que el catéter se metía y se sacaba de la artería sin colocar el *stent* (igual que en los ensayos de fármacos con placebo, se informó a todos los pacientes de que podrían no recibir un *stent*, y el equipo se esforzó por minimizar los efectos prolongados de la operación quirúrgica).

Según los resultados que presentaron en *The Lancet*, el equipo de investigación observó que ambos grupos eran capaces de una mayor actividad física después de la operación (medida según el rendimiento en una cinta de correr) y los beneficios del *stent* frente a la operación quirúrgica falsa eran demasiado pequeños para ser importantes desde el punto de vista estadístico.[52] Huelga decir que este hallazgo ha sido fuente de mucho debate entre cardiólogos; la investigación en curso tendrá que replicar el resultado antes de que cambien las directrices médicas. Pero teniendo en cuenta este estudio minuciosamente controlado, parece probable que gran parte de los beneficios del *stent* en una angina de pecho se deban a las expectativas de mejora del paciente y no al cambio físico en las «tuberías» del corazón.

En algunos casos, un tratamiento placebo incluso podría salvarte la vida. En un ensayo de betabloqueadores, los participantes que tomaban placebo de forma regular tenían la mitad de probabilidad de morir durante el estudio que los que eran menos diligentes a la hora de tomarse las pastillas. Era evidente que el placebo no era tan efectivo como el fármaco activo si los dos se tomaban con la misma frecuencia elevada, pero quienes se tomaban el placebo con regularidad vivían más tiempo que las personas que solo tomaban pastillas (ya fuera el fármaco activo o la pastilla falsa) al azar.[53]

La mayor esperanza de vida de los denominados «adheridos al placebo» se ha demostrado ahora en muchos otros estudios, lo que hace que sea extremadamente difícil ignorar el dato atribuyéndolo a algún tipo de suerte estadística.[54] Una explicación es que el alto cumplimiento simplemente refleja un estilo de vida más sano en general. Pero las diferencias siguen existiendo incluso cuando se controlan todos los tipos de variables (como ingresos, educación, y si la persona fuma, bebe o come demasiado) que también predecirían la probabilidad que tiene de morir. Esto nos deja con la posibilidad distintiva de que el mero ritual periódico de tomarse una pastilla puede ayudar a mantener un cuerpo más sano debido a a las esperanzas de mejoría que provienen de medicarse.[55]

Exactamente cómo y por qué reaccionamos al placebo de todas estas formas es una cuestión sujeta a un intenso debate. Muchos investigadores afirman que este tipo de efecto de las expectativas procede como mínimo de dos fuentes. La primera es una respuesta de cura general, una reacción evolucionada que permite que el cuerpo se adapte a la presencia de amenazas inmediatas. Por ejemplo, justo después de hacernos una herida, tenemos que sentir dolor para evitar más daños en el cuerpo, y eso hace que tengamos más cuidado al movernos. Sin embargo, si estamos a salvo y nos tratan las heridas, el dolor no es tan útil y podemos permitirnos el lujo de que se calme. Algo parecido sucede con la inflamación: es esencial para tratar el contacto inmediato con un patógeno, pero puede impedir que otros procesos contribuyan a curar el daño. Por lo tanto, es beneficioso para el sistema inmunitario frenar la inflamación cuando percibe que ya estás en el camino de la recuperación. Cualquier cosa que reduzca el temor y la ansiedad sobre tu enfermedad (incluso la sensación de que estás recibiendo atención médica) puede producir esta respuesta de curación generalizada, que puede ser potente por sí misma. Los soldados de Beecher parecían experimentar algo así (el mero hecho de estar lejos del campo de batalla aliviaba gran parte de su dolor), pero también ocurrirá siempre que la persona reciba tratamiento médico. Según esta teoría, el placebo es un potente símbolo de cuidado médico que puede desencadenar esta respuesta.

Y lo que es más importante, la máquina de predicción también evolucionó para afinar sus acciones basándose en experiencias concretas, a través de un proceso de aprendizaje llamado «condicionamiento». Por ejemplo, si tomas un analgésico placebo esperando que sea morfina, la liberación de opioides endógenos será mucho más fuerte si ya has tomado morfina en el pasado. Del mismo modo, la liberación de dopamina desencadenada por el placebo será mucho más fuerte si la persona ya había tomado un fármaco para el Parkinson, y un placebo para reducir el rechazo a un trasplante será más efectivo si la persona ya ha tomado un inmunosupresor relevante. En cada caso, el cerebro activa los sistemas que utilizarían los recursos del cuerpo de la forma más eficiente de acuerdo con sus recuerdos y asociaciones previos.[56]

Con el tipo de mensaje adecuado que apele al tipo correcto de experiencias, se puede convertir cualquier cosa en placebo. Científicos de las universidades de Columbia y Stanford incluso han conseguido convencer a los estudiantes de que una simple botella de agua mineral era una bebida energética que contenía doscientos mg de cafeína, y su presión arterial respondió proporcionalmente.[57] Puede que ni siquiera tengas que estar presente físicamente para experimentar los beneficios: un equipo de Suiza ha demostrado que el placebo administrado en un entorno de realidad virtual puede reducir el dolor provocado en una extremidad en la vida real.[58]

Sin embargo, en general, la máquina de predicción se basa en muchas señales distintas para determinar sus expectativas, recurriendo a muchas asociaciones aprendidas en otras áreas de la vida y esto significa que ciertas formas de placebo son sistemáticamente más potentes que otras.[59] Estos factores pueden ser algo tan superficial como el tamaño (muchas personas suponen que más grande significa mejor; por eso, si esa persona se toma una pastilla, si es más grande puede que haya una respuesta mayor frente a una que sea pequeña) y la forma (las cápsulas parecer ser más efectivas que los comprimidos). También podemos estar influidos por el precio. Etiquetar un tratamiento para el Parkinson de «barato», por ejemplo, redujo a la mitad los beneficios del placebo, en comparación con una inyección idéntica que se etiquetó como «cara».[60]

Por razones similares, el marketing de un fármaco puede importar de una forma desmesurada; tomar un placebo de un paquete de Nurofen impecablemente diseñado, con sus mensajes de «alivio del dolor», es mucho más efectivo que una pastilla con una etiqueta de «Ibuprofeno» genérico, de marca blanca. En un estudio, el placebo Nurofen era tan potente que coincidía con los efectos del analgésico activo.[61] Esto no debería sorprender: hemos visto Nurofen tan a menudo y hemos oído hablar tanto de sus efectos analgésicos que tenemos pocas dudas sobre estos, mientras que un medicamento genérico nos resulta poco familiar y pensamos que es de una calidad más baja.

Más en general, las inyecciones tienden a tener efectos más fuertes que las medicaciones que se toman por vía oral, y la cirugía es aún mejor, quizás porque es más sencillo entender y visualizar su mecanismo en comparación con tratamientos que implican reacciones químicas complejas. También nos influye la edad del tratamiento; si un medicamento o dispositivo médico se acaba de aprobar y genera mucha expectación, quizás sientas una mayor respuesta placebo que si el tratamiento surgió por primera vez hace treinta años.[62] Por último, pero no por ello menos importante, hay que tener en cuenta la relación entre el personal médico y tú: el efecto placebo será mucho más potente si te parece atento y competente.[63]

De una forma increíblemente completa, la máquina de predicción actualiza sus simulaciones y coordina las respuestas del cuerpo usando cualquier señal que pueda mejorar sus expectativas de recuperación. Llegados a este punto parece claro que las expectativas pueden moldear, y moldean, nuestra realidad física.

Evidentemente, la pregunta del millón de dólares es si podemos aprovechar estos efectos de las expectativas de forma responsable. Jefferson podría haber considerado que los tratamientos falsos eran un fraude piadoso, pero va contra el código ético médico mentir a un paciente, lo que significa que el uso deliberado de la respuesta al placebo en medicina general durante mucho tiempo ha parecido algo imposible, al menos, oficialmente. (En la práctica, el uso de placebo puede que no sea tan raro: el doce por ciento de los médicos de cabecera del Reino Unido afirman haber dado inyecciones de solución salina o pastillas de azúcar como mínimo una vez en su carrera).[64]

¿Y si ese engaño fuera innecesario? ¿Y si pudiéramos saber que nuestro tratamiento era uno de los que llaman falso, pero nos hiciera mejorar? Puede sonar paradójico, pero, como veremos, el hecho de conocer el efecto placebo en sí mismo puede provocar una respuesta de curación al equipar a los pacientes con las herramientas mentales para tratarse a sí mismos.

EL PLACEBO HONRADO

Puede que las señales de la reacción ante este tratamiento aparentemente libre de engaños se hayan ocultado en la literatura médica. Nadie había pensado en buscarlas hasta que las empresas farmacéuticas empezaron a chocar contra un muro en su búsqueda de nuevos tratamientos.

Durante décadas después del nacimiento del ensayo clínico, el descubrimiento de los medicamentos experimentó una especie de edad de oro. Gran parte de los experimentos revelaban tratamientos nuevos y efectivos para varias enfermedades, con lo que las grandes empresas farmacéuticas eran más rentables que las grandes petroleras. A principios del siglo XXI, los científicos empezaron a observar que muchos de sus ensayos clínicos fallaban a unos niveles mucho más altos que hasta entonces. Los fallos llegaban tan rápido y tan a menudo que algunas organizaciones de investigación médica incluso temían por su futuro financiero.[65]

Con una intensa extracción de datos, los científicos al final encontraron una respuesta. Los ensayos estaban perfectamente diseñados, pero las personas que se encargaban de la parte del placebo durante los ensayos parecían generar cada vez más alivio con sus pastillas, y eso hacía mucho más difícil aislar los beneficios de un fármaco real con una diferencia significativa desde el punto de vista estadístico y demostrable. [66] Si miras las pruebas de analgésicos en la década de 1990, por ejemplo, los fármacos activos tendían a superar al placebo en alrededor del veintisiete por ciento. En 2013, esa ventaja se había reducido a solo el nueve por ciento. Lo crucial es que esto estaba causado casi completamente por el aumento de la potencia de los tratamientos falsos, que aportaban alrededor del veinte por ciento más de alivio del dolor al final del período en comparación con el principio, mientras que los fármacos activos no experimentaban un aumento similar (por lo visto, habían llegado al máximo nivel de posible alivio del dolor).

Si estuvieran corriendo una carrera, los fármacos de verdad habían empezado muy por delante, pero, de algún modo, un rezagado inesperado había conseguido reducir la ventaja. Para complicar el misterio, la extraña inflación del poder del placebo parecía concentrarse en Estados Unidos, mientras que los ensayos en Europa no se veían afectados en general. [67]

¿Cómo podía ser posible? Una explicación podría ser la publicidad estadounidense directa al consumidor. La repetición constante de los anuncios televisivos podría aumentar las expectativas de las personas sobre los beneficios de cualquier fármaco en estudio. Estas mayores expectativas podrían inflar el alivio sentido por las personas que tomaban las pastillas falsas (amplificando la liberación de los analgésicos endógenos del cerebro, por ejemplo) hasta el punto de que eclipsara los beneficios extra de los ingredientes activos tomados por el grupo no placebo. Los países sin publicidad directa al consumidor no tienen este refuerzo constante de expectativas positivas, lo que significa que el tamaño de la respuesta al placebo ha permanecido más estable. Sin embargo, existe una posibilidad aún más intrigante: que la mayor fuerza de las pastillas falsas haya surgido de un mayor conocimiento público de la respuesta al placebo en sí. Esta teoría procede de Gary Bennett, de la Universidad de California en San Diego, que formaba parte de un equipo que mostraba el efecto placebo creciente en el tratamiento del dolor. Bennett señala que, a mediados del siglo xx, en general, la gente sabía poco sobre el placebo, era un concepto que resultaba vago. Si estabas en un ensayo clínico, y te preocupaba que te hubieran dado una pastilla falsa, tus esperanzas de mejora seguramente no eran muy altas. Sin embargo, el reciente interés por el placebo y su capacidad para producir efectos fisiológicos reales cambió esa idea debido a la atención mediática reciente en cuanto al poder de la expectativa. Hoy en día, la perspectiva de recibir un placebo no parece tan poco atractiva, puesto que muchas personas esperarán recibir algún alivio real tanto si reciben el medicamento de verdad como si no.[68] Y gracias a la conexión entre la mente y el cuerpo, eso se ha convertido en una realidad, lo que ha aumentado la potencia de las pastillas falsas hasta tal punto que los fármacos reales tienen dificultades para competir con ellas.

Bennett sospechaba que la cobertura mediática del efecto placebo podía ser especialmente común en el mundo anglófono. Eso explicaría que la potencia de los placebos fuera notable sobre todo en los ensayos estadounidenses, pero no en Europa. Para probar esta idea, examinó grandes corpus de textos digitalizados en inglés, francés, alemán, italiano y español. Tal y como había teorizado, el uso de la palabra «placebo» había aumentado de forma espectacular en el mundo de habla inglesa en décadas recientes, mientras que su uso en otros países apenas había aumentado. Y lo que es más importante, aquel reconocimiento creciente no estaba limitado a la literatura académica, sino que también podría verse en periódicos, revistas populares y guiones de emisiones televisivas, lugares en los que el mensaje es más probable que llegue al público general. (Por desgracia, los análisis de los ensayos de la medicación para el dolor no proporcionaron los datos necesarios para comprobar si la respuesta al placebo aumenta en el Reino Unido tanto como en Estados Unidos, lo que podría aportar más pruebas para la hipótesis de Bennett).

La idea de que la palabra «placebo» en sí pueda evocar una respuesta de placebo puede parecer absurda. Desde el siglo XVIII, todo el concepto de efecto placebo se ha centrado en la premisa de que las personas deben creer que reciben un tratamiento «de verdad» para que haya algún beneficio perceptible. Jefferson escribió que el engaño era un «fraude piadoso» porque era completamente inevitable. El propio Beecher dijo que «no importa en absoluto de qué está hecho el placebo ni cuánto se use mientras no sea detectado como placebo por el sujeto».[69] Sin embargo, varios estudios revolucionarios han demostrado que un gran número de personas realmente responden al placebo, aunque sean completamente conscientes de haber recibido una pastilla inerte. Según la hipótesis de Bennett, esto puede que sea más común en regiones en las que el efecto placebo ya sea bien conocido, pero ahora hay muchas pruebas de que los «placebos de ensayo abierto pueden ser igual de potentes en otros lugares siempre que los científicos den a los participantes una explicación clara del cerebro como máquina de predicción con el poder de influir en las respuestas del cuerpo».[70]

Veamos un ensayo que trataba a personas con dolor de espalda crónico, efectuado por la psicóloga sanitaria Claudia Carvalho en un hospital público de Lisboa (Portugal). Su éxito tuvo repercusiones en la comunidad científica mundial cuando se publicó por primera vez en 2016. Los pacientes recibían un bote con una etiqueta que decía claramente «pastillas placebo, tome dos veces al día». Contenía cápsulas de gelatina naranja. Carvalho explicó que las pastillas no contenían ingredientes activos, pero que igualmente podían tener efectos potentes en el cuerpo a través de procesos como el condicionamiento, y puso a los participantes un vídeo corto para consolidar esa idea. Para evitar aumentar el estrés emocional de los participantes, también hizo hincapié en el hecho de que no tenían que experimentar un estado de ánimo continuamente optimista (una perspectiva poco realista para alguien que tiene un dolor constante) para que el placebo tuviera un efecto; era el simple acto de tomar la pastilla de forma regular lo que sería esencial para el éxito del tratamiento.

Tres semanas después, el impacto era claro. Los participantes afirmaban una reducción del treinta por ciento en puntos que evaluaban su dolor «habitual» y «máximo», una gran mejora que no se veía en un grupo de pacientes de control que habían continuado como siempre, sin añadir los placebos de ensayo abierto. Un cuestionario aparte también reveló una mejora notable en sus actividades del día a día, como la habilidad para salir de casa o realizar tareas físicamente exigentes. En general, los beneficios de los placebos de ensayo abierto llegaron al umbral típico de «relevancia clínica», una reducción del treinta por ciento de los síntomas, que se esperaría de un tratamiento activo.[71]

Algo aún más sorprendente es que Carvalho publicó un trabajo de seguimiento en 2020 en el que mostraba que esos beneficios habían permanecido durante cinco años después de que acabara el ensayo clínico original. El conocimiento de la respuesta al placebo parecía haberse quedado con los participantes, aumentando su capacidad general de enfrentarse a su problema.[72] El descubrimiento de Carvalho refleja una observación que hacen muchos de los científicos a los que he entrevistado para este libro: los participantes en experimentos a menudo creen que conocer los efectos de las expectativas es muy empoderador y que tiene beneficios a largo plazo que van más allá del ensayo inicial.

Los placebos de ensayo abierto han demostrado su éxito en el tratamiento de muchos otros problemas, como la migraña, el síndrome del intestino irritable, la depresión, el trastorno por déficit de atención con hiperactividad y los sofocos de la menopausia.[73] Incluso han ayudado a calmar ardor de ojos, dolor de garganta, mucosidad nasal y picor en la piel que sufren las personas con rinitis alérgica.[74] Sin embargo, lo que sigue generando más esperanzas son sus efectos analgésicos, ya que ofrecen un enfoque potencial para reducir la crisis de la adicción a los opioides.[75]

Según el Centro para el Control y la Prevención de Enfermedades de Estados Unidos, 450.000 estadounidenses murieron por sobredosis

de opioides entre 1999 y 2019. Muchos de ellos se habían engancha-
do después de tomar pastillas que les habían recetado.[76] Un placebo
de ensayo abierto podría reducir la dependencia de esos fármacos, ya
que el poder de la expectativa ayudaría a la analgesia natural del cerebro a reemplazar a los fármacos poco a poco mientras los pacientes
reducen la dosis del opioide de verdad. Puede parecer ambicioso, pero
nuestro conocimiento del efecto placebo ofrece algunas estrategias
sofisticadas que podrían maximizar las oportunidades de éxito. Por
ejemplo, se puede asociar un medicamento de verdad con un olor
fuerte y evocador para que la respuesta del cuerpo siempre que reciba
una pastilla placebo se asocie a un olor similar.

Un estudio reciente, dirigido por Leon Morales-Quezada de la
Facultad de Medicina de Harvard, hizo precisamente eso. Todos los
participantes estaban en rehabilitación por lesiones graves, como
daño en la médula espinal. Durante tres días, recibieron un fuerte
opioide junto a una pastilla placebo que llevaba una etiqueta clara.
Les pidieron que olieran un bastoncillo con el fuerte olor del aceite
de cardamomo al mismo tiempo. Después, se les animaba a prescindir del fármaco de verdad siempre que fuera posible.

Los resultados fueron increíbles y superaron las expectativas más
alocadas de los investigadores. En el mejor de los casos, esperaban
que las pastillas placebo pudieran reducir el consumo de opioides de
los participantes alrededor de una tercera parte. En realidad, los pacientes redujeron este consumo en un sesenta y seis por ciento, sin
ningún aumento del dolor o las molestias.[77] El placebo de ensayo
abierto les había permitido reducir radicalmente la dosis de esas
pastillas potencialmente adictivas sin ningún sufrimiento adicional.

Ahora, el objetivo es construir ensayos más grandes y extensos
con el objetivo final de que los participantes dejen las pastillas del
todo. Como anécdota, Morales-Quezada me habló de un paciente
que consiguió librarse de los opioides al cabo de solamente tres
días, usando la misma técnica. Necesitamos más pruebas que un
único caso de estudio, por supuesto. Pero, de momento, sus

resultados ofrecen otra visión esperanzadora respecto al uso potencial de la respuesta al placebo para reducir el sufrimiento, sin las
complicaciones éticas que había n preocupado con anterioridad a
los médicos. El poder de la palabra «placebo» puede ser la pesadilla
de las empresas farmacéuticas que esperan inventar fármacos nuevos, pero podría ser una bendición enorme para muchos pacientes
que quieren evitar el riesgo de una adicción o que quieren escapar
de su férreo control.

NO HAY PLACEBO, NO HAY PROBLEMA

Hace unos años, el psicólogo médico Johannes Laferton recibió una
postal de una antigua paciente. Era el tipo de mensaje que cualquier
científico estaría encantado de leer. «Como le prometí, le envío un
saludo a usted y a su compañero desde Italia. ¡Me animaron mucho!», decía. «Antes de la operación, no esperaba poder pasar las
vacaciones en este lugar tan maravilloso. Me encuentro bastante
bien».

Solo tres meses antes, la paciente de sesenta y siete años se había
sometido a un *bypass* de corazón. Huelga decir que la operación de
entre cinco y seis horas suele ser traumática para el paciente, y muchas personas continúan sufriendo una discapacidad general muchos
meses después de la operación. Laferton formaba parte del laboratorio de Winfried Rief de Marburgo (Alemania), y esperaba facilitar
el proceso de recuperación y maximizar los beneficios de la operación a través de la conexión entre la mente y el cuerpo, sin ninguna
pastilla placebo a la vista.

El estudio se conoce como *Psy-Heart*. Implicaba dos reuniones
en persona y tres llamadas telefónicas cortas que estaban diseñadas
a mejorar las expectativas del paciente sobre lo que estaba a punto
de ocurrir. Durante aquellas conversaciones, un psicólogo explicaba
el procedimiento en detalle y describía las formas en las que podría

aliviar su cardiopatía coronaria. Estas conversaciones podrían saltarse en una consulta típica, pero ayudaban a construir las creencias del paciente sobre los beneficios de la operación. Después, se animaba al paciente a que hiciera un «plan de acción de recuperación» personal en el que estableciera resultados optimistas, pero razonables, de la operación quirúrgica (para la paciente de sesenta y siete años que envió la postal a Laferton, se trataba de pasos pequeños, como cuidar el jardín, ver a gente y viajar con sus amigos). También les enseñaban un ejercicio de visualización y les pedían que se imaginaran su vida seis meses después de la operación.[78]

Para establecer una comparación, los investigadores de Marburgo generaron un segundo grupo al que se le dio más apoyo emocional general exactamente en el mismo número de sesiones que los que se sometían a la intervención nueva, sin comentar explícitamente sus expectativas del tratamiento. Este mecanismo de control fijaba un umbral muy elevado, porque experimentar empatía y conexión social puede desencadenar de por sí una respuesta de curación. Para un segundo punto de comparación, el equipo miró el progreso de pacientes que no recibieron ninguna ayuda adicional, sino que simplemente se sometieron a los mismos procedimientos ofrecidos a pacientes típicos que se sometían a una operación de *bypass* de corazón.

Se pudieron observar diferencias inmediatas entre los tres grupos en la duración de la estancia en el hospital. De media, los pacientes con expectativas mejoradas recibían el alta unos 4,7 días antes que los que recibían la atención médica estándar, mientras que las personas que recibían apoyo social estaban en un punto intermedio.[79] Cuando se considera el coste del cuidado hospitalario posoperatorio, esa ventaja de por sí ya haría que la intervención fuera una propuesta atractiva para los servicios sanitarios, con ahorros que superan fácilmente el gasto del tiempo del psicólogo, que fue de unas tres horas por paciente.

Los beneficios seguían acumulándose en los meses posteriores a la operación. Cuando se les preguntaba cómo afectaban las molestias a su vida familiar, ocio, comportamiento sexual y sueño, los pacientes a los que se había animado a desarrollar expectativas positivas tendían a mostrar una recuperación más rápida. Al final de un período de seguimiento de seis meses, también afirmaron tener una mayor capacidad para volver al trabajo en comparación con los participantes que recibieron el apoyo emocional o los que recibieron la atención estándar.[80]

Y lo que es más importante, estas mejoras no eran solo algo que afirmaran los pacientes, sino que parecían coincidir con diferencias objetivas, biológicas entre los grupos. Por ejemplo, el equipo midió niveles de moléculas proinflamatorias, como la interleucina-6 (IL-6). Además de producir una sensación general de enfermedad, se sabe que estas moléculas dañan los vasos sanguíneos, reduciendo potencialmente los beneficios de la operación quirúrgica y aumentando el riesgo de otras enfermedades cardíacas. Tal y como habían esperado Laferton y sus colegas, los pacientes que tenían expectativas mejoradas tendían a mostrar niveles más bajos de IL-6 en el seguimiento de los seis meses.

La mejora de los pacientes probablemente fuera una combinación de cambios de comportamiento y psicosomáticos, quizás a través de algún tipo de «ciclo virtuoso». Las expectativas mejoradas y la respuesta biológica asociada facilitaban sus actividades físicas, lo que, a su vez, reforzaba las creencias positivas sobre su curación y contribuía a una mejora adicional; y eso aceleraba que volvieran a tener una vida más feliz y más saludable.

¿Cómo deberíamos interpretar estos datos? *Psy-Heart* se basa claramente en la investigación del efecto placebo y parece funcionar a través de un mecanismo similar. Sin embargo, muestra que puede eliminar el tratamiento falso por completo ya que los participantes reconfiguraban los resultados esperados por la máquina de predicción usando un análisis racional para resolver dudas infundadas y fijar una visión realista de los beneficios del tratamiento. Este enfoque puede gustar más a pacientes que huyen del placebo de ensayo abierto (que puede parecer demasiado falso o artificial), pero que están abiertos respecto a la posibilidad de replantear su enfoque.[81]

Resulta prometedor que pueda ser posible integrar este tipo de efecto de las expectativas en muchos otros procedimientos médicos. Tras haber ayudado a diseñar el ensayo *Psy-Heart*, Keith Petrie y sus colegas de Nueva Zelanda examinaron recientemente si las expectativas positivas podrían ayudar a las personas con anemia a las que se les tenía que administrar hierro intravenoso. Antes de empezar, los participantes vieron un gráfico que mostraba los cambios esperados en sus niveles de hemoglobina y las razones por las que les aumentaría la energía del cuerpo. Cuatro semanas después, los científicos dieron a los participantes un cuestionario estándar diseñado para medir sus niveles de energía en la vida diaria, lo que incluía cualquier efecto potencial de fatiga en la memoria, concentración y actividad física. En efecto, observaron que los pacientes con expectativas de tratamiento mejoradas mostraban niveles notablemente más bajos de fatiga que un grupo de control que habían hablado de cómo medidas prácticas, como dieta y ejercicio, podrían mejorar la salud en general. Cambiando la interpretación de las personas del tratamiento y sus expectativas de éxito, esa breve conversación sobre los mecanismos del tratamiento había maximizado sus efectos.[82]

A veces, una única frase puede marcar la diferencia. Al fin y al cabo, es habitual que los médicos vean a pacientes con enfermedades que de forma natural desaparecen con el tiempo. En estos casos, no es necesario un tratamiento activo, pero el médico puede acelerar el proceso de curación con lo que diga. En un estudio reciente, dirigido por Kari Leibowitz de la Universidad de Stanford, se provocó una reacción alérgica moderada en la piel a los participantes, que les causó un picor irritante. Después, los participantes se quedaban en el laboratorio unos veinte minutos. Los investigadores comprobaron cómo había reaccionado la piel de algunos participantes sin hacer muchos comentarios; en otros casos, los investigadores describían explícitamente que el sarpullido y la irritación desaparecerían pronto. Estas palabras tranquilizadoras se convirtieron en una profecía autocumplida que calmó los síntomas de los participantes, que se recuperaron más rápido que el grupo de control. [83]

Se podría esperar que este tipo de conversación ya fuera común en medicina. Sin embargo, Leibowitz señala que el paciente a veces considera que las visitas al médico son una pérdida de tiempo, a menos que se le recete un medicamento para validar su enfermedad. Su estudio muestra que las visitas sin receta sí tienen valor, ya que la conversación puede reducir la molestia del paciente sin ninguna medicación. Los descubrimientos de Leibowitz recuerdan otro estudio sorprendente que observó que los pacientes se recuperan más rápido del catarro común, incluida una reducción en la inflamación de la nariz, si sus médicos muestran una actitud más tranquilizadora y empática en las interacciones y subrayan la naturaleza pasajera de la infección [84] (de media, se recuperaron un día entero antes que las personas que veían a un médico menos tranquilizador, un cambio considerable teniendo en cuenta que los resfriados no suelen durar más de una semana). Las palabras que dice un médico son, en sí mismas, «biológicamente activas» y son un elemento esencial de cualquier tratamiento.

Y lo que es más importante, ninguno de estos tratamientos nuevos y prometedores implica dar falsas esperanzas. Cada proyecto se limitaba a usar los datos que tenía a mano para ayudar al paciente a entender el proceso y su pronóstico, y enmarcar su progreso de la forma más positiva posible. Es un enfoque que veremos una y otra vez en este libro. Cuando se trata de la conexión entre la mente y el cuerpo, sin duda el conocimiento es poder.

LA VOLUNTAD DE VIVIR

Echando la vista atrás, es tentador preguntarse cómo podría haber progresado la medicina si los investigadores hubieran prestado más atención a los tipos de efectos que señaló Thomas Jefferson en 1807, cuando describió por primera vez el uso de curas falsas para impedir que los médicos recetaran demasiados fármacos activos como el opio. Puede que él lo llamara «fraude piadoso», pero ahora hemos visto cómo se puede prevenir el mal uso de los opioides sin ningún tipo de engaño. Las estrategias honradas para mejorar las expectativas del paciente pueden y deben ser un elemento esencial de toda la medicina basada en la evidencia.

Jefferson no volvió a escribir sobre la cuestión del placebo. Sin embargo, existe otro motivo por el que el hombre es de interés para los investigadores que estudian la conexión entre la mente y el cuerpo. Y es el día específico en el que murió. La salud del presidente se había empezado a deteriorar en 1825, con una serie de dolencias intestinales y urinarias. En junio de 1826, estaba totalmente postrado en la cama, afectado por una fiebre horrible, pero sobrevivió hasta el 4 de julio, el quincuagésimo aniversario de la firma de la Declaración de Independencia.

Por increíble que parezca, el predecesor presidencial de Jefferson, John Adams, murió el mismo día de 1826. Por lo visto, no se había enterado de la muerte de su rival y sus últimas palabras fueron: «Thomas Jefferson sobrevive».

¿Es una mera coincidencia que el segundo y el tercer presidente de los Estados Unidos murieran en esa fecha tan señalada? ¿O quizás pasó algo más interesante? El hijo de John Adams, John Quincy (que era el presidente en funciones en aquel momento), describió el momento de las muertes de los dos presidentes como «señales visibles y palpables del Favor Divino». En general, los científicos no creen en ese tipo de intervención santa, así que buscaron otras respuestas. Y han afirmado que el momento de las muertes podría ser resultado de un efecto psicosomático. Quizás, en su avanzada edad, los dos antiguos presidentes experimentaban una gran voluntad de sobrevivir hasta el aniversario del país que habían ayudado a fundar. Una vez que llegó ese día, sus cuerpos enseguida se rindieron.

Puede que suene fantasioso, pero, como descubriremos en el siguiente capítulo, la máquina de predicción tiene un lado oscuro que, entre otras muchas consecuencias importantes, significa que nuestros pensamientos y nuestros sentimientos pueden determinar realmente el momento de nuestra muerte.

Cómo pensar sobre... la curación

- Si oyes que los efectos de un tratamiento pueden explicarse en parte por el placebo, ¡no te asustes! Recuerda que los efectos biológicos siguen siendo relevantes, aunque surjan de la expectativa.

- Si puedes elegir entre varias opciones de un tratamiento médico, intenta considerar los factores que pueden influir en el tamaño del componente del placebo. Si todo lo demás es igual, los comprimidos más grandes son más efectivos que los pequeños, pero las cápsulas son aún mejores.

- Del mismo modo, si puedes elegir al profesional médico que te va a tratar, intenta elegir a alguien que te parezca empático y atento. Su actitud podría cambiar la forma que tienes de responder a su tratamiento.

- Intenta averiguar (de tu médico o de otra fuente creíble) cómo funciona tu tratamiento y cómo podría aportarte beneficios. Ese conocimiento puede reforzar los efectos del tratamiento.

- A partir de esta información, intenta visualizar tu recuperación y, si es relevante, elabora un plan de tu camino hasta lograr una salud mejor. De esta forma, maximizarás tus oportunidades de mejora.

- Si es posible, encuentra a otros pacientes que se hayan beneficiado de la misma terapia y estén dispuestos a compartir sus experiencias. Estas conversaciones te podrían ayudar a cambiar las expectativas del tratamiento y su éxito.

- Considera la opción de obtener un placebo de ensayo abierto (que están disponibles comercialmente en algunas tiendas online). Nunca deberías usarlo como sustituto de un medicamento de verdad sin el asesoramiento de un profesional médico, sino que debes tomarlo junto a tus tratamientos existentes; incluso puede que aumenten los beneficios.

- Por encima de todo, sé realista pero optimista sobre lo que puede lograr la conexión entre la mente y el cuerpo.

3

NO HACER DAÑO

*Cómo las expectativas pueden hacer daño o curar,
y cómo romper una maldición*

Si consultas el diccionario de la Asociación de Psicología de Estados Unidos, encontrarás una entrada misteriosa para el síndrome del *bone pointing* (señalamiento de huesos). El término se refiere a una tradición de las sociedades aborígenes cerca de las dunas de arena roja del centro de Australia. Según los antropólogos que visitaban a dichos grupos a mediados del siglo XX, un chamán podría infligir un castigo moral señalando al malhechor con el hueso de un humano o un canguro y entonando una maldición. De forma casi inmediata, la víctima de la maldición se sentiría abatida. Cuando la maldición surtiera efecto, el cuerpo se debilitaría y al cabo de unos días, fallaría por completo. Según un chamán, se trataba «una lanza de pensamiento» que te mataba desde dentro. [85]

Se pueden encontrar casos de «muerte por vudú» en todo el mundo. [86] Y como vimos con el síndrome de muerte nocturna súbita e imprevista de los inmigrantes Hmong en Estados Unidos, las personas que declaran estos fenómenos a menudo han supuesto que aquellos pertenecientes a la sociedad científica serían inmunes a estas expectativas mortales (la Asociación de Psicología de Estados Unidos todavía las clasifica como «síndrome limitado por cultura», específico de poblaciones concretas y no una enfermedad universal de toda la humanidad).

Sin embargo, la literatura histórica y médica cuenta una historia distinta.[87] Considera el conocido caso de un hombre de Nashville (Tennessee), que fue diagnosticado de cáncer de esófago en la década de 1970. Los cirujanos consiguieron extirpar el tumor, pero los escáneres posteriores revelaron que el cáncer se había extendido al hígado. Le dijeron que, con suerte, viviría hasta la Navidad de aquel año. Al final, sobrevivió para celebrar las fiestas con su familia, pero por los pelos: murió a principios de enero.

El destino de aquel hombre parecería otra trágica pérdida debida a una enfermedad terrible, pero la autopsia reveló que el diagnóstico original estaba equivocado: tenía un tumor en el hígado, pero era pequeño y era operable. Podría no haber sido mortal. ¿Podrían sus propios pensamientos fatalistas haberle llevado a la muerte? Esa fue la conclusión de su médico, Clifton Meador, que describió este diagnóstico erróneo como un «maleficio».[88] Para aquel pobre hombre, el temor al cáncer pareció provocar una respuesta bastante similar a una maldición paranormal.

El oncólogo australiano G.W. Milton llegó a conclusiones similares al diagnosticar a personas con cáncer de piel. «Hay un reducido grupo de pacientes que, al darse cuenta de que se avecina la muerte, reciben un golpe tan terrible que son incapaces de hacerse a la idea y mueren rápidamente, antes de que la malignidad parezca haberse desarrollado lo suficiente para causar la muerte», escribió.[89] Al conocer las tradiciones aborígenes, afirmó que las «muertes por voluntad propia» eran un ejemplo más del síndrome de señalamiento de huesos descrito por las sociedades aborígenes.

Ahora, muchos científicos creen que estas anécdotas representan una versión extrema de un efecto de las expectativas conocido como «respuesta nocebo».[90] Como aprendimos en la introducción, placebo significa «sanaré» y nocebo significa «dañaré», y la respuesta nocebo se da cuando creemos que el cuerpo está bajo una amenaza. A través de las acciones de la máquina de predicción, estas expectativas cambiarán nuestra fisiología, de forma que el mero hecho de pensar que se tiene un síntoma o enfermedad puede hacernos enfermar.

La muerte por expectativa puede ser el ejemplo más extremo, pero el efecto nocebo es responsable de muchas otras formas de sufrimiento en nuestra vida diaria. Puede empeorar los síntomas de alergias, migrañas, dolor de espalda y conmoción; de hecho, siempre que nos encontramos mal, el efecto nocebo se asegurará de que nuestra enfermedad empeore. Las expectativas negativas también pueden contribuir a los desagradables efectos secundarios de los fármacos que están destinados a curarnos de nuestras enfermedades, y son una razón primordial por la que las personas abandonan la medicación.

Afortunadamente, nuestra nueva comprensión del cerebro como máquina de predicción nos proporciona estrategias innovadoras para mitigar esos efectos y neutralizar nuestras maldiciones autoinfligidas. Junto a las técnicas de redefinición que exploramos en el último capítulo, estos métodos deberían aportar un alivio muy necesario para todos los tipos de dolor y molestia.

PENSAMIENTOS TÓXICOS

Igual que ocurre con la respuesta al placebo, el poder potencial de la expectativa negativa se conoce desde los primeros tiempos de la medicina moderna, mucho antes de que la respuesta nocebo tuviera nombre siquiera.

El cirujano John Noland Mackenzie fue de los pioneros en examinar el efecto negativo de las expectativas en medicina. Trabajaba en el Hospital de Beneficencia de Oftalmología y Otorrinolaringología de Baltimore en la década de 1880 y le pidieron que examinara a una mujer de treinta y dos años con asma grave y una rinitis alérgica horrible. Cuando se exponía al polen, la nariz le moqueaba, los ojos le lloraban y la garganta le picaba tanto que sentía que «se la tenía que arrancar con las uñas»; en las peores ocasiones, sufría ataques de estornudos que duraban horas. Estos ataques eran tan incómodos que tenía que pasar gran parte del verano en la cama, y le resultaba absolutamente imposible tener flores en casa. Incluso el mero hecho de ver un campo de heno a lo lejos bastaba para que le dieran ataques.

Mackenzie no dice lo que despertó su escepticismo, pero algo en las descripciones de la mujer le hizo cuestionar el papel del polen en sus síntomas. Para probar su hipótesis, compró una rosa artificial «hecha con una habilidad tan exquisita que parecía la falsificación perfecta del original». Antes de que llegara la paciente, limpió con cuidado cada hoja y pétalo, quitando cualquier grano de polen que pudiera desencadenar un ataque.

La paciente apareció con una buena salud sorprendente y, tras un examen inicial y una charla animada, Mackenzie le mostró tranquilamente la rosa artificial que tenía detrás de un biombo. El malestar de la paciente no podría haber sido mayor si Mackenzie le hubiera enseñado un ramo de flores de verdad: la voz de la mujer se volvió ronca, la nariz se le bloqueó, y tuvo el impulso irresistible de estornudar. Todo eso un minuto después de ver el objeto. Al examinarla de cerca, Mackenzie le vio una irritación visible en la nariz y la garganta, que estaban hinchadas y rojas. Sin duda, la paciente no fingía los efectos. En este caso peculiar, Mackenzie llegó a la conclusión de que la asociación de ideas parecía ser tan potente como los granos de polen de verdad.

No hace falta decir que la paciente se quedó de piedra al descubrir la verdadera naturaleza de la rosa y tuvo que inspeccionarla en detalle antes de quedarse completamente convencida de que no era una flor auténtica. Pese a su incredulidad inicial, la comprensión de lo que le pasaba puso un final feliz a su enfermedad sin ningún tratamiento adicional. En su siguiente visita al hospital, hundió la nariz en un gran ramo de rosas de verdad y no estornudó ni una vez.[91]

Hubo varios estudios igualmente ingeniosos que revelaban el poder de los pensamientos negativos, de forma gradual, durante las décadas siguientes. Pero no fue hasta el desarrollo de los ensayos clínicos en las décadas de 1960 y 1970 cuando la investigación de estos efectos negativos de las expectativas empezó a entrecruzarse con la investigación sobre el placebo. Los científicos descubrieron que las creencias del individuo sobre una pastilla de azúcar podían curar los síntomas que tenía, pero también crear efectos secundarios nuevos y nocivos que imitaban las reacciones adversas a los fármacos de verdad, a menudo, al mismo tiempo.

Henry Beecher, el médico y anestesista de guerra que conocimos en el capítulo anterior, de hecho, ya había observado esta posibilidad en 1955, con su influyente trabajo sobre el «placebo poderoso». A partir de un puñado de experimentos existentes, afirmó que los pacientes que recibían las pastillas falsas a menudo experimentaban síntomas como náuseas, dolor de cabeza, boca seca, somnolencia y fatiga, todos aquellos efectos que podría afirmar experimentar cualquiera que tome un medicamento de verdad. En un ensayo de medicamentos para tratar la ansiedad, un miembro del grupo del placebo incluso desarrolló un leve sarpullido que solo se le fue después de dejar de tomar las pastillas de azúcar; otra persona declaró tener palpitaciones, y una tercera tuvo una diarrea severa diez minutos después de tomarse las pastillas.[92]

Más de seis décadas después, sabemos que este fenómeno es preocupantemente común. Un equipo de investigadores de Oxford, Cardiff y Londres analizaron recientemente los datos de más de mil doscientos ensayos con placebo. Observaron que alrededor de la mitad de las personas que recibían la pastilla falsa declaraban como mínimo un efecto adverso en el ensayo estándar. Y, en el cinco por ciento de los casos, estas reacciones eran tan graves que los participantes abandonaban el tratamiento por completo.[93] Algunos de estos síntomas podrían haber sido atribuidos erróneamente a dicha pastilla y haberse debido a otras causas de molestia ajenas a esta, pero un número significativo de síntomas parecen proceder de los avisos de los médicos y las compañías farmacéuticas sobre ciertos efectos secundarios, lo que sugiere un efecto de las expectativas muy específico.

Veamos una investigación, publicada en 2007, de Finasterida, un medicamento que se suele usar para tratar a hombres con agrandamiento de la próstata. Se sabe que este fármaco ha dado como resultado disfunción eréctil y reducción de la libido, un efecto secundario que se anuncia prominentemente en folletos y sitios web sobre salud.[94] Para averiguar si esta información podría estar empeorando la frustración de los hombres, un equipo de la Universidad de Florencia fijó un ensayo de un año de duración en el que la mitad de los participantes fueron específicamente advertidos de estos posibles efectos secundarios, mientras que la otra mitad, no. Observaron que las advertencias explícitas aumentaron la prevalencia de disfunción eréctil en alrededor del diez por ciento hasta el treinta por ciento; es decir, un único dato provocaba un aumento del trescientos por cien en un síntoma capaz de cambiar la calidad de vida del participante.[95] Exactamente los mismos patrones podrían ser vistos en personas que toman aspirina para calmar la angina de pecho. Había una probabilidad seis veces mayor de abandono del tratamiento debido al aumento de las náuseas y la indigestión si se les había advertido de la posible irritación en el estómago y los intestinos.[96]

La respuesta nocebo parece ser especialmente potente con las sensaciones de dolor. Quizás lo hayas experimentado al someterte a pequeños procedimientos médicos. ¿Cuántas veces un médico o enfermero avisa de que «esto puede que le duela» antes de ponerte una inyección o sacarte una muestra de sangre? La idea que hay tras el comentario puede que sea que el paciente cobre ánimo ante el dolor. Pero la realidad es que esa frase corta hace que ese dolor sea más probable. Por ejemplo, se decía a las mujeres que recibían una epidural en un estudio «va a sentir una gran picadura de abeja; esta es la peor parte del procedimiento». Declaraban mucha más molestia que otro grupo al que le aseguraban que estarían cómodas durante todo el procedimiento.[97] Cuando se avisa a alguien del dolor, se pueden observar diferencias notables en las señales de la médula espinal y el tronco encefálico, unos cambios que serían muy poco probables si el participante exagerara deliberadamente los efectos para generar compasión.[98]

Las respuestas nocebo pueden ser tan fuertes que superen los efectos positivos de los fármacos activos. Una crema analgésica adormecedora puede hacer que los participantes sientan más dolor si les han dicho que esperen tener una mayor sensibilidad, y esas sensaciones van acompañadas por un aumento de la presión arterial que parece señalar su dolor. Del mismo modo, un relajante muscular puede hacer que la persona se sienta más tensa si le dicen que es un estimulante.[99]

Cómo exactamente la máquina de predicción provoca estos efectos es una cuestión que todavía se investiga, pero, en muchos casos, parece ser directamente lo contrario de la respuesta al placebo, una especie de imagen reflejada nociva de todos los cambios psicológicos que vimos en el último capítulo. Mientras las expectativas positivas pueden desencadenar la liberación natural de dopamina y opioides, por ejemplo, nuestras expectativas negativas desactivan estos mismos neurotransmisores.[100] Para más inri, las expectativas negativas de dolor pueden activar la liberación de sustancias químicas que aumentan activamente nuestras molestias, como la hormona pancreoncimina (CCK), que promueve la transmisión de señales de dolor,[101] el equivalente a conectarnos los nervios a un sistema de megafonía que se asegure de que los mensajes de dolor dominen todo lo demás. A partir de sus expectativas de enfermedad, la máquina de predicción también dará instrucciones a los sistemas nervioso, inmunológico, circulatorio y digestivo de ciertas formas que podrían provocar inflamación, alteración de la presión arterial, náuseas y liberación de hormonas que harán mayor el estrés que sentimos.

Como la máquina de predicción se basa en los recuerdos para planificar sus respuestas, la probabilidad de que experimentes un efecto nocebo secundario dependerá de tu historia personal. Si has sufrido una mala reacción a un fármaco, es mucho más probable que experimentes los mismos efectos secundarios con otro tratamiento, aunque funcione a través de mecanismos totalmente distintos, e incluso si se trata de una pastilla falsa.[102] Esta situación es similar a la experiencia común de asociar el vómito con ciertas comidas. Si resulta que tuviste un virus estomacal después de comer un alimento en concreto, años después el mero hecho de pensar en ese plato podría darte náuseas gracias a la sobreprotectora máquina de predicción que te prepara para otro ataque.

Como vimos con la respuesta al placebo, nuestras expectativas de los acontecimientos, y la experiencia resultante de síntomas, también pueden recibir la influencia de factores superficiales. Por ejemplo, una persona puede experimentar menos efectos secundarios de fármacos de marca que de medicamentos genéricos, quizás debido a un marketing más hábil que aumenta la confianza del paciente en la medicación.[103]

Incluso pequeñas alteraciones en la apariencia de un fármaco pueden conducir a un aumento enorme de reacciones adversas, un hecho que GlaxoSmithKline descubrió a un gran coste en los últimos años de la década de 2000. Durante décadas, decenas de miles de neozelandeses habían usado un fármaco de sustitución de la hormona tiroidea llamado Eltroxin, que en treinta años había recibido tan solo catorce quejas de efectos adversos. Sin embargo, en 2007, GSK decidió pasar la producción del comprimido a una fábrica nueva, lo que implicó un cambio en la formulación del comprimido que dio como resultado una apariencia ligeramente distinta (pasó de ser amarillo a blanco) y cambió de sabor. El ingrediente activo seguía siendo exactamente el mismo, la empresa farmacéutica simplemente había alterado los ingredientes aglutinantes que agrandan las pastillas y numerosas pruebas habían revelado que el fármaco se absorbía y metabolizaba al mismo ritmo. Los pacientes deberían de haber podido continuar con el tratamiento sin ni siquiera notar la diferencia.

Por desgracia, esa información tranquilizadora no llegó a los pacientes a tiempo y muchos supusieron que el cambio de aspecto era señal de reducción de costes y peor producción. Mientras las farmacias empezaban a almacenar las pastillas nuevas, empezaron a declararse efectos secundarios totalmente nuevos como dolores de cabeza, sarpullidos, picor en los ojos, visión borrosa y náuseas. Huelga decir que la preocupación pronto llegó a los medios de comunicación locales, que cubrieron la noticia a bombo y platillo. Al cabo de dieciocho meses, la empresa tenía mil cuatrocientos informes nuevos de efectos secundarios, es decir, en dos años se había multiplicado aproximadamente por dos mil la tasa del informe.[104] Los miedos tardaron muchos meses más en desaparecer y el número de efectos adversos volvió al nivel anterior.[105] Para que no pensemos que los neozelandeses tienen algo exclusivo que les hace susceptibles a este efecto nocebo, una alarma sanitaria muy parecida respecto a la reformulación de un mismo fármaco tuvo lugar en Francia unos años antes.[106]

Si actualmente no tomas ninguna medicación, puede que supongas que serías inmune a los efectos negativos de las expectativas, pero hay muchas otras formas en las que tu salud podría verse afectada por una respuesta similar al nocebo. Todos tenemos distintas creencias sobre las enfermedades que cambian cómo interpretamos nuestras sensaciones corporales, y estos pensamientos pueden tener consecuencias importantes para muchas enfermedades comunes. La neurocientífica Gina Rippon afirma que la experiencia del síndrome premenstrual puede estar influida por la expectativa. En un estudio, se dio a los participantes *feedback* falso sobre su posición en el ciclo menstrual, y esa información falsa resultó ser mejor predictor de los síntomas que declaraban que su estado hormonal de verdad.[107]

El mareo muestra un patrón similar; para muchas personas, la expectativa de la molestia es la que provoca náuseas durante el trayecto y no los verdaderos movimientos del vehículo; y alterar las creencias de la persona sobre su propia susceptibilidad puede asentar milagrosamente el estómago.[108] Lo mismo ocurre con los síntomas persistentes de lesiones como latigazo, dolor de espalda y conmoción leve: hay pruebas contundentes de que las expectativas negativas pueden prolongar el sufrimiento de la persona.[109]

En un estudio de lesiones cerebrales traumáticas leves, por ejemplo, se observó que medir las creencias iniciales de la persona sobre su pronóstico futuro podría predecir con éxito el riesgo de desarrollar de verdad el síndrome de la posconmoción cerebral en el ochenta por ciento de los casos. Las creencias del paciente demostraron ser un mejor indicador de dolor persistente que la gravedad de los síntomas en el momento del impacto.[110] Si crees que tus síntomas durarán mucho tiempo y que están fuera de tu control, es mucho más probable que sigan estando así, si todos los demás elementos no cambian (por supuesto, esto no debería ser una razón para adoptar una actitud de *laissez-faire* respecto a estas lesiones; el hecho de que los efectos nocebo puedan empeorar y prolongar los síntomas no hace que la conmoción sea un problema menos grave).

Las creencias sobre las enfermedades a menudo varían de un país a otro. Este hecho puede explicar algunas variaciones geográficas sorprendentes en los síntomas que tienen las personas. En una comparación entre lesiones de cabeza leves en Norte América y Europa del Este se descubrió que los síntomas posconmoción en canadienses (como mareo o fatiga) duraban más meses que los síntomas de lesiones comparables de griegos o lituanos, y esta discrepancia parece reflejar las expectativas subyacentes de cada población.[111]

Existe el peligro de que las respuestas nocebo se confundan con hipocondría, pero eso es una interpretación errónea y terrible de la ciencia. En muchos casos, los síntomas de la persona habrán empezado con un desencadenante físico cuyos efectos se amplían y se prolongan mediante una respuesta nocebo. En otros, la causa puede ser puramente psicológica, pero eso no significa que los síntomas sean menos serios. Tal y como nos mostró el paciente asmático de Mackenzie hace más de un siglo, y muchos experimentos minuciosos nos lo han confirmado desde entonces, las expectativas de enfermedad en sí pueden provocar cambios observables en el cuerpo que son tan reales como los efectos de un agente patógeno. La cruda realidad es que ninguna respuesta nocebo es una consecuencia inevitable del cerebro humano. Cada vez que no nos sintamos bien, nuestros pensamientos moldearán nuestros síntomas. Y pasamos por alto este hecho por nuestra cuenta y riesgo.

EL QUID DE LA CUESTIÓN

¿Y qué hay de esas «muertes autoinfligidas»? ¿Es posible la muerte por expectativa? Durante los últimos años, los médicos han documentado un par de respuestas nocebo extremas que, sin duda, dan crédito a esta posibilidad. Y, aunque estos casos espectaculares puedan ser una rareza, revelan percepciones fascinantes de un factor de riesgo serio (y actualmente poco reconocido) de enfermedad cardiovascular que puede estar afectando a muchas personas.

Empecemos por el caso del Señor A., declarado por médicos de Minnesota en 2007. Tras sentirse muy herido por una reciente ruptura amorosa, el Señor A. se apuntó a un ensayo clínico de un nuevo antidepresivo con la esperanza de que el nuevo tratamiento pudiera aliviar su desesperanza. Al principio, dijo que las pastillas funcionaban, que le ayudaban a mejorar el estado de ánimo. Pero los beneficios no duraron mucho y, en el segundo mes del ensayo, decidió acabar con todo, tragándose las veintinueve cápsulas que le quedaban. Enseguida se arrepintió de su decisión y pidió a un vecino que lo llevara a las urgencias del hospital local de Jackson. «Socorro, me he tomado todas las pastillas», dijo al personal al entrar, antes de desmayarse de golpe.

Cuando los médicos examinaron al Señor A., estaba pálido, somnoliento y temblando, con una presión arterial preocupantemente baja. Rápidamente le inyectaron suero. Durante las siguientes cuatro horas, su problema no mejoró. Sin embargo, no parecía tener rastros de las toxinas relevantes en el cuerpo, así que el equipo médico llamó a uno de los médicos del ensayo clínico, que confirmó que el Señor A. nunca había tomado el fármaco activo. Según las señales fisiológicas, casi había tenido una sobredosis de pastillas falsas.[112] Por suerte, cuando le contaron lo que había pasado tuvo una recuperación física completa.

En un caso igual de impactante de 2016, una mujer alemana de Greifswald se sometió a un ensayo de acupuntura para reducir el dolor durante y después de una cesárea. Para garantizar su consentimiento informado, le habían contado a la paciente que había un pequeño riesgo según el cual la acupuntura podría provocar una reacción vasovagal como mareo o desmayos, o, en casos extremos, colapso cardiovascular. Poco después de empezar el tratamiento, la paciente empezó a sudar abundantemente. Se le enfriaron los pies y las manos, y la presión arterial se desplomó hasta un nivel peligrosamente bajo, con una frecuencia cardíaca de solo veintitrés latidos por minuto. El equipo, asustado por estos cambios, le puso enseguida un gota a gota y la transfirieron a la sala de partos, donde se recuperó lo suficiente para que le hicieran una cesárea, pero si la caída de la presión arterial hubiera persistido, podría haber puesto fácilmente en riesgo a la paciente y el bebé. Huelga decir que era muy poco probable que la peligrosa caída de la presión arterial fuera provocada por la acupuntura, pero la paciente ni siquiera había recibido la terapia real. Había estado en un grupo de control en el que el acupunturista solo le había puesto cinta adhesiva en el cuerpo.[113]

De algún modo, parece que la máquina de predicción alteró las funciones vitales del cuerpo hasta el punto del colapso. Para algunas personas, esta alteración puede acabar conduciendo a la muerte. Hay muchas formas en las que esto puede pasar. Según la teoría principal, un declive psicológico tan rápido podría proceder de altas concentraciones de las hormonas del estrés conocidas como catecolaminas, que pueden ser tóxicas para el corazón y parecen liberarse bajo emociones intensas. Si no se controlan, su pico podría provocar muerte prematura.[114] Por supuesto, ese resultado sería mucho más probable en el caso de alguien con un problema cardíaco existente, pero, si la respuesta fuera lo suficientemente fuerte, podría matar incluso a los que tienen buena salud.

Las expectativas de miedo pueden tener un efecto tanto gradual como repentino en la mortalidad de una persona. Veamos el estudio ahora mundialmente famoso de Framingham (Massachusetts), que ha rastreado la salud de miles de adultos desde 1948. A mediados de la década de 1960, se preguntó a un subconjunto de participantes femeninas si tenían «más, la misma o menos probabilidad» de desarrollar una enfermedad cardíaca, en comparación con otras personas de su edad. Los investigadores observaron que las mujeres que habían respondido «más probabilidad» tenían una probabilidad 3,7 veces mayor de experimentar un paro cardíaco fatal durante un período de veinte años que las otras participantes del estudio. Y, lo que es más importante, las mujeres habían desarrollado y expresado aquella expectativa antes de que hubiera aparecido algún signo de enfermedad cardiovascular. Teniendo en cuenta su salud en aquel momento, sus temores no parecían tener una base fundamentada en hechos.[115]

Los escépticos quizás se pregunten si las diferencias de comportamiento entre los participantes podrían explicar el aumento del riesgo de muerte. Sin duda, el estilo de vida podría haber influido, pero el aumento del riesgo se sometió a escrutinio, incluso después de que los investigadores hubieran considerado muchos otros factores de salud, entre los que se incluían el índice de masa corporal, los niveles de colesterol, el hábito de fumar o los niveles de soledad.

Todo esto puede afectar al corazón. Por esta razón, muchos investigadores creen que las expectativas negativas en sí crearon una respuesta psicológica nocebo, con niveles máximos de hormonas del estrés e inflamación crónica que perjudicó la salud de las mujeres a largo plazo y contribuyó directamente a sus muertes. Es fácil imaginar que, si crees que tienes más riesgo de enfermedad cardíaca, cada día puede estar lleno de pensamientos fatalistas y que, cada vez que sientas que tienes mala salud, interpretes que es una señal de tu deterioro. Estos pensamientos al final se convierten en una profecía autocumplida.

La posibilidad de un efecto nocebo retardado encaja con otro estudio reciente destinado a personas que ya sufrían de enfermedad de la arteria coronaria. Poco después de la aparición de su problema, se pidió a los pacientes que indicaran su nivel de acuerdo en frases como «Dudo que alguna vez me recupere del todo de mis problemas cardíacos» o «Puede que todavía viva una vida larga y sana». Pese a la gravedad inicial de su enfermedad, los pacientes con expectativas más deprimentes tenían una probabilidad mucho mayor de morir durante la década siguiente en comparación con pacientes que tenían una visión más optimista de sus posibilidades de recuperación.[116] De nuevo, podría ser que dichos participantes con expectativas negativas tuvieran menos probabilidad de cuidar proactivamente su salud (un factor que ese estudio podría no controlar del todo), pero los investigadores también observaron un estrés notable en ciertos pacientes y su hipótesis es que eso contribuyó a su mayor tasa de mortalidad.

Al fin y al cabo, sabemos que otros tipos de estrés emocional de alto grado pueden conducir a una mayor tasa de mortalidad. Hay alrededor del doble de probabilidades de que alguien sufra un ataque al corazón o un infarto cerebral durante los treinta días posteriores a la muerte de un cónyuge, por ejemplo, en comparación con alguien que no haya sufrido una pérdida reciente.[117] Es sorprendente que muchas víctimas de la «muerte autoinfligida» (como los inmigrantes Hmong en Estados Unidos, las víctimas del señalamiento de huesos aborigen y los pacientes de cáncer de G.W. Milton) parezcan haber experimentado algo parecido al luto por la muerte de alguien durante su deterioro, mientras contemplaban sus propios finales inminentes.

Comprender la máquina de predicción también puede explicar por qué las personas suelen morir en días que son significativos para ellas, algo que nos lleva de nuevo a las muertes de Thomas Jefferson y John Adams el 4 de julio de 1826. Por sorprendente que pueda parecer, varios estudios han demostrado que el riesgo de mortalidad a lo largo del año no se distribuye de una forma uniforme. En un análisis de las actas de defunción de más de treinta millones de estadounidenses, se observó que es más probable que una persona muera durante una ocasión especial o justo después, que justo antes del gran acontecimiento. Observaron que es un cuatro por ciento más probable que suceda una muerte en un cumpleaños, por ejemplo, que durante los dos días precedentes [por desgracia, este fenómeno parece ser más pronunciado en el caso de los niños, que supuestamente dan aún más importancia al acontecimiento (y un mayor deseo de vivir para verlo) que los adultos].

Recientemente se han descrito patrones similares en muchos otros países, y los datos parecen descartar otras explicaciones potenciales, como el aumento de los suicidios o los accidentes de tráfico. En México, una muerte tranquila en un día importante incluso se denomina «muerte hermosa». En estos casos, el cuerpo ya está debilitado, pero parece ser capaz de esperar hasta que pase el acontecimiento y, después, las expectativas de muerte precipitan un declive. Apoyando esta hipótesis, en un análisis se observó que el notable aumento de muertes alrededor del primer día del año (un fenómeno sorprendentemente uniforme) fue especialmente elevado el 1 de enero del año 2000 en comparación con otros años. Parece natural que la mente otorgara una enorme importancia a lo que popularmente se consideraban celebraciones del milenio, lo que creaba un fuerte deseo de vivir un acontecimiento que se daba una vez cada mil años.[118]

Según Adams y Jefferson, el quincuagésimo aniversario de la independencia de Estados Unidos habría constituido este tipo de hito. Por increíble que parezca, el quinto presidente, James Monroe, también murió en la misma fecha, cinco años después. Como escribió el *New York Evening Post* entonces: «Tres de los cuatro presidentes que han abandonado el escenario de su utilidad y gloria han fallecido en el aniversario del cumpleaños de la nación, un día que, si entre todos los demás se les hubiera permitido elegir, probablemente habrían escogido para poner fin a sus carreras».[119] No existe absolutamente ninguna razón para pensar que el momento de sus muertes fuera una elección deliberada, pero podría haber sido una elección inconsciente que reflejara la profunda influencia de la máquina de predicción en nuestro destino, hasta en nuestro último aliento.[120]

ROMPIENDO EL MALEFICIO

Por lo tanto, la «muerte por expectativa» podría ser realmente posible, y el temor y la ansiedad por la enfermedad incluso pueden contribuir a la enfermedad cardíaca en un número sorprendente de personas. Sin embargo, es importante recordar que los efectos nocebo menos extremos y más mundanos siguen teniendo fuertes consecuencias para nuestra salud y bienestar en el día a día. Por ejemplo, los dolores de cabeza que experimentaba yo al tomar las pastillas antidepresivas eran atroces. Aquella molestia no me iba a matar, pero podría haberme convencido fácilmente de abandonar un tratamiento que, en última instancia, demostró ser muy efectivo, si no hubiera descubierto los orígenes potencialmente psicosomáticos de aquel síntoma.[121] Cuando consideras la gran prevalencia de los efectos nocebo y el malestar que causan, una forma de neutralizar el poder que tienen sobre nosotros sería un avance increíble para la medicina. La cuestión es cómo lograrlo.

Es a la vez un problema práctico y un dilema ético. El famoso compromiso de los médicos es «en primer lugar, no causar dolor», pero también están obligados a obtener el consentimiento informado de sus pacientes antes del tratamiento. Estas directrices pueden funcionar con objetivos contradictorios. ¿Cómo pueden los médicos explicar sinceramente los riesgos médicos sin inducir involuntariamente una respuesta nocebo? Durante los últimos años, me he animado al ver que muchos científicos ya están investigando posibles soluciones a estos imperativos paradójicos.

Una opción es el consentimiento informado personalizado. Consiste en que un médico permite que el paciente decida si quiere conocer los riesgos relativamente inusuales o si prefiere que el médico no le revele esa información. Esta opción sigue haciendo que el paciente tenga el control de su tratamiento, y puede que sea más ético que proporcionar automáticamente una información que podría ocasionar un efecto negativo de las expectativas.[122]

Cada paciente tendrá una preferencia distinta. Algunos podrían llegar a la conclusión de que no tener todos los datos les da una mayor probabilidad de mantener una visión positiva que, como hemos visto, puede marcar la diferencia. Sospecho que mis propios temores a menudo son mucho peores que la verdad y preferiría que me contaran la información relevante para que mis expectativas como mínimo estén basadas en un hecho objetivo. Por suerte, para los pacientes como yo que prefieren contar con los datos, es posible minimizar la respuesta nocebo cambiando cómo se presenta la información mediante una estrategia denominada reencuadre. Existe una abundante investigación psicológica que muestra que las personas suelen responder de una forma muy distinta a la misma clase de información en función de cómo se le presente. El reencuadre ya es una táctica bien conocida y estudiada por los ejecutivos de publicidad y marketing. Por ese motivo, los alimentos llevan etiquetas que dicen «noventa y cinco por ciento libre de grasa» en vez de «cinco por ciento de grasa», pese a que ambas frases expresen lo mismo. Y parece probable que la misma técnica se pueda emplear para reducir los efectos secundarios nocebo.

Veamos un estudio de la Universidad de Nueva Gales del Sur (Australia), en la que los estudiantes creían que se estaban apuntando a un ensayo de un fármaco con benzodiazepina, una medicación antiansiedad. En realidad, todos recibieron una pastilla falsa que no les iba a causar ningún efecto químico directo en el cuerpo. De acuerdo con el procedimiento estándar, se informó a los estudiantes de los beneficios previstos, como relajación muscular y reducción del ritmo cardíaco, y los efectos secundarios potenciales, que incluían dolores de cabeza, náuseas, mareo y somnolencia.

En algunos casos, la información se encuadraba de forma negativa, haciendo hincapié en el número de personas que experimentarían malestar:

Los posibles efectos secundarios incluyen somnolencia. Aproximadamente veintisiete de cada cien personas experimentarán somnolencia.

En otros casos, la información se encuadraba de una forma más positiva, haciendo énfasis en el número de personas que no tendrían efectos secundarios:

Los posibles efectos secundarios incluyen somnolencia. Sin embargo, setenta y tres de cada cien personas no la experimentarán.

Pese a que ambas frases son equivalentes y transmiten la misma estadística, las personas del grupo de reencuadre positivo declaraban menos efectos secundarios a corto plazo al tomar la pastilla.[123] Siempre que nos presenten este tipo de información como pacientes, deberíamos plantearnos si se podría enfocar de una forma más positiva. Pensar en el peor caso posible no te prepara, sino que promueve el peor caso.

Igual de importante que lo anterior es que podamos aprender a reevaluar los síntomas que experimentamos de verdad. Recuerda que las respuestas nocebo pueden empeorar los efectos secundarios que aparecen por la acción directa de un fármaco. En este caso, no tiene sentido fingir que el malestar no existe, pero los médicos igualmente pueden cambiar la forma en la que el paciente interpreta sus experiencias, y los significados que les asignan, para minimizar el malestar a largo plazo. Las consecuencias para el bienestar del paciente pueden ser profundas.

En un experimento extraordinario de este tipo, unos investigadores del Mind & Body Lab de la Universidad de Stanford ayudaron a tratar a un grupo de niños y adolescentes con una alergia grave a los cacahuetes. Todos los pacientes ya estaban realizando una inmunoterapia oral que implicaba exponer gradualmente el cuerpo a dosis más grandes de proteína de cacahuete durante un período de seis meses. Si todo iba bien, el paciente debía ser cada vez menos sensible al alérgeno, hasta poder comer un cacahuete entero sin tener una reacción grave; pero la terapia en sí a veces provoca sensaciones desagradables, como urticaria, picazón en la boca, congestión nasal y dolor de estómago. Además de ser una fuente de malestar inmediato, estos efectos secundarios a menudo parecen el inicio de una reacción alérgica en toda regla, lo que provoca más ansiedad sobre el tratamiento y una tasa de abandono relativamente alta. En realidad, los efectos secundarios tienden a ser bastante leves y, en vez de ser el comienzo de una reacción exagerada y peligrosa, pueden considerarse una señal de que el sistema inmunitario responde al estímulo, lo que es un paso esencial en el proceso de desensibilización.

Los investigadores se plantearon si el paciente cambiaría de actitud en caso de conocer esos efectos secundarios. Y si ese cambio de actitud a su vez cambiaría la experiencia del tratamiento en general. Para averiguarlo, diseñaron un programa de información destinado a cambiar la mentalidad del paciente a lo largo del tratamiento dándole folletos escritos y manteniendo largas conversaciones con un profesional de la salud formado. En esas sesiones, los investigadores compararon los efectos secundarios con los dolores musculares de un atleta después de entrenar; una sensación incómoda que, sin embargo, señala la construcción de fuerza interior. En alguna parte del camino, se dio a los pacientes ejercicios que reforzaran su compresión, como escribir una carta a su yo del futuro, recordándose a sí mismos las nuevas formas de interpretar sus síntomas.

Un grupo de control pasó por unas reuniones similares que se centraban más exclusivamente en formas de gestionar los efectos secundarios, como tomar la dosis de proteína con el estómago lleno, beber agua o tomar antihistamínicos. Aunque aquellas conversaciones contuvieran muchos consejos prácticos, siempre encuadraban los síntomas como una consecuencia desafortunada que había que experimentar y no como una señal positiva de que el tratamiento funcionaba. Por razones de seguridad, se les enseñó a identificar cualquier síntoma potencialmente mortal, y los expertos siempre estaban disponibles para comentar cualquier preocupación seria (si sufres de alergia, por favor, no intentes crear su propia inmunoterapia sin supervisión médica).

Los cambios en la sensación de ansiedad de los pacientes fueron sustanciales. El reencuadre positivo disminuyó significativamente sus preocupaciones sobre el tratamiento. Esta mentalidad positiva redujo los síntomas reales a medida que los pacientes avanzaban a dosis más grandes del alérgeno y, al final, a los cacahuetes de verdad. Y lo que es más importante, los beneficios del reencuadre fueron evidentes no solo en las experiencias subjetivas de los pacientes, sino también en medidas biológicas del éxito del tratamiento.

Al principio y al final de la terapia, se hizo análisis de sangre a los pacientes y los investigadores detectaron un anticuerpo llamado IgG4, que es producido por el cuerpo en respuesta a la ingesta de proteína de cacahuete. Si está presente a ciertos niveles, el IgG4 parece inhibir otras respuestas inmunitarias que conducirían a una reacción alérgica a escala real.[124] Al principio del estudio, ambos grupos mostraron un IgG4 muy reducido en los análisis de sangre. En cambio, al final, los niños y adolescentes de la intervención positiva habían incrementado la producción hasta un nivel mucho más elevado que el grupo de control, reduciendo los síntomas que experimentaron a medida que avanzaba el ensayo.

Como todos los efectos de las expectativas, el cambio provocado por el cambio de creencias se puede explicar por mecanismos psicológicos reconocidos. La preocupación crónica puede desencadenar una inflamación de nivel bajo que parece alterar la capacidad de adaptación del sistema inmunitario, por ejemplo. Cuando se les preparó con información positiva, los participantes del grupo de intervención fueron liberados de esa barrera biológica que permite a sus cuerpos responder de forma más efectiva al aumento de la dosis de la proteína de cacahuete.[125]

Además de ser un ejemplo potente de la conexión entre la mente y el cuerpo en acción, el estudio sobre la alergia a los cacahuetes también nos proporciona una demostración perfecta de un proceso conocido como reevaluación, en la que buscamos interpretaciones positivas de acontecimientos negativos. Y como veremos ahora, podemos aplicar esta técnica siempre que estemos lesionados o enfermos.

LA MENTALIDAD DEL ALIVIO DEL DOLOR

Empecemos evaluando cómo piensas actualmente sobre el dolor o la molestia. Imagina que sufres de migraña o de un problema de espalda o que te has roto el brazo. Si eres como yo, caes automáticamente en la trampa de pensamientos catastrofistas en los que la aparición de un síntoma conduce a la expectativa de que va a empeorar.

Los psicólogos miden el catastrofismo pidiendo a los pacientes que clasifiquen, en una escala de cero (nunca) a cuatro (siempre), frases como las siguientes:

Cuando siento dolor...
- Me preocupo sin parar sobre si el dolor desaparecerá.
- Es horrible y pienso que nunca mejorará.
- Me temo que el dolor empeorará.
- Parece que no pueda sacarme el dolor de la cabeza.
- No paro de pensar en otros acontecimientos dolorosos.
- Me pregunto si va a pasar algo grave.

Cada frase refleja un tipo distinto de pensamiento catastrófico; juntas, crean un tipo de respuesta nocebo que se autoperpetúa.[126] Este cuestionario es un buen indicador del malestar que sentirá la persona después de una operación, por ejemplo, y del tiempo que tendrá que estar en el hospital.[127] La tendencia al catastrofismo también parece contribuir a la gravedad de las migrañas y los dolores de cabeza, y de los síntomas de las personas con dolor muscular o de articulaciones.[128]

Teniendo en cuenta lo que sabemos sobre el papel de la expectativa en el dolor, los científicos Luana Colloca y Beth Darnall llegan a sugerir que el pensamiento catastrófico es como «coger una lata de gasolina y echarla al fuego».[129] Es coger las respuestas evolucionadas a la lesión (que podrían servir de advertencia útil en tiempos de peligro) y amplificarlas más allá de cualquier beneficio posible.

La adopción de una mentalidad de alivio del dolor puede ayudar a romper este círculo vicioso. Por ejemplo, los pacientes pueden aprender sobre la naturaleza del dolor, lo que incluye los procesos psicológicos que pueden empeorar nuestra molestia y el hecho de que nuestro estado mental puede influir fuertemente en los síntomas.[130] Una vez que hayan aprendido a identificar el inicio del pensamiento catastrófico, se les enseña a reconsiderar la base de hechos objetivos que les causa su ansiedad. Aunque el dolor pueda ser una señal de peligro, la intensidad de la sensación no refleja necesariamente daño real en el tejido (por ejemplo, una migraña puede ser muy aguda, pero rara vez se debe a un problema neurológico serio). Del mismo modo, si parece que el dolor es interminable, podría ayudar que te recordaras a ti mismo que has superado episodios anteriores. Y si has llegado a asociar ciertos desencadenantes, como una reunión de trabajo importante, con un recrudecimiento, podría valer la pena preguntarte si la conexión realmente es tan inevitable como supones.[131]

Cada persona puede que sea catastrofista a su manera, pero, en general, te puedes plantear las siguientes preguntas siempre que notes que empiezas a rumiar sobre tu salud: «¿Este pensamiento es negativo y alarmante, positivo y tranquilizador, o neutro? ¿Cuál es la prueba a favor y en contra de este pensamiento? ¿Hay una forma más agradable de pensar en esto?».[132] Por último, puedes intentar recordar algunas frases tranquilizadoras como «El dolor está en la cabeza» y «Las sensaciones son de verdad, pero son temporales», que pueden contrarrestar ansiedades más generales y que enfatizan el poder de la capacidad de la mente para aportar su propio alivio.[133]

Como cualquier habilidad, la reevaluación requiere práctica, pero muchos estudios han mostrado beneficios impresionantes para los pacientes que aprenden a aplicarla. Más de la mitad de las personas con dolor crónico afirman como mínimo una reducción del treinta por ciento de sus síntomas cuando usan esta técnica, y muchos pacientes experimentan hasta el setenta por ciento de mejora; la reevaluación también reduce el número de días que pierden las personas que sufren de migraña debido a sus dolores de cabeza.[134]

La técnica también podría ayudar a aliviar una molestia pasajera, como una quemadura con el horno.[135] Sorprendentemente, la terapia psicológica conduce a algunos cambios duraderos en la mente, incluso a una reducción en el tamaño de regiones que se piensa que gestionan el pensamiento catastrófico. Es como si las regiones «reevaluadoras» apagaran los amplificadores del dolor.

Aunque la mayor parte de la investigación en este campo hasta ahora se haya concentrado en los trastornos por dolor, es probable que esta técnica pueda ofrecer alivio para otros problemas desagradables. Se piensa que el catastrofismo empeora los síntomas de asma, que podría responder de manera factible a una reevaluación de la misma forma. Por ejemplo, si te recuerdas a ti mismo que tu cuerpo se asegura de que tengas suficiente oxígeno.[136] También hay señales de que la reevaluación reduce la gravedad del resfriado común.[137] Si reconoces tus síntomas como señal de que tu cuerpo lucha de forma apropiada contra el virus, puede que reduzcas el malestar.

Calmando la ansiedad en enfermedades a largo plazo y aliviando pensamientos fatalistas, la reevaluación incluso puede beneficiar la salud de tu corazón. En un estudio, descubrieron que la terapia de comportamiento cognitivo (que incluye sesiones sobre la mejor forma de reducir el pensamiento catastrófico) después de un paro cardíaco redujo con éxito el riesgo de seguir desarrollando una enfermedad.[138] Necesitaremos muchos más estudios en grandes números de pacientes para confirmar este descubrimiento y perfeccionar estas terapias, por supuesto. Pero la importancia de las respuestas nocebo para nuestra salud general es innegable. Y es crucial que estos efectos negativos de las expectativas puedan ser neutralizados.

Esta comprensión no podría ser más urgente, puesto que ahora hay una fuerte evidencia de que algunas respuestas nocebo pueden ser contagiosas. Como descubriremos en el siguiente capítulo, la propagación de expectativas negativas entre personas contribuye a muchas alarmas de salud modernas. Al contrario de las conclusiones de los antropólogos e historiadores que estudian la «muerte voluntaria», los seres humanos de los países desarrollados puede que sean más susceptibles a la sugestión que nunca antes, y necesitamos todas las herramientas posibles para contrarrestar esta maldición tan moderna.

Cómo pensar sobre... el dolor y la molestia

- Cuando te advierten de los efectos secundarios potenciales de los fármacos, intenta averiguar si los mismos síntomas también se observaron en el grupo placebo en el ensayo clínico (tu médico quizás te pueda dar esa información, o a menudo puedes encontrar estas estadísticas en sitios web gubernamentales como www.CDC.gov). En caso afirmativo, es probable que los efectos secundarios sean resultado de una respuesta nocebo.

- Observa más críticamente los datos que representan los riesgos de los efectos secundarios y practica el reencuadre. Si te dicen que hay un diez por ciento de probabilidad de desarrollar un efecto secundario, por ejemplo, intenta concentrarte en el hecho de que el noventa por ciento de los pacientes no tendrán ese síntoma.

- Si realmente experimentas un efecto secundario, intenta preguntarte si podría ser una señal de la acción de curación del fármaco. Así, no solo neutralizarás tu ansiedad, sino que puede que mejores de verdad los beneficios del tratamiento.

- Valora si tienes tendencia a ser catastrofista con el dolor usando el cuestionario de la página 94. En caso afirmativo, intenta fijarte en cuándo empiezas a rumiar sobre tus síntomas. Ser consciente de ello es el primer paso para romper el círculo vicioso.

- Cuando te encuentres cayendo en un pensamiento catastrófico, pregúntate si hay unos hechos bien fundamentados para tus pensamientos; si no, busca una forma de reinterpretar la situación de una forma más positiva.

- Recuerda tu comprensión de la respuesta nocebo y refuerza ese conocimiento siempre que puedas. En algunos estudios se ha descubierto que escribirte una carta a ti mismo en la que describas lo que sabes ayuda; en otros, se sugiere que podrías crear un post en las redes sociales en el que compartas lo que piensas

4

LOS ORÍGENES DE LA HISTERIA DE MASAS

Cómo se propagan las expectativas en los grupos

En mayo del año 2006, Portugal fue atacado por unos brotes misteriosos de una enfermedad que solo parecía afectar a adolescentes, que experimentaban mareo, dificultad para respirar y sarpullido en la piel. Al cabo de unos días, alrededor de trescientos estudiantes de todo el país estaban afectados. Un virus o algún tipo de envenenamiento parecía el patógeno más probable, según algunos expertos; otros pensaban que podía ser una reacción alérgica a cierto tipo de oruga o al polvo de las aulas. Pero ninguna de las explicaciones parecía realmente convincente. Como dijo un experto en salud: «No conozco a ningún agente tan selectivo que solo ataque a niños».

Al final, las investigaciones revelaron que la popular serie juvenil *Morangos com Açúcar* (*Fresas con azúcar*) era la culpable. Unos días antes de que se declararan los primeros casos, los personajes principales de la serie se habían infectado con un virus potencialmente mortal que había provocado unos síntomas muy similares. De algún modo, el «virus» había saltado desde la pequeña pantalla hasta un puñado de espectadores, creando síntomas físicos reales, pese al hecho de que la enfermedad de la serie era totalmente ficticia. Aquellos niños se lo habían pasado a sus compañeros y eso había hecho que los casos se multiplicaran. Es poco probable que los adultos portugueses fueran espectadores entregados de aquel melodrama (y estaban menos inmersos en las redes sociales de los adolescentes), por lo que era menos probable que desarrollaran la enfermedad. [139]

Los científicos llaman a este tipo de brote, sin vector físico, «enfermedad psicogénica de masas» («psicosomático» se puede referir a que nuestro estado mental empeora síntomas existentes; «psicogénico» significa que el origen en sí es puramente psicológico). Otros casos notables son las misteriosas enfermedades del baile de la Edad Media o la aparición de tics faciales incontrolables y extraños entre usuarios de YouTube. [140] Las experiencias son muy angustiosas para las personas implicadas. Sin embargo, los analistas del pasado a menudo han desestimado estas condiciones por considerarlas imaginarias, deliberadamente engañosas o resultado de una debilidad mental que era de poca relevancia para la mayoría de las personas «normales». De forma muy parecida a las «muertes por vudú», hemos supuesto que son casos raros que pasan a otras personas.

El brote de las *Fresas con azúcar* nos muestra la facilidad con la que se pueden desencadenar los síntomas psicogénicos en poblaciones aparentemente sanas. En ese caso, la causa se estableció enseguida y los adolescentes se recuperaron, pero la investigación puntera sugiere que el mismo proceso de contagio social ayuda a propagar y ampliar los efectos nocebo a millones de personas. Y no afecta solamente a adolescentes sugestionables: la investigación muestra que cualquier persona puede ser susceptible a la transmisión social de la enfermedad psicogénica. De hecho, es muy probable que tú hayas «pillado» un efecto de las expectativas sin ni siquiera darte cuenta, y solo aprendiendo a reconocer los signos podemos protegernos para no volvernos a «infectar».

ESPEJITO, ESPEJITO EN LA MENTE

Para comprender cómo podría propagarse un efecto nocebo de una persona a otra, primero debemos examinar los orígenes del contagio social de forma más general. Surge a través de un componente esencial de la máquina de predicción —llamado sistema espejo— que nos permite construir los estados físicos y mentales de los demás en nuestras simulaciones del mundo.[141]

La historia empieza con un mono y unos cacahuetes en la Universidad de Parma (Italia). Al principio de la década de 1990, el equipo de neurocientíficos de Giacomo Rizzolatti estaba examinando la actividad neuronal que conduce a los movimientos intencionados (el mensaje que dice a tu mano que coja el cucurucho del helado, por ejemplo). Para ello, conectaron un sensor al cerebro de un macaco y registraron la actividad eléctrica de sus neuronas mientras agarraba un juguete o se llevaba un trozo de comida a la boca. Durante muchos ensayos, los investigadores observaron que distintas zonas del cerebro se iluminaban para cada acción, con un patrón independiente que aparentemente representaba las distintas intenciones. Como paso importante para descifrar el «código neural» del cerebro, fue un descubrimiento significativo por derecho propio.

Sin embargo, por casualidad, observaron que el cerebro del mono también entraba en acción al mirar cómo cogían los investigadores sus cacahuetes o sus juguetes, aunque el mono se hubiera quedado inmóvil. Aún más sorprendente fue que los registros mostraran un patrón extraordinariamente similar de actividad eléctrica a la que había exhibido el mono cuando era él quien agarraba los objetos.[142] El cerebro parecía estar reflejando lo que veía y, después, recreaba la experiencia en sí, lo que hizo que el equipo describiera las células como *neuroni specchio* (neuronas espejo). Ese proceso, afirmaban, nos permite comprender inmediatamente lo que hace otra persona, sin tener que pensar en ello conscientemente.[143]

Una investigación posterior, en monos y humanos, reveló que el sistema espejo del cerebro responde a sentimientos y también a acciones. Cuando vemos a otra persona expresar una emoción, mostramos un aumento de la actividad en las regiones implicadas en el procesamiento emocional y en las regiones implicadas en la muestra de esos sentimientos, como si las estuviéramos experimentando nosotros.

Y lo que es más importante, este reflejo interno puede conducir a continuación a un mimetismo físico abierto.[144] Los registros de la actividad eléctrica a través de la piel muestran que tus propios músculos de las mejillas empiezan a contraerse, muy ligeramente, cuando ves sonreír a alguien; si la persona frunce el ceño, los músculos de tus cejas se empiezan a contraer; y si la persona ha torcido la boca haciendo un gesto de asco o dolor, tú no puedes evitar imitar esa mueca ligeramente, debido a la actividad automática de este sistema espejo. El tono y la velocidad de nuestro discurso también cambiará respecto a la voz de nuestro interlocutor. Incluso las pupilas tienden a dilatarse o contraerse para coincidir con las de la persona a la que vemos.[145]

Sin que ni siquiera nos demos cuenta, la presencia de otra persona puede cambiar el cuerpo, al igual que la mente. Y estos efectos corporales por lo visto tienen un propósito: aumentan nuestra comprensión de lo que siente la otra persona.[146] En una ingeniosa demostración de esta idea, unos investigadores reclutaron a pacientes de cirugía estética que iban a ponerse inyecciones de bótox (que paraliza temporalmente los músculos de la cara), y les pidieron que describieran los sentimientos que mostraban las personas de varias fotografías. A los pacientes con bótox les costó mucho más reconocer las emociones que a los participantes que se habían puesto una inyección de relleno en la piel que no interfería con los músculos faciales. Los participantes necesitaban el espejo físico para valorar completamente lo que sentían las personas de las fotografías; sin él, su procesamiento emocional se alteraba.[147]

Los humanos no nos comunicamos solo con expresiones faciales; por supuesto, tenemos palabras y símbolos que también pueden estimular el sistema espejo del cerebro. Si oyes la palabra «sonrisa», experimentarás un rastro de actividad en áreas de procesamiento emocional e incluso puedes experimentar pequeños movimientos en los músculos faciales en sí, como si realmente estuvieras a punto de esbozar una sonrisa. Igual que nuestro mimetismo directo de la cara de otra persona, esto nos hace sentir una sombra de los efectos en nosotros mismos, a pesar de que no haya una razón objetiva para que nos sintamos más felices.[148]

Por casualidad, el equipo de Rizzolatti (y su mono) habían descubierto una base neural para la empatía, capaz de explicar cómo nuestros sentimientos pueden pasar sutilmente de persona a persona a través de una especie de contagio. «Cuando alguien dice "Comparto tu dolor" para indicar comprensión y empatía, quizás no se den cuenta de lo literalmente cierta que podría ser la frase», escribieron posteriormente.[149]

La mayoría del tiempo solo experimentamos un reflejo leve de los sentimientos de otra persona, por supuesto. No sentimos una alegría desbordante siempre que vemos una fotografía del ganador de la lotería ni experimentamos una angustia extrema siempre que vemos a alguien llorando; sus expresiones solo van a modificar lo que ya sentimos. Pero incluso los efectos más leves pueden acumularse si pasamos mucho tiempo en compañía de alguien o si tenemos múltiples interacciones con distintas personas que ya muestran perfiles emocionales similares.

Como ejemplo de lo lejos que se pueden propagar los sentimientos de alguien, imagínate que te haces amigo de una persona que tiene una actitud sorprendentemente positiva, que está increíblemente satisfecho con su vida. Podrías sentirte un poco alegre por él, pero, ¿su alegría podría aportarte una felicidad duradera a tu vida? Según una meticulosa investigación longitudinal (el estudio del corazón de Framingham), la respuesta es sí. Debido a tus interacciones regulares con esa persona, tienes un quince por ciento más de probabilidad de puntuar alto en la medida del estudio de satisfacción con la vida, pese a que no haya un cambio directo en tus circunstancias inmediatas.

¿Y qué hay del amigo de tu amigo? En el mismo estudio, se descubrió que su felicidad pasará a tu amigo, que te la pasará a ti, aumentando tu probabilidad de felicidad aproximadamente un diez por ciento en los próximos meses. Tu satisfacción actual con la vida incluso se ve influida por un amigo de un amigo de un amigo, que puede aumentar tu probabilidad de felicidad alrededor de un seis por ciento. Se trata de personas que casi seguro que ni conoces —probablemente ni siquiera sepas que existen—, pero influyen en tu bienestar a través de una cadena de interacciones.[150]

Los descubrimientos del sistema espejo y el alcance del contagio social, a mayor escala, tienen consecuencias importantes para nuestra salud mental, lo que revela cuánto depende nuestro propio bienestar de los anillos concéntricos de nuestro círculo social. Pero también pueden arrojar luz sobre las formas en las que se propagan los síntomas en un grupo durante enfermedades psicogénicas de masas. Cuando estamos en un grupo y todos sus miembros están extremadamente preocupados por la amenaza de un arma biológica, por ejemplo, cada uno puede amplificar el miedo del otro, creando una especie de cámara de resonancia que pone a todo el mundo en estado de pánico.[151] Y lo que es más importante, nuestro cerebro empático exageradamente activo podría empezar a estimular sensaciones de dolor, náuseas o vértigo que haya expresado otra persona. Si tenemos suerte, puede que este efecto no tenga la fuerza suficiente para causar un impacto real en nuestro bienestar. En cambio, si ya estamos en una situación en la que la enfermedad parece probable, las simulaciones del sistema espejo podrían alimentar los cálculos de la máquina de predicción, creando o exagerando una respuesta nocebo. Y cuanto más interactuamos con las personas que no están bien, cuanto más vemos su sufrimiento y hablamos de sus síntomas, peor nos sentimos.

Giuliana Mazzoni, psicóloga de la Universidad de Hull (Reino Unido), fue una de las primeras que reveló lo potente que podría ser este proceso. Invitó a un pequeño grupo de personas a participar en un «estudio de reacciones individuales a las sustancias del entorno». Por parejas, los sujetos tenían que inhalar una toxina sospechosa sobre la que se había declarado que producía dolor de cabeza, náuseas, picor en la piel y somnolencia (en realidad, solo se trataba de aire limpio). Sin embargo, los participantes reales no sabían que sus parejas en el ensayo eran actores que habían recibido la consigna de fingir deliberadamente dichos síntomas al inhalar el gas. Las consecuencias de esta observación fueron sorprendentes. Las personas que vieron a la pareja sintiendo molestias declararon síntomas mucho más graves para sí mismos en comparación con las que no vieron esos efectos secundarios.[152]

Los resultados de Mazzoni se publicaron por primera vez a finales de la década de 2000, y ahora tenemos muchos otros estudios que muestran que los síntomas de tipo nocebo pueden saltar de una persona a otra a través del contagio social. Un estudio que imitaba un ensayo clínico observó que los participantes que tomaban una pastilla inocua llegaron a declarar sufrir más síntomas hasta once veces (como náuseas, mareo y dolores de cabeza) después de observar a un actor de incógnito que fingía estar enfermo.[153] Otro estudio examinó a los visitantes frecuentes de clínicas de donación de sangre. No es raro que las personas se desmayen o se sientan mareadas después de que les hayan sacado casi medio litro de sangre, pero estos síntomas eran el doble de probables si el donante acababa de ver a otro visitante a punto de desmayarse.[154]

Estos efectos contagiosos socialmente son muy específicos: son los síntomas concretos de la otra persona los que se transmiten y se intensifican durante la observación, en lugar de una sensación general de malestar. Y se dan más allá de la típica respuesta nocebo que podrías obtener por una advertencia escrita u oral de alguien que no muestra también los síntomas.[155]

Lo revelador es que tu susceptibilidad a estos efectos parece reflejar tu capacidad general de empatía y tu habilidad para sofocar estos sentimientos cuando sea necesario. En una medida estándar de empatía, se pide a los sujetos que clasifiquen frases como «Me conmuevo con frecuencia con las cosas que veo que pasan», «Cuando veo una película buena, me pongo fácilmente en la piel del protagonista» y «Cuando veo a alguien que necesita ayuda en una emergencia, me desmorono». Quizás debido a su sistema espejo más reactivo, las personas que puntúan alto en estos tipos de pregunta es más probable que absorban los signos de enfermedad de los demás y que afirmen tener los mismos síntomas; también es más probable que se sientan mejor si otra persona muestra alivio.[156]

La prueba más sorprendente del contagio de la expectativa procede de Fabrizio Benedetti de la Universidad de Turín (Italia). Benedetti ha estado en el corazón de la investigación sobre los efectos placebo y nocebo y sus papeles en nuestra salud. Pero resulta que también investiga los efectos de la altitud en la forma física, en el centro de investigación Plateau Rosa, situado en una montaña cubierta de nieve de los Alpes noroccidentales, a tres mil quinientos metros por encima del nivel del mar. El sitio (abierto al esquí durante todo el año) proporcionaba un entorno ideal para comprobar cómo las expectativas de una enfermedad se pueden propagar por un grupo en un entorno no clínico. El estudio en cuestión se centraba en el dolor de cabeza por altitud que declaraban muchos alpinistas y esquiadores, que se piensa que es un efecto directo de la falta de aire en cotas muy altas. Hay pocas dudas de que la fisiología tiene un rol directo en este fenómeno: por ejemplo, para solucionar el oxígeno bajo, nuestros vasos sanguíneos se dilatan, lo que se piensa que aumenta la presión en los capilares del cerebro. Una respuesta nocebo debería aumentar enormemente el malestar, y Benedetti quería investigar si el contagio social podría propagar y amplificar el efecto negativo de las expectativas entre las personas. Para ello, invitó a ciento veintiún estudiantes de las escuelas de medicina y enfermería locales para que hicieran un trayecto de tres horas hasta su laboratorio de altitud elevada al que se llega con tres teleféricos sucesivos. Todos los estudiantes iban al mismo curso y se conocían entre sí. En vez de avisar a cada uno de forma individual sobre los efectos potenciales de la altitud, el grupo de Benedetti seleccionó solo a uno (el denominado «desencadenante») para conducirlo hacia las expectativas de un dolor de cabeza. Este desencadenante recibió un folleto en el que le explicaban ese riesgo y vio un vídeo de una persona que sufría en la cama, haciendo muecas de dolor (el tipo de escena que es probable que provoque sentimientos de empatía). Después, pidieron al desencadenante que llamara a los investigadores dos días antes de la excursión para confirmar la dosis adecuada de aspirina que había que llevar.

El equipo de Benedetti no dijo al estudiante que pasara el mensaje, pero este lo mencionó a algunos amigos igualmente, quienes a su vez se lo dijeron a sus conocidos. Cuando llegó el momento de hacer la excursión, se había corrido la voz del riesgo potencial a otras treinta y cinco personas, y todas habían llamado al centro para pedir consejo sobre la cantidad de aspirina que debían llevar consigo.

Los efectos en su salud durante el curso de la visita fueron asombrosos. Cuando Benedetti estudió al grupo, el ochenta y seis por ciento de estos estudiantes puestos sobre aviso experimentaron dolor de cabeza provocado por la altitud, en comparación con el cincuenta y tres por ciento de los estudiantes que no se habían enterado del riesgo a través de su compañero de clase. De hecho, la intensidad media del dolor de cabeza también era mucho mayor para quienes habían estado en contacto con el estudiante desencadenante. Usando muestras de saliva tomadas después de que hubieran llegado al laboratorio de altitud elevada, Benedetti observó que estas diferencias se reflejaban incluso en la química cerebral de los participantes que mostraba una respuesta exagerada a muchos de los cambios conocidos que se dan en respuesta a la falta de aire. Los participantes que habían hablado con el desencadenante mostraban niveles más elevados de moléculas de prostaglandinas, por ejemplo, que se cree que están detrás de la vasodilatación que puede causar los dolores de cabeza por altitud.

En un arranque de genialidad, Benedetti pidió a los estudiantes que le dijeran cómo se habían enterado sobre el dolor de cabeza, y con quién lo habían comentado desde entonces, lo que le permitió hacer un mapa de la propagación del contagio en el grupo. Descubrió que, cuantas más veces comentaban los síntomas, peores eran sus dolores de cabeza y más elevados eran los niveles de prostaglandinas. Cada interacción había amplificado su ansiedad y les había hecho sentir más dolor, con cambios reales en la química neural.[157] «No parece importar de dónde procedan las expectativas, si del médico o de un compañero, pero, cuanto más fuertes sean estas, más fuertes serán los efectos», me dijo Benedetti.

Quizás al contrario de lo que parece, un efecto contagioso de las expectativas como este podría resultar útil sobre todo cuando el riesgo de una enfermedad que se transmite físicamente es elevado. Imagínate que vives en una región en la que hay garrapatas peligrosas o mosquitos que transmiten la malaria. Si ves a las personas que te rodean rascándose o bien las oyes hablar sobre un picor, tu cerebro puede intensificar la sensibilidad de la piel. Eso hace más probable que detectes la presencia de los insectos y los elimines antes de que te transmitan la enfermedad. Algo parecido ocurre cuando has comido con un grupo y uno de vosotros se pone enfermo. El hecho de ver cómo tiene náuseas puede ser desagradable, pero podría impedir que siguieras consumiendo un patógeno potencialmente peligroso. Al fin y al cabo, los humanos son animales sociales, y la máquina de predicción simplemente está usando todas las señales que puede para prepararte para una enfermedad o lesión en potencia.

La mayoría del tiempo, esto funciona perfectamente bien. Pero, en determinadas circunstancias, puede provocar grandes brotes de enfermedad que no tienen ningún origen físico en absoluto.

LAS TRES LEYES DEL CONTAGIO

Ahora que comprendemos la mecánica de cómo somos capaces de reflejar cual espejos los síntomas físicos de otra persona, podemos resolver muchos misterios médicos e identificar las condiciones concretas que aumentan la probabilidad de que surja una enfermedad psicogénica de masas.

Volvamos a Portugal, al año 2006. Es fácil imaginar que los espectadores de *Fresas con azúcar* se pudieran sentir tan implicados en el drama, con el sistema espejo de su cerebro recreando lo mal que se sentían los personajes. En cuanto algunos adolescentes empezaron a mostrar síntomas físicos, sus demostraciones de enfermedad podrían haber infectado la mente de sus compañeros de clase, que a su vez infectaron a otros, lo que, en algunos casos, condujo a hospitalizaciones y cierres de escuelas. Después de que las autoridades empezaran a nombrar causas plausibles (como la presencia de polvo venenoso u orugas peligrosas), los casos se multiplicaron hasta que finalmente se anunció el origen psicogénico real.

Podría haber procesos similares detrás de muchas enfermedades psicogénicas de masas declaradas a lo largo de la historia. En la era precientífica, estos brotes adoptaron la forma de convulsiones violentas, desmayos e incluso una serie de enfermedades del baile que afectaron a pueblos y ciudades enteros en la Europa medieval y moderna temprana. Al otro lado del Atlántico, un brote de enfermedad psicogénica de masas podría haber conducido incluso a los juicios por brujería de Salem en 1692. La declaración de posesión paranormal empezó con dos primas, Betty Parris y Abigail Williams, quienes sufrieron ataques convulsivos. Al cabo de unos días, dichos ataques se habían propagado a otras adolescentes del pueblo. Algunos médicos modernos afirman que estos ataques podrían haber sido causados por ergotismo (envenenamiento por un hongo que había infectado las cosechas de los habitantes), pero otros sugieren que aquellas declaraciones tenían todos los sellos distintivos de una enfermedad psicogénica de masas. Es posible que una cosa pudiera conducir a otra, por supuesto. Quizás Parris o Williams tenían algún tipo de enfermedad orgánica, pero, después, los síntomas se propagaron a otras personas a través de un efecto de expectativa de contagio.[158]

En los siglos XIX y XX, estos episodios se hicieron cada vez más infrecuentes. Lo más habitual era que las enfermedades psicogénicas de masas fueran aparentes envenenamientos que resultaban no tener origen físico. Uno de los más destacados fue el de los trabajadores de una fábrica de Spartanburg (Carolina del Sur), que en 1962 empezaron a tener náuseas, calambres, debilidad en el cuerpo, mareo y fatiga extrema. Enseguida empezaron a circular rumores de que había llegado un insecto venenoso en un envío de textiles de Inglaterra. Al cabo de unas semanas, alrededor de sesenta trabajadores se habían puesto enfermos. Expertos del *Communicable Disease Center* peinaron toda la fábrica buscando al culpable. Encontraron hormigas negras, moscas comunes, jejenes, escarabajos y ácaros, pero ninguna de esas especies podría haber causado esa enfermedad. Al final, rastrearon el brote hasta una trabajadora de la fábrica de veintidós años que le había dicho a una amiga que pensaba que le habían picado y luego se había desmayado. Posteriormente surgieron todos los demás casos a través del contagio social.

Al entrevistar a los trabajadores, los sociólogos observaron que había dos factores que podrían predecir qué empleados serían víctimas de la enfermedad. El primero era el nivel de estrés que habían experimentado recientemente: los que sufrían dificultades conyugales o problemas familiares tenían más probabilidades que los que tenían unas circunstancias más estables. El segundo era su conexión con las demás víctimas: si conocían personalmente a alguien que la sufría y habían interactuado con esa persona regularmente, era más probable que quedaran postrados por aquella enfermedad.[159]

Estos factores podrían considerarse las dos primeras leyes del contagio. La tercera (y última) se refiere al entorno: si hay una amenaza factible que aumente las expectativas generales de enfermedad. Parece poco probable que los trabajadores de la fábrica llevaran tiempo preocupados por el riesgo de los insectos ingleses. Sin embargo, en algunos climas, el temor a una enfermedad inminente nunca deja de estar presente, con lo cual la propagación de los síntomas es mucho más más probable.

Esto podría explicar por qué la enfermedad psicogénica de masas parece ser especialmente común en períodos de guerra o convulsión política. En 1983, por ejemplo, los estudiantes y el personal de una escuela femenina de Palestina en Cisjordania empezaron a experimentar visión borrosa, problemas para respirar y olor a huevo podrido. A medida que se extendía el brote, casi mil estudiantes de aquella área contrajeron la enfermedad. Al final, los epidemiólogos consiguieron seguir el rastro del brote en la escuela original hasta un retrete roto que tenía un olor desagradable que las chicas habían interpretado que era un gas venenoso. Cuanto más cerca estaban las aulas del lavabo, más probable era que las estudiantes declararan síntomas el primer día. Durante el descanso, hablaron del peligro con sus amigas, y, estas, a su vez, con otras (igual que los estudiantes de la investigación sobre el mal de altura de Benedetti). Pronto, la expectativa de enfermedad se extendió por toda la escuela y, tras difundirse el relato, llegó a otros centros de la región.[160]

Estados Unidos sufrió brotes similares tras los ataques del 11-S. A finales de 2001 y 2002, había un miedo generalizado a más ataques islamistas, incluso de una posible guerra biológica. Hubo un brote que empezó tras unos informes de sarpullidos de escolares de Indiana. Se extendió al norte de Virginia y, después, a Pensilvania, Oregón y Massachusetts. Lo raro es que los síntomas parecían estar conectados con los movimientos diarios de los niños: los sarpullidos eran más intensos en el colegio, pero se calmaban cuando los estudiantes volvían a casa. Huelga decir que los brotes causaban una ansiedad tremenda entre los padres, pero los científicos no pudieron identificar ninguna arma ni ninguna otra causa en el entorno.

Consideraron el uso de pesticidas, el moho de los edificios e incluso una reacción alérgica a los productos químicos utilizados en la fabricación de los libros de texto, pero ninguna explicación superó un examen detallado.[161]

Un efecto de las expectativas, transmitido a través de contagio social, incluso podría arrojar luz sobre el síndrome de La Habana experimentado por primera vez por diplomáticos y agentes de inteligencia de Estados Unidos destinados en Cuba. Durante los últimos días de 2016, un agente de la CIA de La Habana llegó a la embajada de Estados Unidos y afirmó que tenía unos síntomas extraños: mareo, dolor de oído, tinnitus y confusión. Lo más raro era la supuesta fuente de la molestia: en casa, él tenía la impresión clara de que un ruido fuerte y muy irritante lo seguía de una habitación a otra. Según dijo, el sonido desaparecía al abrir la puerta de casa.

A medida que se extendía la noticia sobre su experiencia, más colegas dijeron que ellos también habían notado aquellos síntomas extraños durante los meses previos. Las descripciones del sonido variaban de extremadamente agudos («como si fuera una tetera que toma esteroides») a «una sensación indescriptible parecida a conducir un coche con las ventanas parcialmente abiertas».[162] Algunos declaraban sentirse sacudidos por una vibración o presión que les despertaba de noche; otros no oían nada en absoluto, pero seguían sintiendo una sensación de desorientación, confusión y vértigo. Estaba claro que era algo muy desagradable y que iba acompañado de síntomas parecidos a la conmoción cerebral, cosa que provocó que el gobierno de Estados Unidos declarara que se estaba usando un arma acústica para intimidar a sus diplomáticos y agentes de inteligencia.

El temor pronto se extendió a los diplomáticos de otros países. El personal canadiense declaró síntomas muy similares, además de sangrado por la nariz e insomnio. Después, se declararon ataques de una naturaleza similar de otros países, a miles de kilómetros de La Habana: el Departamento de Estado evacuó a personal de su embajada de Beijing y de los consulados de Shanghái y Guangzhou después de un brote.

Los científicos expertos en acústica no podían identificar ninguna forma de dirigir una onda de sonido, a distancia y a suficiente intensidad, para causar un daño significativo al cerebro humano. De hecho, un análisis de una supuesta grabación de los sonidos que atormentaban al personal de la embajada reveló que las ondas eran el sonido de unas cigarras. Todavía hay un animado debate científico sobre la causa definitiva de aquellos síntomas. Algunos científicos afirman que podría haber sido resultado de un arma que emitía ondas de radio enfocadas. En cambio, otros están convencidos de que la enfermedad era psicogénica. Sin duda, los síntomas del síndrome de La Habana tienen un parecido asombroso con muchos de los síntomas que se sabe que surgen por las expectativas nocivas. La comunidad de expatriados, que está muy unida vivía con un estrés elevado en un país extranjero, sería un terreno fértil para que los síntomas psicogénicos pasaran de una persona a otra.

Al igual que vimos con los juicios por brujería de Salem, el rol en potencia de la enfermedad psicosomática no excluye un origen en el entorno. Puede que hubiera alguna causa física (actualmente desconocida) que hubiera desencadenado la enfermedad en un pequeño grupo de personas, y que sus síntomas se hubieran extendido a través de la observación y la expectativa de muchos otros que no tenían contacto directo con la amenaza original.[163]

Desde mi perspectiva, son más interesantes las reacciones de la gente ante esta posibilidad y lo poco que parecían comprender el poder de nuestras expectativas para crear enfermedades. «Para mostrar artificialmente todos estos síntomas, tendrías que investigar, practicar, ser el mejor actor del mundo y convencer a un experto tras otro», dijo uno de los médicos que habían participado en el diagnóstico inicial en aquel momento.[164] El senador Marco Rubio, que presidió una sesión especial sobre los ataques, mantuvo un discurso parecido, al describir la enfermedad psicogénica de masas como «un montón de hipocondríacos inventándose cosas». [165] Tal como demuestra la abundante investigación científica sobre los efectos de las expectativas, esto no podría estar más lejos de la verdad. No hay nada artificial ni fantástico sobre la enfermedad psicogénica de masas, sino que es una consecuencia natural de nuestra mente socialmente sensible y la increíble capacidad de la máquina de predicción para adelantarse a las amenazas.

PENSAMIENTOS VIRALES

Las enfermedades psicogénicas de masas comentadas más arriba eran acontecimientos extremadamente alarmantes, pero solo afectaban a un número limitado de personas en comunidades aisladas. Y una vez que los riesgos físicos habían sido eliminados, muchos de los síntomas de los pacientes empezaban a reducirse. Sin embargo, otros brotes no fueron tan fáciles de calmar, gracias, en gran medida, a los medios de comunicación tradicionales y a las redes sociales.

Estas alarmas sanitarias pueden empezar como un efecto nocebo normal. Es decir, su causa es el miedo a lo desconocido o incluso una advertencia razonable de un profesional de la salud, y, a partir de ahí, se comunica a conocidos cercanos. Cuando los casos han llegado a una masa crítica, los documentales, los artículos en internet y las publicaciones en las redes sociales propagarán la noticia por todas partes, a menudo con relatos en primera persona muy emotivos que activan el sistema espejo del cerebro. A su vez, esto conduce a mucha más gente a desarrollar síntomas, y, en un corto período de tiempo, un suceso relativamente raro puede empezar a afectar a miles o incluso millones de personas.

Veamos primero el pánico tecnológico causado por la introducción de las nuevas tecnologías. El miedo a la innovación ha sido algo habitual y ha puesto en marcha una ansiedad que puede facilitar la transmisión de un efecto de la expectativa nocivo. Esto da como resultado la propagación de síntomas, primero a través de las interacciones sociales directas y, posteriormente, mediante la cobertura mediática. Ya en 1889, el *British Medical Journal* declaró un fuerte repunte en casos de «sobrepresión auricular», que provocaba un zumbido continuo en el oído, «vértigo, excitabilidad nerviosa y dolor neurálgico». ¿El culpable? El flamante teléfono de Alexander Graham Bell.[166] Brotes parecidos han acompañado la aparición del telégrafo, la radio y las pantallas de ordenador, dispositivos que pocos hoy en día considerarían un riesgo serio para la salud.[167]

Más recientemente, el ascenso de la tecnología inalámbrica ha dado como resultado informes de dolores de cabeza, falta de aliento, insomnio, fatiga, tinnitus, ojos secos y problemas de memoria en presencia de wifi o señales de 5G. Aunque esto pueda parecer una preocupación de nicho, la electrosensibilidad ha afectado a un número considerable de personas, del 1,5 por ciento en Suecia (alrededor de ciento cincuenta mil personas) al cuatro por ciento en el Reino Unido (alrededor de 2,6 millones de personas).[168] Aquellos que la sufren creen que una exposición a largo plazo a los campos electromagnéticos puede alterar las señales entre neuronas y puede provocar daño celular a largo plazo. Sin embargo, los estudios en laboratorio muestran que las dosis bajas experimentadas en nuestras casas u oficinas sin duda no son lo bastante fuertes para causar daño alguno.

Para averiguar si podría haber tenido un origen psicogénico, James Rubin, del King's College de Londres, invitó a sesenta personas electrosensibles a su laboratorio. Dio a cada participante una diadema con una antena de teléfono móvil encima de una oreja. En algunas pruebas, emitía una señal; en otras, no. Durante cincuenta minutos, se pidió a los participantes que se fijaran en cualquier síntoma que experimentaran. Si la electrosensibilidad surge de los efectos físicos del campo electromagnético, uno esperaría que los participantes declararan muchos más síntomas durante la exposición real en comparación con las pruebas falsas. Sin embargo, en realidad, los sujetos del grupo de control tenían un poco más de probabilidad de informar de problemas, como dolor de cabeza (pese al hecho de que no se emitió ninguna onda electromagnética). Eso debilita seriamente la idea de que los efectos secundarios están causados por una reacción biológica inherente al electromagnetismo.[169] «No tengo ninguna duda de que experimentan síntomas físicos de verdad», me dijo Rubin. Pero esos síntomas son resultado de la expectativa y el contagio social, no de la radiación.

El estudio de Rubin fue publicado en 2006, y experimentos posteriores han demostrado que las personas sanas, que nunca han experimentado electrosensibilidad antes, son mucho más propensas a declarar haber sufrido sus síntomas después de ver un vídeo alarmista que destaca los «peligros» de esta.[170] Y, lo que es más importante, esta información en internet a menudo incluye vídeos de personas que explican directamente datos de su enfermedad. Como hemos visto antes, ver y oír a alguien con síntomas hace que sea mucho más probable que cuaje el efecto nocebo.

Igual de común (pero mucho más problemático para la salud global) son las reacciones psicogénicas a las vacunas. Por ejemplo, muchas personas que reciben la vacuna de la gripe afirman sufrir síntomas como fiebre, dolores de cabeza y dolor muscular. Incluso hay quien dice que puede coger la gripe completa por la vacuna; según un estudio reciente, alrededor del cuarenta y tres por ciento de los ciudadanos estadounidenses creen que es lo que ocurre ahora[171].

Aquí, la verdad es un poco más complicada que en los casos de electrosensibilidad. Hay varias formas de vacuna de la gripe, pero cualquiera de dichas vacunas que se ponen mediante inyección contiene o bien una forma inactiva del virus o una única proteína tomada del virus. En ambos casos, el virus alterado o su proteína no pueden replicarse dentro del cuerpo, es decir, la vacuna simplemente no puede conducir a la infección. Es imposible. Para las vacunas inyectadas, los ensayos clínicos muestran que las personas que reciben un placebo son igual de propensas a mostrar síntomas de gripe que los pacientes que reciben la vacuna real.[172] Según los Centros para el Control y la Prevención de Enfermedades de Estados Unidos, la única diferencia es que hay una probabilidad ligeramente mayor de que la vacuna real te provoque dolor en el brazo donde te pusieron la inyección.[173]

El caso de ciertas vacunas de la gripe que se ponen a través de un esprai nasal es más complicado. Contiene un virus atenuado, que ha sido debilitado pero que es potencialmente activo. La virulencia del virus se ha reducido para que no provoque una gripe completa, pero hay ciertas pruebas que apuntan a que puede conducir a síntomas, por ejemplo, mocos y fiebre moderada los días siguientes. De todas formas, los ensayos sugieren que esta acción biológica directa solo puede explicar una minoría de los informes y que los síntomas de muchas personas (sobre todo las sensaciones de fatiga o dolor de cabeza) puede que sean psicogénicas.[174]

En cualquier caso, las advertencias de los médicos podrían haber aumentado algunos de los síntomas, pero la probabilidad de experimentarlos será mucho mayor si conoces a un familiar o amigo que también haya sentido ese malestar, o si has visto posts en las redes sociales en los que la gente se queja de los efectos secundarios. Y las consecuencias de ese contagio social a veces pueden ser dramáticas. Durante el brote de gripe porcina de 2009, cuarenta y seis estudiantes de instituto de Taiwán fueron llevados al hospital con un mareo grave tras la vacuna, pero los médicos observaron que sus síntomas eran puramente psicogénicos.[175]

La enfermedad psicogénica de masas de este tipo ha alterado muchos otros programas de inoculación, incluido un brote en Colombia en 2014 durante el despliegue de la vacuna contra el VPH. Empezó con unas escolares en Carmen de Bolívar que declaraban una enfermedad grave después de recibir la vacuna. Al poco tiempo, los vídeos de las niñas inconscientes y con espasmos se subieron a YouTube y se compartieron en los medios de comunicación de masas, lo que provocó seiscientos casos más durante las semanas siguientes. [176] De nuevo, las investigaciones mostraron que los síntomas eran puramente psicogénicos, pero el acontecimiento tuvo consecuencias desastrosas para el programa, con un descenso enorme de la aceptación durante los años siguientes.

Se pueden observar patrones muy similares en los efectos secundarios de las estatinas. Estos fármacos se prescriben ampliamente para reducir el colesterol en la sangre que puede obstruir las arterias y aumentar el riesgo de enfermedad cardíaca e infarto cerebral, y hay pruebas sólidas que demuestran puede mejorar significativamente la longevidad del paciente. Sin embargo, al principio de la década de 2010, los pacientes empezaron a mostrarse preocupados por los efectos secundarios que incluían el dolor muscular crónico que parecía provocar este fármaco. [177] Estas preocupaciones fueron cubiertas por numerosos canales mediáticos, que entrevistaron a pacientes que describían su agonía y publicaban fotos de personas que experimentaban un dolor extremo, justo el tipo de contenido que empieza a activar el sistema de neuronas espejo del cerebro. [178] El resultado fue que miles de personas empezaron a informar de síntomas y dejaron de tomarse los fármacos.

Sin embargo, ensayos con placebo han demostrado que los efectos secundarios de las personas que toman estatinas son casi igual de elevados que los de las que toman una pastilla inerte [179] (según un análisis de la Asociación Estadounidense del Corazón, la diferencia es de menos del uno por ciento [180]). Pero el temor de la gente ha sido difícil de calmar y el rápido aumento de los casos confirma que los informes de pacientes individuales, amplificados por los medios de comunicación y compartidos ampliamente en las redes sociales, pueden crear rápidamente una enfermedad psicogénica de masas a partir de casos relativamente escasos.

En una comparación de trece países distintos, se observó que la accesibilidad a una cobertura negativa online es directamente proporcional al porcentaje de pacientes que experimentan efectos secundarios en esa región. En Estados Unidos y el Reino Unido (donde las historias negativas sobre las estatinas se encuentran con más frecuencia), la proporción de pacientes que informaban de dolor muscular es de entre el diez y el doce por ciento, mientras que en Suecia o Japón ronda el dos por ciento, que está mucho más cerca de los índices que predicen los ensayos con placebo. [181]

Quizás el efecto de las expectativas más extendido se refiere al aumento de ciertas intolerancias alimentarias, que son cada vez más comunes en Europa y Estados Unidos. Por ejemplo, algunos de los problemas digestivos asociados con el gluten, la proteína que se encuentra en el trigo, el centeno y la cebada. Se estima que alrededor del uno por ciento de las personas sufren de celiaquía, [182] que es causada por un sistema inmunitario exageradamente reactivo que confunde el gluten alimenticio con un patógeno peligroso. [183] El daño resultante para el intestino afecta la habilidad del cuerpo para absorber nutrientes y puede conducir a anemia y otras deficiencias. Otro uno por ciento de los adultos puede estar afectado por una alergia al trigo, en la que otras proteínas del grano, además del gluten, activan una respuesta exagerada del sistema inmunitario, lo que da como resultado síntomas inmediatos como vómitos y picor. [184]

Sin embargo, un tercer grupo informa de una sensibilidad al gluten que se define con menos facilidad. Las personas con esta enfermedad no muestran el daño al intestino que se ve en la celiaquía, ni la liberación de anticuerpos que caracteriza la alergia al trigo; sin embargo, también informan de dolor abdominal, inflamación, diarrea y dolores de cabeza. [185] Y las últimas investigaciones sugieren que las expectativas de las personas a menudo pueden ser responsables de este malestar. Por ejemplo, en estudios ciegos, los supuestamente enfermos eliminaban todo el gluten de su dieta durante unas semanas y, después, se les pedía que comieran productos como pan o magdalenas que pudieran o no contener las proteínas. Combinando los resultados de diez estudios distintos, en un reciente metaanálisis se observó que el dieciséis por ciento de las personas con sensibilidad declarada al gluten realmente respondían al gluten pero no al place-bo, mientras que una proporción mucho mayor (alrededor del cua-renta por ciento) respondía igual a ambos grupos de comida, lo que sugería que la expectativa había desempeñado un papel importante en sus síntomas [186] (y lo que es más importante, muchos de estos estudios excluían comidas placebo que también podrían haber con-tenido carbohidratos FODMAP, que han sido considerados una causa potencial de los síntomas).

Habrá que evaluar cada caso individualmente, pero, según estos resultados, un efecto nocebo es una causa probable de un gran nú-mero de enfermos. La abundancia de sitios web y revistas de estilo de vida que describen los peligros del trigo (y las conversaciones que continúan en las cenas después de la proliferación de este discurso) han acelerado rápidamente la expansión de estas expectativas nega-tivas sobre las comidas que comemos. A mediados de la década de 2010, el número de personas del Reino Unido que describían sensi-bilidad al gluten creció un doscientos cincuenta por ciento en tres años, aumentando a alrededor de una tercera parte de la población total, un aumento sorprendente que es muy poco probable que sur-ja a partir de una fuente física. [187] Los datos son escasos para otras regiones, pero la tendencia parece estar imponiéndose en muchos otros países. [188]

EL HEDOR DEL ESTIGMA

Estos ejemplos son solo algunas de las formas en las que los efectos de las expectativas, extendidos o amplificados a través del contagio social, afligen actualmente la salud mundial, pero, sin duda, hay mu-chos más. Más recientemente, los efectos psicológicos de las creen-cias nocivas pueden explicar algunas de las reacciones de las personas a llevar mascarillas durante la pandemia del Covid–19, cuando un número considerable de personas afirmaba que estas les dificultaban la respiración y que sufrían de migrañas. La mayor parte de las mascarillas estaban fabricadas con un tejido relativamente ligero que no debería de haber obstruido la respiración, pero la expectativa negativa de ahogo, amplificada a través del contagio social, podría haber contribuido a la aparición de estos síntomas.

Tras oír a algunos familiares describir estas experiencias, al principio, yo también sentí que me ahogaba y tuve dolores de cabeza. Mi susceptibilidad no es sorprendente; obtengo una puntuación bastante elevada en el test de empatía (pág. 106) que se considera que refleja la reactividad de nuestras neuronas espejo. Sin embargo, gracias a mi conocimiento del efecto nocebo, pude cuestionar el origen de esos síntomas, y enseguida encontré un vídeo en internet de un cardiólogo que hacía ejercicio y llevaba una mascarilla quirúrgica sin demostrar ninguna pérdida en su nivel de oxígeno en sangre. Aquella demostración bastó para recalibrar las predicciones del cerebro, y los sentimientos incómodos pronto desaparecieron, lo que me dio otro ejemplo de nuestro poder para reencuadrar y reinterpretar nuestras sensaciones.

Cada vez que tenemos una tecnología, procedimiento médico o cambio novedoso, el desconocimiento de esa innovación nos crea desconfianza y temor, lo que puede conducir a expectativas nocivas que infecten a la población. El reto para las autoridades de salud es distinguir entre los riesgos físicos reales y el producto de las expectativas, y abordar las necesidades de las personas en consecuencia; pasar por alto alguno de estos aspectos perjudicará gravemente a los pacientes. En muchos casos, los síntomas de una persona se reducen poco a poco en cuanto la posibilidad de una amenaza física se ha eliminado y su cerebro ha actualizado sus predicciones, pero eso solo puede funcionar si el paciente confía en los expertos que comunican las noticias. Si los expertos no transmiten el mensaje con sensibilidad, es probable que los pacientes descarten la explicación psicogénica e incluso puede que decidan que hay algún tipo de encubrimiento por parte de la profesión médica. Eso no solo agravaría su propio sufrimiento, sino que también aumentaría la probabilidad de transmitir la expectativa de la enfermedad a otras personas.

Por este motivo, necesitamos urgentemente una mayor conciencia pública de los efectos de la expectativa más generales. Por suerte, ahora hay pruebas de que enseñar a las personas sobre los efectos nocebo, y su poder, puede ayudar a protegerlas de futuros patógenos mentales. Por ejemplo, Keith Petrie y Fiona Crichton de la Universidad de Auckland (Nueva Zelanda) han documentado el aumento del síndrome de la turbina eólica, una enfermedad psicogénica de masas causada por el temor frente a las ondas bajas de infrasonidos creadas por las aspas de parques eólicos. Los síntomas son increíblemente desagradables: dolor de cabeza, dolor de oídos, tinnitus, náuseas, mareo, palpitaciones en el corazón, vibraciones en el cuerpo, dolor en las articulaciones, visión borrosa, estómago revuelto y problemas de memoria a corto plazo. Sin embargo, los estudios minuciosos muestran que todos proceden de las expectativas de las personas y del contagio social de los síntomas, haya o no ondas infrasónicas.[189] En cambio, Petrie y Crichton descubrieron que una explicación clara de la respuesta nocebo y el poder de la expectativa para crear síntomas físicos podría «inmunizar» a las personas frente a la enfermedad.[190] Para impedir un sufrimiento innecesario, se debería incorporar este tipo de información a los mensajes de salud pública sobre cuestiones de preocupación creciente que puedan ser de naturaleza psicogénica.[191]

A nivel individual, todos podemos intentar discernir mejor cómo afrontamos estas alarmas sanitarias en potencia. Debemos ser conscientes de que las historias personales, aunque sean fascinantes, no proporcionan pruebas sólidas de un peligro real y de que los síntomas que reportan las personas pueden proceder de muchas fuentes. Se debe comprobar que los artículos de los medios de comunicación se basen en investigaciones científicas fiables y buscar comparaciones de síntomas en las personas que hayan sido o no expuestas a la supuesta amenaza (igual que, en los ensayos de fármacos controlados con placebo, cualquier buen estudio debería incluir idealmente algún tipo de «simulación de farsa» que permita comprobar si las expectativas han jugado un papel en el mismo). Si no hay diferencia entre poblaciones, probablemente no tienes que preocuparte: en gran medida, los síntomas son un producto de las expectativas. Incluso si hay diferencia, intenta fijarte en si el riesgo absoluto es alto o bajo. Para muchas alarmas de salud, como la intolerancia a las estatinas, los efectos secundarios puramente biológicos siguen siendo muy poco frecuentes (por supuesto, si tienes una preocupación grave de salud, consúltalo con tu médico).

A medida que la gente comprenda cada vez más el poder de la expectativa para crear síntomas, deberemos abandonar el estigma de las enfermedades psicogénicas y psicosomáticas. Al fin y al cabo, la sociedad ha avanzado mucho en las conversaciones sobre enfermedades mentales como la depresión y la ansiedad. Sin embargo, la gente (de forma bastante inexplicable) subestima mucho más las enfermedades que pueden surgir en la mente pero que después influyen en el cuerpo. Según uno de los especialistas con los que hablé, este estigma es tristemente prevalente entre profesionales médicos, que puede que comuniquen su desprecio a sus pacientes.

La verdad es que todos somos susceptibles a los efectos de las expectativas que pueden producir un malestar físico real. Descubrir este hecho no debería hacernos sentir más avergonzados que tener una infección normal, rompernos un hueso o tener depresión clínica. Los síntomas psicogénicos y psicosomáticos son un resultado natural de la extraordinaria máquina de predicción del cerebro y será esencial reconocer sus orígenes psicológicos, sociales y culturales cuando avancemos para explorar las consecuencias de nuestras expectativas en cuanto a ejercicio, dieta, estrés y sueño en los siguientes capítulos.

Cómo pensar sobre... las alarmas sanitarias

- Sé consciente de las personas que te rodean y de qué formas tiene tu cuerpo de empezar a copiar su estado mental y físico a través del sistema de neuronas espejo del cerebro.

- Considera las situaciones concretas susceptibles de originar una enfermedad psicogénica de masas, como momentos de mucha ansiedad política, la introducción de nuevas tecnologías y la adopción de nuevas prácticas médicas. Intenta no asociar lo que no es familiar con lo peligroso.

- Cuando pienses en casos que tienes cerca, recuerda el papel potencial de la coincidencia (puede que una vacuna haya traído consigo una enfermedad en el caso de tu amigo, por ejemplo, pero probablemente cogió la infección antes de recibir la inyección).

- Aplica el pensamiento crítico a las noticias sobre salud que leas. Busca fuentes científicas fiables y procura encontrar datos sobre las personas que hayan sido expuestas a dicha amenaza y también a las que no. No te fíes solo de la anécdota o la historia personal por muy convincentes que puedan ser.

- Si sientes que puedes estar sufriendo de una enfermedad psicogénica potencial, busca consejo médico, pero ten la mente abierta sobre la posibilidad de que tus síntomas pudieran ser el resultado del efecto de las expectativas. Cuando tus creencias arraiguen dentro de ti, puede ser mucho más difícil deshacer sus efectos.

- Evita estigmatizar el lenguaje cuando pienses en ti mismo o en los demás. El estigma solo hará que sea más difícil cuestionar las creencias que pueden causar una enfermedad o empeorar sus síntomas.

5

MÁS RÁPIDO, MÁS FUERTE,
MÁS EN FORMA

Cómo eliminar el dolor del ejercicio

El 18 de julio de 1997, en la etapa doce del Tour de Francia, Richard Virenque, del equipo francés Festina, se prepara para la carrera contra reloj individual en Saint-Etienne. Virenque está especializado en las etapas de montañas escarpadas, no en las carreras contra reloj, pero ha oído que hay un fármaco nuevo que da un aumento repentino de energía para el circuito de cincuenta y cinco kilómetros, así que le pide a su fisioterapeuta, Willy Voet, que adquiera la «poción mágica». El equipo está familiarizado con las sustancias que mejoran el rendimiento, así que las objeciones iniciales de Voet son más prácticas que morales; teme probar una sustancia totalmente nueva en mitad del torneo por si aparece una mala reacción que eche por tierra las probabilidades de Virenque. Sin embargo, al final, lo convencen para que acceda a quedar con el *soigneur* que tiene la sustancia y pronto consigue un pequeño frasco de un líquido blanco y misterioso. Le dicen que debe inyectárselo a Virenque en las nalgas antes del evento.

El día de la carrera, Voet le pone la inyección fielmente, y los resultados son asombrosos. Virenque compite codo con codo con su gran rival Jan Ullrich durante gran parte de la carrera. Aunque el alemán al final gane con un tiempo de una hora, dieciséis minutos y veinticuatro segundos, Virenque está tres minutos y cuatro segundos por detrás de él, un resultado mucho mejor de lo que se podría haber imaginado. «Dios, ¡qué bien me he sentido! —dijo después a Voet—. Ha sido increíble». Voet dijo: «Ha sido la mejor carrera contra reloj de su vida».

Virenque no tenía ni idea de que no había ningún ingrediente activo en la poción mágica. Antes de ponerle la inyección, Voet había cambiado aquella sustancia blanca y misteriosa por una solución de glucosa. El chute de confianza (junto a los vítores de la multitud) fue lo único que necesitó Virenque para rendir al máximo. Como mínimo, esa vez no había infringido ninguna norma.

«No hay nada que sustituya a la confianza en uno mismo —escribiría Voet más tarde en su autobiografía—. No había ninguna droga más efectiva para Richard que el público. Unas cuantas inyecciones de *Allez Richard* por sus venas, una dosis grande de adoración para elevar su umbral del dolor, un chute de devoción para hacerle sentir invencible. Ese era el tipo de material que Richard necesitaba».[192]

* * *

Las historias de este asombroso aumento del rendimiento son comunes en el deporte. Puedes entrenar el cuerpo un día tras otro durante años sin parar, pero, en última instancia, es tu mentalidad la que decidirá tus límites físicos.

El corredor de media y larga distancia Paavo Nurmi (1897-1973), nueve veces medallista de oro olímpico y apodado «el finlandés volador», lo expresó así al decir: «La mente lo es todo; los músculos son solamente piezas de caucho. Todo lo que soy, lo soy gracias a mi mente». Igual que Roger Bannister, el primer hombre en correr una milla en menos de cuatro minutos, en 1954. «Es el cerebro el que determina la fuerza con la que se puede llevar al límite cualquier tipo de entrenamiento», escribió en su autobiografía.[193] También es la filosofía del mejor corredor de maratón del siglo XXI, el keniata Eliud Kipchoge. «Siempre digo que no corro con las piernas, sino con el corazón y la mente —explicó—. Lo que hace que alguien corra más es la mente. Si la mente está calmada, y bien concentrada, entonces, todo el cuerpo está controlado».[194] En el momento en que escribo estas líneas, Kipchoge ha ganado trece de las quince maratones en las que ha participado y ostenta el récord mundial de dos horas, un minuto y treinta y nueve segundos.[195]

Pese a la prevalencia de esta idea en el folklore deportivo, los científicos del deporte han tardado un siglo en comprender el verdadero poder de nuestra mente para influir en el rendimiento físico. Sin embargo, tras la oleada de interés en los placebos médicos, los investigadores estudian ahora con entusiasmo los efectos de las expectativas en el deporte y en la forma física. En el corazón de este asunto hay un nuevo trabajo sobre el papel del cerebro para regular nuestro consumo de energía y crear las sensaciones físicas de tensión y fatiga. La máquina de predicción estima lo lejos que puede empujar al cuerpo sin causar daño y, cuando cree que va a llegar a su límite, aprieta el freno en nuestro rendimiento, creando la sensación de que «nos damos contra la pared», tanto si estamos en mitad de una carrera de cinco kilómetros como en el último tramo de un triatlón Ironman.

Estos descubrimientos pueden ayudar a los atletas profesionales a ganar récords mundiales, pero son incluso más relevantes para quienes son reacios a hacer ejercicio y les cuesta mantener un régimen de forma física. Adoptando la mentalidad adecuada, incluso el más adicto al sofá puede disfrutar de más beneficio y menos dolor cuando hace ejercicio.

LA MENTE POR ENCIMA DEL MÚSCULO

Igual que con la investigación sobre placebos y nocebos, nuestra nueva comprensión del ejercicio ha llegado a trompicones a partir del trabajo del fisiólogo italiano Angelo Mosso a finales del siglo XIX. En laboriosos experimentos en la Universidad de Turín, sujetaba pequeños pesos al dedo corazón de los sujetos. Los participantes tenían que mover los dedos hasta quedar extenuados, mientras Mosso registraba la fuerza de las contracciones musculares usando un ergógrafo (la flexión de los dedos podría parecer un ejercicio bastante trivial, pero era interesante para el experimento precisamente porque Mosso podría controlar y medir los movimientos con mucha precisión).

Como era de esperar, los participantes empezaban con fuerza, pero los movimientos costaban cada vez más a medida que pasaba el tiempo, los músculos se cansaban y el ejercicio físico realizado antes significaba que experimentaban esa fatiga al cabo de pocos movimientos. Sin embargo, cabe destacar que Mosso descubrió que las tareas puramente intelectuales (como dar clase o corregir exámenes universitarios) también podrían conducir a una reducción más rápida de la fuerza muscular. A partir de este y muchos otros experimentos, llegó a la conclusión de que nuestra sensación de fatiga procede de dos fuentes distintas: un proceso psíquico de agotamiento de la «voluntad» del cerebro y la acumulación de «venenos» químicos en los músculos en sí. «La fatiga del cerebro reduce la fuerza de los músculos», escribió en *La Fatica*, su gran obra sobre este tema. «Y, si queremos aumentar la resistencia, tenemos que entrenar a la mente igual que al cuerpo, puesto que ambos están íntimamente conectados».[196]

Si la historia científica fuera justa, Mosso habría sido ampliamente reconocido por su trabajo sobre fisiología y neurociencia, y los científicos del deporte habrían continuado investigando los muchos factores psicológicos que influyen en nuestra fuerza y resistencia.

Pero Mosso murió en 1910, y los científicos posteriores se concentraron casi exclusivamente en los cambios bioquímicos de los propios músculos. «Básicamente, fue eliminado de la historia», me dijo Timothy Noakes, fisiólogo de la Universidad de Ciudad del Cabo.

Según la teoría predominante, nuestros músculos se cansan cuando se quedan sin combustible en forma de moléculas de glucógeno, que se almacenan en el tejido en sí, y con la acumulación de subproductos tóxicos como el ácido láctico, que hace que sea difícil para las fibras contraerse, lo que ralentiza tus movimientos (como el ácido láctico también es un producto de la fermentación, tus músculos básicamente están siendo «encurtidos», según esta teoría). Esto sería especialmente problemático con un ejercicio prolongado o intenso si a nuestro corazón le cuesta bombear suficiente combustible y oxígeno por el cuerpo para reponer el suministro, y si nuestros músculos trabajan tanto que no permitimos que haya suficiente tiempo para que el ácido láctico se vuelva a convertir en glucógeno.

También se pensó que otros factores, como la deshidratación y la temperatura corporal, jugaban un papel a la hora de establecer nuestros límites físicos, pero se consideraba que la mente tenía mucha menos importancia. Un atleta podía intentar todo lo que quisiera para ir más despacio y evitar usar toda su energía demasiado pronto, pero, si lo forzara demasiado, «chocaría contra la pared» y su psicología podría hacer poco para conseguir más fibras musculares o disminuir la sensación física del agotamiento. Si un atleta es mejor que otro, era simplemente porque es capaz de producir energía de forma más eficiente con menos subproductos tóxicos, gracias a su entrenamiento y a la suerte de la lotería genética.

Esta explicación bioquímica del agotamiento ha imperado durante décadas (probablemente te la enseñaron en clase de biología en el instituto). Sin embargo, durante los últimos años, las bases de la teoría se han empezado a derrumbar tras una serie de descubrimientos sorprendentes. En particular, los científicos han intentado, sin éxito, encontrar pruebas de que la mayoría de los atletas rinden a su máxima capacidad, tal y como predice la teoría bioquímica. En vez de mostrar un estancamiento o una reducción en el punto de agotamiento, por ejemplo, la potencia del corazón y su consumo de oxígeno parecen ser lo suficientemente altos como para mantener su ejercicio durante más tiempo, pero igualmente acaba topando con su límite.

Aún más problemático para la teoría aceptada son los estudios que examinan la actividad de nuestros músculos mientras se mueven. Al poner electrodos a los brazos y piernas de los sujetos, los investigadores han descubierto que solo el cincuenta-sesenta por ciento de las fibras musculares parecen operar durante el ejercicio prolongado o intenso. Si los cambios bioquímicos en las fibras musculares fueran la única causa de la fatiga física, esperarías que se hubiera reclutado a muchas más fibras para compartir la carga antes de llegar al agotamiento, pero eso no parece que ocurra.[197] «Es una refutación simple de la teoría predominante», me dijo Noakes. Pese a que haya abundantes pruebas de que el ácido láctico se acumula durante el ejercicio, ha sido difícil demostrar que debilita y fatiga a los músculos tal y como suponíamos en el pasado. Algunos estudios sugieren que, de hecho, quizás mejore los movimientos de los músculos durante el esfuerzo excesivo.[198] Teniendo en cuenta estos descubrimientos, es muy difícil identificar un cambio concreto en el cuerpo que pueda explicar de forma convincente la rápida aparición del agotamiento.

Por no hablar de los sorprendentes efectos psicológicos señalados desde hace tiempo por atletas y entrenadores. Ciertos experimentos detallados han confirmado que los atletas rinden sistemáticamente mejor cuando están en competencia directa que cuando entrenan solos. Es como si extrajeran algún tipo de reserva escondida que solo se activa en ciertos contextos, algo difícil de explicar si el agotamiento es simplemente el resultado del glucógeno agotado y del ácido láctico acumulado.[199]

Quizás lo más irrefutable de todo es que la teoría bioquímica no puede explicar el hecho enigmático (señalado por Mosso y reproducido más recientemente) de que solamente con esfuerzo intelectual es posible conducir a un rendimiento físico posterior notablemente peor. En 2009, unos investigadores de la Universidad de Bangor descubrieron que los ciclistas experimentaban una reducción del quince por ciento en su capacidad de resistencia después de haber realizado un agotador test de noventa minutos diseñado para poner a prueba su memoria y su concentración.[200] Si bien es cierto que el cerebro consume glucosa, parece muy poco probable que un ejercicio puramente intelectual pueda tener un efecto tan grande en el agotamiento físico, si la sensación de fatiga solo se debiera a la reducción de los músculos en sí.

Estos enigmas han conducido a un número creciente de científicos deportivos como Noakes a volver a una teoría psicológica del agotamiento que acepte completamente el papel del cerebro para determinar nuestros límites físicos, tal y como Mosso había propuesto hace un siglo.[201] Según afirman, el cerebro usa su experiencia previa, las sensaciones fisiológicas (como nuestra temperatura corporal interna), el estado de ánimo y sensación de cansancio mental, y sus predicciones de la tarea restante para juzgar con cuidado cuánto ejercicio somos capaces de realizar y a qué intensidad. Estos cálculos determinarán cuántas fibras musculares reclutar y la intensidad de los movimientos que el cuerpo puede mantener; si el cerebro siente que corremos el riesgo de exigirnos demasiado, frenará nuestros movimientos, inhibiendo las señales enviadas a nuestros músculos y creando un sentido general de fatiga que hará que cada vez sea más difícil continuar.[202] Aunque esa sensación de agotamiento sea incómoda a corto plazo, nos ayuda a preservar algo de energía para después y evitará que nos forcemos hasta el punto de lesionarnos.

La estimación del cerebro sobre lo que podemos lograr en general es muy conservadora. Y esto tiene sentido desde el punto de vista evolutivo: salvo que nos enfrentemos a una amenaza de vida o muerte, en general, es mejor ir a lo seguro para evitar un daño potencial. Pero estas predicciones deben ser flexibles para adaptarse a las circunstancias cambiantes, lo que significa que a menudo es posible liberar parte de esas reservas ocultas con pequeños empujones psicológicos. Veamos un estudio de R. Hugh Morton en la Massey University de Nueva Zelanda. A finales de la década de 2000, pidió a un grupo de ciclistas que hicieran tres recorridos idénticos durante los cuales les pidió que pedalearan al máximo de potencia durante unos minutos hasta llegar al agotamiento. En uno de los ensayos, el reloj de los participantes era totalmente preciso; en los otros, el reloj estaba estropeado, iba o bien un diez por ciento demasiado rápido o un diez por ciento demasiado lento. Si las predicciones del cerebro no tuvieran ningún papel en nuestra sensación de fatiga, la diferencia del reloj no habría tenido ningún efecto en su resistencia. En realidad, su capacidad de resistencia aumentó un dieciocho por ciento cuando el reloj iba lento y cayó hasta alrededor del dos por ciento cuando iba deprisa en comparación con la hora real. La percepción del tiempo inestable había hecho que la mente de los participantes estimara que habían ejercido más o menos esfuerzo del que habían hecho realmente, y había ajustado su sensación de agotamiento en consecuencia.[203]

Se pudieron ver beneficios similares consiguiendo que los ciclistas compitieran con ellos mismos en una pista virtual que mostraba su ritmo en ese momento junto a una carrera previa. Sin que los participantes lo supieran, el avatar que representaba su carrera previa había sido programado para correr más deprisa que su mejor marca personal y, reprogramando sus expectativas de lo que podían lograr, se logró que los atletas superaran sus límites previos.[204]

Como la máquina de predicción actualiza constantemente sus cálculos con el *feedback* del cuerpo, también puedes impulsar el rendimiento cambiando la interpretación de esas señales internas. Por ejemplo, normalmente a los atletas les cuesta más hacer ejercicio cuando tienen calor. El cerebro crea la sensación de agotamiento para evitar que el cuerpo se caliente demasiado, pero esto se puede manipular. Los ciclistas británicos que corrían en condiciones de calor y humedad tenían una capacidad de resistencia notablemente más elevada si se les decía que su temperatura corporal central era ligeramente inferior de lo que era realmente.[205] Del mismo modo, un estudio de 2019 dio a los ciclistas lecturas falsamente elevadas de sus frecuencias cardíacas que se reproducían en unos auriculares. El *feedback* hizo que su cerebro sobreestimara el nivel de esfuerzo de su cuerpo, lo que generó sensaciones de agotamiento mayores más deprisa.[206]

Nuestra comprensión del modelo psicológico del agotamiento todavía está creciendo y hay un interés creciente en sus orígenes neurales. Mediante la colocación de electrodos en el cuero cabelludo mientras las personas hacen ejercicio, unos investigadores han empezado a localizar las regiones del cerebro implicadas en el procesamiento de nuestras expectativas de ejercicio y en la creación de la sensación de agotamiento. En el centro de todo esto está el córtex prefrontal (situado detrás de la frente) que usa nuestro conocimiento del ejercicio que tenemos por delante, nuestras experiencias previas y las señales sensoriales de todo el cuerpo, para predecir el presupuesto fisiológico que le queda y las consecuencias de sus esfuerzos. Después, transmite esos cálculos al otro córtex motor (que planifica nuestros movimientos) para controlar nuestra salida de energía, y nos obliga a dejar de hacer ejercicio cuando corremos el riesgo de causar un daño en el cuerpo.[207]

Si estuviera vivo para ver esta investigación, Mosso podría haber considerado estas regiones el centro de la «voluntad». Pero si las comparas con las áreas neurales implicadas en las respuestas placebo y nocebo, verás que todas son componentes de la misma máquina de predicción que controla tantas partes de nuestra realidad física.

* * *

Esta nueva teoría del agotamiento, que sitúa adecuadamente al cerebro como controlador de lo que puede hacer el cuerpo, nos ayuda a entender la influencia de los tratamientos placebo en los deportes. Si consideramos la increíble carrera contra reloj de Virenque en el Tour de Francia de 1997, la inyección de la «poción mágica» aumentó su percepción de lo que podría lograr. Su cerebro calculó que podía dedicar más recursos del cuerpo a la carrera sin arriesgarse a una lesión, lo que permitió a sus músculos esforzarse más en el camino. El hecho de que fuera simplemente agua con azúcar no importaba: debido a sus efectos en la máquina de predicción, seguía aumentando la cantidad de energía que Virenque podía consumir. Puede que describamos la sustancia como inerte, pero, en términos de sus efectos sobre el rendimiento, fue cualquier cosa excepto eso. La creencia de Virenque y el sentido del ritual que acompañaba a la inyección infundió poder a la sustancia.

Un meticuloso estudio de control muestra que una gran proporción de todos los suplementos deportivos comerciales pueden ayudar al rendimiento mejorando las percepciones de una persona sobre sus propias capacidades, independientemente de cualquier efecto fisiológico directo.[208] Por ejemplo, hace tiempo que la cafeína se considera un estimulante muscular que puede mejorar el rendimiento de muchos deportes. Sin embargo, en gran medida, es producto de nuestras expectativas sobre lo que puede hacer. En un estudio, un grupo de estudiantes que practicaba halterofilia recibió un chupito de un líquido amargo y les hicieron creer que contenía una alta concentración de cafeína. En realidad, era una dosis de café descafeinado, pero igualmente consiguieron aumentar el número de extensiones en alrededor del diez por ciento por encima de su límite anterior.[209] Las personas que tomaron cafeína suponiendo que era una sustancia inerte tendían a ver un impulso del rendimiento mucho menor.[210]

Los efectos de las expectativas incluso pueden estar detrás de algunos de los beneficios de los fármacos prohibidos, como los esteroides anabolizantes y la eritropoyetina, una hormona que estimula la producción de glóbulos rojos. En una carrera de tres kilómetros, los corredores que tomaron una inyección salina inerte corrieron un 1,5 por ciento más rápido que su mejor marca personal previa si creían que habían tomado una sustancia similar a la eritropoyetina; una ventaja pequeña pero significativa que podría darles una ventaja fácilmente en una carrera reñida, dado que las clasificaciones olímpicas a menudo dependen de una diferencia por una fracción de segundo en competición. Es decir, atletas como Virenque puede que no tengan necesidad de doparse y poner en riesgo su carrera profesional si son capaces de cambiar sus expectativas por otros medios.[211]

Los entrenadores que administran un placebo a un atleta y piensan que es un fármaco ilegal puede que incurran en una práctica moralmente dudosa. Sin embargo, a algunos científicos les preocupa más que los entrenadores puedan encontrar formas más inteligentes de transgredir las reglas del dopaje. Por ejemplo, es posible mejorar los efectos placebo usando una sustancia prohibida durante el entrenamiento y luego cambiando la dosis poco a poco hasta que dicha sustancia haya sido totalmente sustituida por una inerte. El atleta empezará la competición con expectativas infladas de su éxito, y el resultado será una gran ventaja física. Estará totalmente a salvo en los test antidopaje. ¿Se considera dopaje si el atleta en realidad no ha utilizado la sustancia en la carrera en sí? Puede que sea legal según las reglas de la competición actuales, pero no parece muy ético.

¿NO PUEDO HACER EJERCICIO Y POR ESO NO LO HAGO?

Por importantes que sean las implicaciones para los atletas profesionales, esta nueva comprensión de la «mente por encima del músculo» es aún más relevante para las personas que hacen ejercicio de manera informal. A muchas personas les cuesta estar activas y en forma para tener una buena salud debido a sus propias expectativas negativas sobre su forma física. Y las consecuencias de su inactividad para su salud y longevidad son más serias que el mero hecho de no subir a un podio olímpico. Por ejemplo, si has tenido malas experiencias en la clase de educación física en la escuela, puede que hayas pasado tu vida adulta suponiendo que no eres una persona deportista. O quizás antes estabas mucho más en forma, pero ahora que te acercas a la mediana edad has empezado a aumentar de peso. Quizás supongas que siempre será un camino cuesta arriba hacer que tu cuerpo vuelva a su estado de salud anterior. O quizás hayas sufrido recientemente una lesión o una enfermedad y hayas perdido toda la confianza en tu habilidad para volver a estar en forma.

Según la nueva visión psicológica de la fatiga, esas expectativas podrían cambiar todas tus sensaciones subjetivas de agotamiento y tu rendimiento objetivo, haciendo que tu ejercicio sea mucho más duro de lo que debería. Pero, ¿podríamos evitar estas dificultades recalibrando nuestras percepciones de nuestras propias capacidades?

Uno de los estudios más rigurosos consideró la «capacidad aeróbica máxima», una medida estándar de la forma física de una persona. Normalmente, los participantes están en una cinta de correr y se les pide que corran en velocidades progresivas, mientras el personal mide el volumen de oxígeno que inhalan hasta llegar al agotamiento. La capacidad aeróbica máxima (también conocida como VO_2 máx.) es el punto más alto de consumo de oxígeno en un período de treinta segundos durante ese tiempo, y el objetivo es reflejar lo bien que los pulmones y el corazón pueden entregar combustible a tus músculos. Cuanto más alto sea tu VO_2 máx., mejor será tu resistencia durante el ejercicio.

Para averiguar si el *feedback* positivo podría alterar esta medida básica de la capacidad física, Jeff Montes y Gabriela Wulf, de la Universidad de Nevada en Las Vegas, pidieron a un grupo de participantes que hicieran dos pruebas de VO_2 máx. La primera prueba hizo una medición precisa, pero los participantes recibieron un *feedback* falso. En una conversación informal, a algunos les dijeron que eran mejores que la mayor parte del grupo. A otros no les dieron ningún contexto respecto a su resultado. Al cabo de unos días, volvieron a hacer el test de VO$_2$ máx. Las personas que tenían unas expectativas mejoradas obtuvieron unos resultados notablemente mejores, y las del grupo de control unos ligeramente peores. En general, hubo aproximadamente una diferencia del siete por ciento entre ambos grupos. Es decir, la condición física de alguien parecía cambiar según la condición física que pensaban que tenían (según el test estándar de capacidad aeróbica).[212]

Además de aumentar la capacidad aeróbica, el aumento de las expectativas de este tipo también puede mejorar la eficiencia de los movimientos de un corredor. En otro experimento, se pidió a los participantes que corrieran en una cinta de correr a una velocidad fija, no a una progresiva, durante diez minutos. Los investigadores descubrieron que aumentar las expectativas de los participantes sobre sus capacidades conducía a una reducción significativa del consumo de oxígeno durante el ejercicio. Esto sugería que los músculos quemaban menos energía para mantener el mismo ritmo.[213] Ese es un cambio importante que, a su vez, te deja con mayores recursos para más adelante, en caso de que los necesites, mejorando la resistencia general. Quizás debido a la reducción de su fatiga, también era más probable que estos participantes experimentaran una mejora del estado de ánimo después del ejercicio.

Por increíble que parezca, nuestras expectativas sobre nuestras capacidades físicas pueden anular ciertas disposiciones genéticas para el ejercicio, según el trabajo publicado en 2019 en uno de los números de la prestigiosa revista *Nature*. Primero, los científicos hicieron un test genético para identificar si sus participantes llevaban cierta versión del gen CREB1, que, según estudios previos, puede reducir la capacidad aeróbica de la persona y aumentar su temperatura corporal durante el ejercicio, haciendo que la experiencia sea más dura y desagradable. El test fue real y los investigadores guardaron el resultado. Sin embargo, el resultado que se dio a los participantes fue totalmente al azar para crear las expectativas de que se les daba bien o mal el ejercicio «por naturaleza». Y eso tuvo un efecto importante en su resistencia física. Las expectativas negativas redujeron el flujo de aire que entraba y salía de los pulmones y la transferencia de oxígeno y dióxido de carbono, lo que daba como resultado una reducción general de la capacidad de resistencia. Y lo que es más importante, los efectos de las expectativas parecían tener más influencia que el tipo de gen real en algunas de estas mediciones fisiológicas. En el intercambio de oxígeno y dióxido de carbono, la creencia de los participantes de que estaban genéticamente indispuestos al ejercicio demostró ser más perjudicial para su rendimiento que el gen real.[214]

No todos podemos confiar en que los científicos nos den un *feedback* falso, por supuesto, pero hay pruebas de que podemos realizar cambios similares nosotros mismos, sin ningún engaño. Por ejemplo, los ciclistas mejoraron su rendimiento después de tomar un suplemento deportivo pese a que les hubieran dicho que era inerte a nivel fisiológico antes de que lo tomaran.[215] En ese caso, los suplementos parecen funcionar como los placebos de ensayo abierto que han demostrado ser tan efectivos para aliviar el dolor. Basta comprender el potencial de la mente para controlar el rendimiento físico con tal de lograr una mejora. Así que usa cualquier ayuda que te funcione, desde tu bebida favorita a ropa de deporte bonita o música que te motive. Es el cambio de mentalidad lo que te aportará beneficios.

Grace Giles, del Centro de Soldados de Comando de Desarrollo de Capacidades de Combate del Ejército de los EE. UU. ha demostrado que las técnicas de reevaluación pueden reducir las percepciones de la gente sobre el esfuerzo a la hora de hacer ejercicio para que les resulte menos agotador.[216] Como ya hemos visto en el capítulo tres, la reevaluación implica un examen ligeramente más desapasionado de nuestras sensaciones y un esfuerzo para considerar si podrían ser neutralizadas o incluso interpretadas de una forma más positiva.

Muchos de nosotros ya empezamos a tener pensamientos negativos sobre el ejercicio incluso antes de haber salido por la puerta de casa. Por eso, un primer paso importante es concentrarse en los beneficios inmediatos que quieres conseguir de este ejercicio, como sentirte renovado y energizado al final del ejercicio. Una vez que ya estés ejercitándote, puede ser fácil interpretar la sensación de esfuerzo (falta de aire o dolor muscular) como señal de estar en una forma física baja. Puede que empieces a suponer que eso es una prueba de que no estás hecho para el ejercicio (y cuanto más te concentras en esta idea, peor te sientes). En este caso, intenta pensar si esas sensaciones son deseables. Del mismo modo que podemos reinterpretar los efectos secundarios de los fármacos como señal de que la medicación está haciendo efecto, podemos ver nuestro dolor con otros ojos y pensar que nuestro ejercicio realmente está cambiándonos el cuerpo. Si te falta el aliento y te pesan las piernas, es señal de que estás fortaleciendo los músculos, expandiendo los pulmones y aumentando la capacidad de resistencia del corazón. El ejercicio está funcionando.

Cuando empiezas a hacer ejercicio con más regularidad, también te enfrentas a días de frustración en los que simplemente no pareces ser capaz de correr todo lo rápido que quieres o de levantar tanto peso como te gustaría. En vez de obsesionarte pensando en el fracaso, puedes recordarte que el mero hecho de hacer algo de ejercicio es mejor que nada; tu cuerpo se beneficia. Quizás solo tengas que recuperarte de una semana de trabajo duro o de otro motivo de tensión en tu vida. El mero hecho de darte cuenta de eso puede hacer que la sesión te parezca mucho menos agotadora que si sigues atormentándote por el mal rendimiento que has tenido y castigándote por no lograr tu objetivo.

Por supuesto, debes ser consciente del sobreesfuerzo o carga potencial, así que asegúrate de comprobar tus habilidades en pasos pequeños y consulta al médico si te preocupa algún punto de tu seguridad. El objetivo es evitar malinterpretar tu esfuerzo como el reflejo de una inhabilidad inherente. Concéntrate en el arco de progreso general a través de pasos paulatinos. La investigación muestra que el mero hecho de reconocer que tu forma física está bajo tu control y que puede mejorar con el tiempo hará que mantengas tu entusiasmo y energía en lugar de descender a una reflexión contraproducente. Un hecho aparentemente obvio que, sin embargo, muchas personas olvidan.[217]

Yo mismo era de esas personas a las que no les gusta hacer ejercicio, y he comprobado que este tipo de reencuadre realmente me ayuda a eliminar el dolor de un entreno. De pequeño, no soportaba la clase de gimnasia, pero, al enterarme de lo importante que es la actividad física, he intentado hacer ejercicio regularmente durante años. Pero siempre me había parecido una carga; a menudo, estaba deseando bajar de la cinta de correr. Aprender a reencuadrar la sensación de esfuerzo me ha ayudado a sentirme mucho más motivado durante y después de hacer ejercicio. Cuando noto que estoy a punto de «chocar contra la pared», me resulta muy útil recodar que mi cuerpo tiene reservas de energía escondidas que se pueden aprovechar y me imagino que los pulmones se expanden y que el corazón bombea más nutrientes a mis extremidades. Y durante el ejercicio en sí, hago el esfuerzo de recordarme regularmente los beneficios a largo plazo que me puede aportar. Además del ejercicio cardiovascular regular, ahora hago entrenamiento con intervalos de alta intensidad cinco veces a la semana. Y la verdad es que es el mejor momento del día. La única forma de describir el cambio de mentalidad es una gran liberación que permite que mi cuerpo haga ese ejercicio que siempre fue capaz de hacer.

EL EJERCICIO INVISIBLE

Con estas técnicas, todos podemos empezar a tener un estilo de vida activo con más facilidad. El poder de reencuadrar no acaba en el gimnasio. Muchas tareas cotidianas pueden reforzar el cuerpo, aunque no se parezcan en nada al ejercicio típico; según algunos estudios rompedores, el significado que demos a esas actividades puede determinar si cosechamos todos los beneficios del ejercicio o no.

La existencia del «ejercicio invisible» no debería ser una sorpresa, ya que esta idea se remonta al primer estudio que examinaba los beneficios de la actividad física. Poco después de la Segunda Guerra Mundial, Jeremy Morris, del Consejo de Investigación Médica del Reino Unido, quería comprender por qué algunas personas tienen más tendencia a sufrir enfermedades cardíacas que otras. Como sospechaba que el ejercicio podría ser la respuesta, buscó a un grupo de individuos de clase social y estatus similar cuyas profesiones diferían solamente en la cantidad de tiempo que pasaban siendo activos desde el punto de vista físico.

Los hombres que trabajaban en los autobuses de dos pisos de Londres resultaron ser la población perfecta para el estudio. Su educación y formación financiera eran prácticamente iguales, pero los conductores pasaban la mayor parte del día sentados, mientras que los revisores estaban activos todo el rato, subiendo y bajando las escaleras para cobrar y entregar el billete y ayudar a los pasajeros con su equipaje. En total, el revisor medio subía alrededor de quinientos-setecientos cincuenta peldaños al día.[218] Aunque fuera un ejercicio relativamente suave (en comparación con entrenar para una maratón, por poner un ejemplo), Morris descubrió que la actividad diaria reducía más o menos a la mitad el riesgo de paro cardíaco de los revisores.

Morris llegó a ser conocido como «el hombre que inventó el ejercicio», y sus descubrimientos inspirarían una avalancha de investigación adicional sobre los beneficios del ejercicio. La manida recomendación de que debemos hacer ciento cincuenta minutos de ejercicio «moderado» (o setenta y cinco minutos de actividad «vigorosa») por semana se remonta a esos revisores de autobús de Londres. Pese a que se difundan esas directrices a menudo, muchos de nosotros no tenemos tan claro qué se considera exactamente ejercicio moderado o vigoroso y eso es importante cuando hablamos de la formación de nuestra mentalidad de la forma física. Para comparar la intensidad de actividades distintas, los fisiólogos utilizan una cantidad conocida como «equivalentes metabólicos» o METS. Es el índice metabólico del ejercicio dividido por el índice metabólico en reposo. Si una actividad tiene dos METS, por ejemplo, quemas el doble de calorías que si estás sentado viendo la televisión. El ejercicio moderado tiene entre tres y seis METS, y el ejercicio vigoroso a partir de seis. No importa si haces ese ejercicio en varias sesiones cortas o en una más larga, lo que cuenta es el tiempo total por semana. Y muchas actividades y pasatiempos diarios cumplen estos requisitos. Piensa en la tabla siguiente.[219]

ACTIVIDAD	EQUIVALENTE METABÓLICO
Tareas domésticas	
Pasar el aspirador/fregar el suelo	3
Limpiar las ventanas	3,2
Hacer la cama	3,3
Cocinar/fregar los platos	3,3
Mover muebles	5,8
Bricolaje	
Carpintería (por ej. clavar clavos)	3
Pintar/empapelar la pared	3,3
Arreglar el tejado	6
Jardinería	
Podar arbustos	3,5
Cortar leña	4,5
Cortar el césped	6
Ocio	
Pasear al perro	3
Tocar la batería	3,8
Jugar al aire libre con los niños	5,8
Bailar	7,8

¿Cuántos de nosotros cortamos el césped, jugamos con nuestros hijos o bailamos toda la noche en una discoteca sin darnos cuenta de que estamos haciendo ejercicio? Incluso el trayecto diario de casa al trabajo podría contar. Un estudio del Imperial College de Londres ha mostrado que aproximadamente una tercera parte de toda la población de Inglaterra que usa el transporte público ya cumple las directrices gubernamentales de actividad física por sus trayectos de casa al trabajo y viceversa: esperando autobuses, paseando hasta la estación, o haciendo trasbordos.[220]

Como mínimo, si valoráramos más este tipo de actividades, veríamos de una forma más positiva nuestra propia forma física, un cambio de expectativa que podría reconfigurar la máquina de predicción para que percibamos que otros ejercicios más formales suponen menos esfuerzo. Cabe señalar que este cambio de mentalidad también podría determinar los beneficios a largo plazo de las actividades en sí. Al pensar que las actividades cotidianas son ejercicio en vez de trabajo, podemos llegar a estar más sanos.

Veamos un famoso estudio de Alia Crum y Ellen Langer de la Universidad de Harvard, que describí brevemente en la introducción. Como quizás recuerdes, sus participantes eran el personal de limpieza de siete hoteles. Crum y Langer sospechaban que pocos de estos limpiadores eran conscientes de todo el ejercicio que implicaba su trabajo y, teniendo en cuenta el poder de la expectativa para moldear nuestra fisiología, que esto podría impedirles obtener todos los beneficios de su ejercicio diario. Para poner a prueba la idea, los científicos visitaron cuatro hoteles y dieron a los limpiadores información sobre el tipo de actividad física que cuenta como ejercicio, haciendo hincapié en el hecho de que «no tiene que ser duro ni doloroso para ser bueno para la salud... solo es cuestión de mover los músculos y quemar calorías». Después, explicaron con detalle las exigencias energéticas del trabajo de los limpiadores: cambiar sábanas durante quince minutos quema cuarenta calorías, pasar el aspirador ese mismo tiempo quema cincuenta calorías y limpiar baños durante el mismo período quema sesenta calorías. Al cabo de una semana, toda esa actividad suma fácilmente las recomendaciones de ejercicio de la dirección general de salud pública de Estados Unidos. Además de ofrecer folletos que explicaban estos hechos, los investigadores también colocaron pósteres que transmitían la información en tablones de anuncios en las salas de estar de los limpiadores para que tuvieran un recordatorio diario del ejercicio que hacían.

Al cabo de un mes, los científicos visitaron a los limpiadores de nuevo para medir cualquier cambio en su salud. Pese a que no informaron de ninguna alteración de la dieta ni ningún aumento de la actividad física fuera del trabajo, los limpiadores que habían recibido aquella información habían perdido alrededor de un kilo cada uno y su presión arterial media había descendido de un parámetro elevado a uno normal. El simple cambio de expectativa (y el significado que daban a su labor profesional) había cambiado sus cuerpos, mientras que los limpiadores de los otros tres hoteles, que no habían recibido la información, no mostraron cambios.[221]

Es cierto que el estudio era relativamente pequeño, y es posible que, después de recibir la información, los limpiadores hubieran hecho el trabajo con más brío. Sin embargo, el seguimiento por parte de Crum, que ahora está en la Universidad de Stanford, y su colega Octavia Zahrt proporciona pruebas mucho más convincentes de que las expectativas de las personas pueden influir realmente en los beneficios a largo plazo del ejercicio a través de la conexión mente-cuerpo. El estudio utilizó datos de estudios de salud que controlaban a más de sesenta mil personas hasta los veintiún años. Crum y Zahrt descubrieron que la «actividad física percibida» de los participantes (tanto si pensaban que hacían más o menos ejercicio que la persona media) podía predecir su riesgo de mortalidad, incluso después de que hubieran controlado la cantidad de tiempo que decían que habían pasado realmente haciendo ejercicio y otros factores del estilo de vida, como la dieta.

Y lo que es más importante, algunos de los participantes de aquellos estudios habían llevado acelerómetros durante parte del período del estudio; sin embargo, la influencia de su actividad física se mantenía después de que los investigadores hubieran tenido en cuenta aquellas mediciones objetivas de la actividad física. En general, la gente que tenía una visión más pesimista de su forma física tenía hasta un setenta y uno por ciento más de probabilidad de morir durante los estudios, en comparación con quienes pensaban que eran más activos que la media, fuera cual fuera el estado de su rutina de ejercicios real.[222]

Como escritor científico, quedé sorprendido la primera vez que oí hablar de ese estudio. Sin embargo, a medida que he profundizado más sobre la ciencia de la expectativa, me parece menos sorprendente. Al fin y al cabo, hemos visto que cosas como la presión sanguínea pueden cambiar debido a nuestras expectativas del efecto de una pastilla. Si nuestras expectativas de un betabloqueador pueden tener un efecto notable en nuestra salud, ¿por qué deberían ser la percepción de nuestra forma física (que acarreamos en todas las actividades, todos los días) menos importante? Cuando lo planteamos así, lo menos sorprendente es que los investigadores hayan tardado tanto en investigar la posibilidad.

Ahora sabemos que muchos de los otros beneficios del ejercicio pueden ser producto de la expectativa. Se sabe que el ejercicio mejora el estado de ánimo y la salud mental de la persona, por ejemplo, y que también actúa como analgésico, reduciendo los síntomas de dolor agudo y crónico. Tanto la analgesia como la mejora del estado de ánimo se cree que se deben a la liberación de endorfinas. Aunque pueda ser una reacción fisiológica automática a la actividad física, las creencias de las personas parecen tener un gran papel en la activación de la respuesta, y educar a las personas sobre ese po-. tencial parece mejorar sus efectos.[223] Si esperas sentirte más relajado y energizado o que tus dolores se evaporen, es más probable que lo experimentes.

¿Podríamos correr el peligro de llevar este mensaje demasiado lejos? Si empezamos a concentrarnos demasiado en reevaluar nuestras actividades existentes y mejorar nuestras opiniones sobre nuestra forma física actual, ¿podríamos llegar a ser complacientes y esforzarnos menos aún para hacer el ejercicio necesario? Por suerte, hasta ahora, los estudios sugieren que no es probable que esto suceda. Puedes animar a las personas a que tengan una visión más positiva de su forma física sin empujarlas a la indolencia.[224] Los gobiernos harían bien en recordar este hecho cuando diseñen campañas de salud para fomentar que se haga ejercicio. Según esta investigación, el lenguaje estricto o crítico, que hace hincapié en la falta actual de forma física de la población, es contraproducente en comparación con mensajes que permiten que las personas tengan un enfoque más optimista. Por eso, científicos como Crum y Zahrt defienden que el mensaje debe reiterar el hecho de que incluso una pequeña mejora puede tener efectos significativos a largo plazo. La recomendación de treinta minutos de ejercicio moderado al día, cinco días a la semana, podría ser el patrón perfecto, pero incluso quince minutos al día pueden aumentar tu esperanza de vida tres años[225].

A un nivel más general, los estudios de Zahrt y Crum sugieren que deberíamos evitar las comparaciones de arriba a abajo, juzgándonos constantemente respecto a personas que están más en forma que nosotros. No hay nada de malo en un poco de pensamiento aspiracional, pero puede convertirse fácilmente en sentimiento de ineptitud, ya que llegamos a formarnos expectativas más negativas de nuestra forma física. En consecuencia, esas percepciones pueden reducir los beneficios de nuestro ejercicio.

Es importante recordarlo, sobre todo cuando pensamos en lo que vemos en las redes sociales. Instagram y TikTok están llenos de cuentas de inspiración *fit* o *#fitspo*, que contienen imágenes retocadas con Photoshop de cuerpos tonificados haciendo ejercicio. Se supone que esos vídeos y fotos sirven para motivar a la gente, pero un estudio publicado en 2020 sugiere que hacen más mal que bien.

Se pidió a todas las participantes (estudiantes universitarias de Adelaida) que vieran un conjunto de imágenes. Eran o bien fotos sugerentes de destinaciones exóticas o dieciocho fotografías de gurús de la forma física que hacían ejercicio. Después, las participantes pasaban diez minutos en una cinta de correr, haciendo ejercicio a la velocidad que querían y finalizaban una serie de cuestionarios sobre sus sentimientos. Las que vieron las imágenes de inspiración *fit* sufrieron prácticamente en todas las medidas. Tenían una imagen corporal peor y tuvieron más sensación de fatiga durante el ejercicio; más que experimentar el «subidón del corredor», estaban en un estado de ánimo mucho peor después de hacer ejercicio en comparación con las personas que habían visto las fotografías de viajes.[226]

Las fotografías parecían haber perjudicado las percepciones de las participantes sobre su propia forma física. Sus propias comparaciones negativas les hicieron creer que estaban menos sanas de lo que estaban en realidad. Y la sensación resultante de ser insuficiente había hecho que el ejercicio fuera más arduo y menos agradable, lo que negaba totalmente cualquier beneficio sobre la motivación.

La necesidad de formar metas personales positivas pero realistas es especialmente importante cuando consideramos una forma más notable de preparar nuestra mente y nuestro cuerpo para una mayor salud y forma física. Usando solo nuestra imaginación, podemos retocar las predicciones del cerebro para aumentar la fuerza de nuestros músculos y la gestión de nuestro rendimiento físico.

TRABAJA LA MENTE, TRABAJA EL CUERPO

Con veintiocho medallas en su haber (veintitrés de oro), el nadador estadounidense Michael Phelps continúa siendo el deportista olímpico más condecorado de todos los tiempos. Sus capacidades parecían desafiar los límites del cuerpo humano, y algunos periodistas cuestionaban sus hazañas, definiéndolas como «demasiado buenas para ser verdad». Sin embargo, Phelps se presentó voluntariamente a muchos test antidopaje durante su carrera y los pasó todos.

Quizás sus increíbles tiempos en las competiciones se pueden explicar mejor a través de otra ventaja poco normal: su extraordinario poder de visualización. Durante el entrenamiento y la preparación antes de un gran evento, se imaginaba la carrera perfecta. «Puedo ver el inicio, las brazadas, las paredes, los giros, la meta, la estrategia, todo», escribió en su autobiografía *Sin límites*.[227] «Visualizar de esta manera es como programarme una carrera en la cabeza, y a veces parece que esa programación suceda tal y como me la había imaginado». Él cree que es esta capacidad (más que una capacidad puramente física) lo que le ayudó a convertirse en el mayor deportista olímpico de la historia.

Los experimentos científicos han confirmado que los efectos de la visualización pueden ser profundos, tanto para deportistas profesionales como para quienes hacen deporte de manera informal.[228] Los efectos más imponentes (y sorprendentes) se han encontrado en la fuerza muscular de las personas. En un estudio, los científicos midieron la fuerza del antebrazo de los participantes antes de realizar una especie de entrenamiento mental. La tarea era sencilla y aburrida: tenían que pasar quince minutos al día, cinco días a la semana, imaginando que estaban levantando un objeto pesado, como una mesa, usando los antebrazos. A algunos, se les dijo que lo hicieran desde una perspectiva interna, imaginándose los movimientos como si levantaran el peso ellos mismos; a otros se les pidió que lo hicieran desde una perspectiva externa, como si se estuvieran viendo a sí mismos desde fuera de su propio cuerpo. El grupo de control no realizó ninguna práctica.

Al cabo de seis semanas, los resultados eran asombrosos, la visualización interna en primera persona del primer grupo produjo un aumento del once por ciento en la fuerza, pese a que el grupo no había levantado físicamente ni un peso.[229] Los que utilizaron la perspectiva externa vieron una mejora más modesta de alrededor del cinco por ciento (aunque los investigadores podrían no estar seguros de que fuera significativo desde el punto de vista estadístico), mientras que el grupo de control parecía ligeramente más débil.

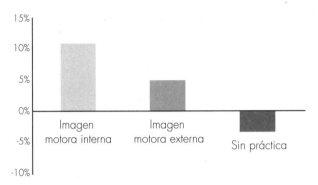

Cambio de la fuerza del brazo tras seis semanas de entrenamiento mental

Igual que las otras técnicas psicológicas para mejorar la forma física, esos descubrimientos serían inexplicables si la fuerza se determinara solamente mediante la masa muscular.[230] Sin embargo, con la nueva visión psicobiológica del ejercicio, tiene mucha lógica. Recuerda que el rendimiento se basa en la expectativa del cerebro de lo que puede lograr el cuerpo y en lo arduo que será un ejercicio, que después utiliza para planificar la fuerza y el esfuerzo de los músculos. Las imágenes mentales te permiten redefinir conscientemente estas predicciones y aumentar las percepciones del cuerpo de sus propias capacidades, mejorando las señales que enviará a los músculos y la coordinación del movimiento. Tal y como había mostrado el trabajo de Noakes, los atletas no suelen reclutar la mayoría de sus fibras musculares durante el esfuerzo máximo, pero la imagen podría animar al cuerpo a reunir más fibras que se habrían dejado sin usar.

Los escáneres cerebrales de atletas que realizan visualizaciones vívidas de sus eventos muestran que este ejercicio activa áreas de la corteza motora primaria y los ganglios basales que normalmente están implicados en movimientos de planificación y ejecución, mientras el cerebro calcula exactamente qué músculos deben ser estimulados y los efectos que tendrán en el cuerpo.[231] Y esta mejora de las expectativas se traducirá en una mejora del rendimiento real. Según esta teoría, las imágenes internas tienen más éxito que las imágenes externas porque provocan que hagas predicciones más detalladas de cómo te sentirás durante el ejercicio para que tu cuerpo pueda ejecutar los movimientos de forma más efectiva.

La práctica mental no puede, y no debería, reemplazar a la práctica física, por supuesto, pero permite que los atletas aprovechen al máximo sus períodos de descanso y que eviten una pérdida de fuerza después de una lesión.[232] Los músculos de una persona normalmente se debilitan cuando le colocan una escayola, por ejemplo, pero los científicos de la Universidad de Ohio han descubierto que unos minutos de práctica mental al día pueden reducir esas pérdidas a la mitad.[233] Para el resto de nosotros, la práctica mental debería ser simplemente una herramienta más para maximizar los beneficios de nuestro ejercicio. Si te parece que ir al gimnasio es un gran esfuerzo y quieres cambiar esta mentalidad sobre el ejercicio, visualizar regularmente sus beneficios podría hacer que todo el proceso fuera más atractivo. Varios estudios (en participantes adolescentes, de mediana edad y ancianos) han demostrado que practicar regularmente las imágenes mentales del ejercicio durante unos minutos cada semana puede aumentar la motivación y el disfrute de las personas sobre su rutina de ejercicios al igual que su rendimiento.[234]

Cuando lo pruebes, intenta no apuntar demasiado alto al visualizar tu rendimiento. Así evitas desilusionarte (cosa que reduciría tu motivación) o prepararte para un sobreesfuerzo que podría dar como resultado una lesión (la conexión entre la mente y el cuerpo llega hasta donde llega, si no hay un entrenamiento físico constante). Cuando visualices los ejercicios, intenta concentrarte también en las posibles sensaciones que esperas sentir durante el ejercicio: la sensación de estar motivado y animado en vez de cansado o agotado, por ejemplo. Igual que Phelps, estarás reprogramando la conexión entre la mente y el cuerpo, lo que te permite superar el esfuerzo mental que podría haber estado obstaculizando tu rendimiento, para que el ejercicio ya no parezca un reto insuperable.

LA FUERZA OCULTA

Todavía no conocemos todo el alcance de la influencia del cerebro sobre el rendimiento físico; sin embargo, las pruebas anecdóticas sugieren que podría ser realmente inmenso. Por ejemplo, en 2012, Alec Kornacki estaba a punto de morir aplastado por su BMW 525i mientras cambiaba un neumático cuando su hija Lauren, de veintidós años, levantó el coche y consiguió liberarlo. «Era como una mesa con una pata corta. Tiré hacia delante y hacia atrás y lo desplacé lo suficiente para sacar a mi padre de ahí», contó Lauren a ABC News.[235] Le hizo una reanimación cardiopulmonar y le salvó la vida.

El fenómeno de personas corrientes que muestran capacidades increíbles en tiempos de crisis se conoce como fuerza histérica y se ha señalado en personas de todas las edades, desde dos chicas adolescentes que liberaron a su padre de un tractor de mil trescientos kilos a un septuagenario que levantó un Jeep para salvar a su yerno.[236] Si estos eventos parecen acciones propias de Hulk, no es exactamente por causalidad. Por lo visto, el creador del cómic, Jack Kirby, creó el personaje inspirado al ver a una madre levantar un coche para salvar a un niño cuando el pánico liberó sus reservas de fuerza ocultas.[237]

Levantar un coche, aunque sea una distancia relativamente pequeña, normalmente queda fuera del alcance incluso del culturista más entusiasta. Entonces, ¿qué es lo que ocurre? Estas hazañas increíbles normalmente se explican por un subidón de adrenalina, pero según algunos científicos, se explican mejor mediante una explosión de energía que emerge del cerebro. Aunque la máquina de predicción normalmente compara sus recursos con las demandas de la situación y calcula con cuidado cuánto esfuerzo se puede permitir sin el riesgo de vaciamiento total o lesión, una gran urgencia emocional puede prevalecer sobre el control y la prudencia habituales del cerebro; básicamente, decide que la tarea es tan importante que vale la pena arriesgarse a que haya una lesión. En consecuencia, empieza a activar más fibras musculares de las extremidades, lo que produce una fuerza explosiva increíble.[238]

Manifestar fuerza histérica es peligroso: músculos desgarrados y dientes rotos son las consecuencias normales. Y precisamente por eso el cerebro normalmente tiene tanto cuidado a la hora de administrar nuestros esfuerzos y limitar nuestro trabajo excesivo, incluso cuando se trata de atletas participando en una competición decisiva y definitoria para sus carreras. Sin embargo, estas anécdotas proporcionan el recordatorio inesperado de que nuestras capacidades físicas suelen estar limitadas tanto por la mente como por el cuerpo. A menudo, no necesitamos ser capaces de levantar un coche, pero a la mayoría de nosotros nos iría bien un poco de ayuda en nuestra rutina de ejercicio. Si podemos utilizar el efecto de las expectativas para llegar aunque sea a una porción mínima de las reservas físicas que muestran Virenque, Phelps o Kornacki, todos podremos disfrutar de un futuro en el que estaremos más en forma.

Cómo pensar sobre... la forma física

- Antes de hacer ejercicio, piensa atentamente en tus objetivos para la sesión. ¿Cómo esperas sentirte al final? ¿Qué objetivos de rendimiento tienes? Quizás esperes fijar un nuevo récord personal o puede que estés buscando una mejora rápida del estado de ánimo. En cualquier caso, aumentarás tu motivación y ayudarás a calibrar la máquina de predicción para la actividad que se aproxima si defines lo que quieres de la actividad antes de empezar.

- Acepta cualquier apoyo mental que te ayude a sentirte bien sobre el ejercicio. Hay comida, bebida, ropa o canciones que harán que sientas más energía. Igual que con los ensayos abiertos controlados con placebo, aunque sepas que las ventajas proceden de creer, igualmente se cosechan beneficios; así que usa todas las ayudas que ofrecen las asociaciones personales.

- Cuestiona tus suposiciones sobre tu disposición innata hacia el deporte y el ejercicio. Recuerda que tus expectativas pueden ser más importantes que los factores genéticos conocidos para determinar tu respuesta fisiológica a un ejercicio.

- Reencuadra sensaciones de esfuerzo y trabajo excesivo. El dolor y la sensación de fatiga moderados son la prueba de que estás reforzando el cuerpo. Recuerda que este hecho puede hacer que todo el ejercicio sea más divertido y menos agotador.

- Reconoce la actividad física que realizas más allá del ejercicio normal (por ejemplo, las tareas domésticas, el trayecto de casa al trabajo o tus aficiones). Puedes hasta llevar un diario semanal de ello. Gracias a un efecto de las expectativas, puedes optimizar los beneficios fisiológicos de este ejercicio: simplemente prestándole más atención.

- Evita las «comparaciones de arriba a abajo», es decir, juzgarte a ti mismo duramente en comparación con otras personas. Esto haría que te formes impresiones negativas de tu propia forma física.

- Durante los períodos de descanso, dedica un momento a visualizarte realizando los ejercicios de tu próxima sesión de ejercicio. Así, aumentarás la fuerza de tus músculos y prepararás tu cerebro para un rendimiento mejor.

6

LA PARADOJA DE LA COMIDA

¿Por qué darse un capricho es esencial para comer de forma saludable?

Imagínate que estás pensando en hacer una dieta nueva para reducir las calorías que ingieres y poner freno a tu tendencia a picar entre horas. De los dos planes diarios siguientes, ¿cuál es más probable que te deje lleno y satisfecho? ¿Y cuál es más probable que te ayude a perder peso rápidamente?

Plan «superdelgado»
Comidas saludables para un futuro sano

Desayuno
Dos tostadas integrales con aguacate triturado
Smoothie de mango y piña (sin azúcar añadido)

Comida
Ensalada Niza con atún pescado con caña
Vaso de zumo de naranja orgánica recién exprimida

Cena
Pollo orgánico bajo en grasa y espárragos a la brasa

Snack opcional de recuperación posejercicio
Barra básica y saludable de granola

O:

Plan sibarita
Comidas deliciosas y fastuosas para maximizar el placer

Desayuno
Cruasán de mantequilla
Chocolate caliente picante mexicano

Comida
Espagueti *alla puttanesca* (tomates, anchoas y olivas)
Macedonia (piña, naranja, melón, mango, manzana y
arándanos)

Cena
Pastel de pescado con corteza de puré de patata cremoso
Ensalada de hojas mixtas
Premio opcional posejercicio:
Dos bocados de donut

Si alguna vez has hecho dieta, la dieta denominada «Superdelgado» probablemente te parezca una mejor opción para una pérdida de peso rápida. Sin la merienda de recuperación posejercicio (y suponiendo que el tamaño de las porciones sea estándar), sumaría alrededor de mil setecientas cincuenta calorías al día [239], una reducción decente para la persona media y suficiente para conducir a una pérdida de peso estable. Por supuesto, el inconveniente es que podría suponer menos satisfacción general.

En cambio, la dieta Sibarita parece llena de calorías. Empieza con un cruasán y chocolate caliente, espaguetis para comer, ¡y acaba con pastel! Seguro que no puede tener menos energía que la ensalada y el estofado de pollo, ¿verdad? Podrías elegir esta opción si quieres disfrutar de la vida, pero sin esperar que te ayude a perder peso rápidamente. Sin embargo, tiene todavía menos calorías que la otra dieta, solo mil seiscientas treinta y dos en total,[240] si no incluyes el *snack* después del ejercicio.

Cuando sí incluyes ese *snack*, la diferencia entre nuestras expectativas y la realidad aún es más extrema. La barra de cereales, que parece un *snack* «razonable», tiene tanto azúcar que contiene doscientas setenta y nueve calorías en total, más del doble de las ciento diez calorías de los dos bocados de donut.

Si te sorprenden estas cifras, no eres el único: los estudios muestran que, en general, nos cuesta calcular el número de calorías que tiene la comida, y somos muy propensos a subestimar el contenido de los productos que el marketing anuncia como comida saludable con eslóganes como «simple», «sano» y «sin remordimientos».

La consecuencia más obvia es que puede que conscientemente decidamos que tenemos licencia para comer un poco más al pensar que hemos consumido menos de lo que hemos hecho en realidad. Sin embargo, los verdaderos efectos pueden llegar mucho más lejos. Debido a la influencia del procesamiento predictivo del cerebro, nuestras expectativas de los nutrientes de una comida también influirán directamente en la respuesta de nuestro cuerpo a la comida, lo que incluye la digestión (la descomposición y absorción de nutrientes en los intestinos) y el metabolismo (el uso de ese combustible para alimentar a nuestras células). Cuando pensamos que tomamos menos calorías de las que ingerimos realmente, el cuerpo responde como si fuera verdad: se siente menos saciado para que experimentes ataques de hambre mucho peores y deja de quemar tanta energía para preservar sus reservas de grasa existentes. Experimentas una privación sensorial que puede complicar mucho más la pérdida de peso con una dieta aparentemente espartana que cuando disfrutas de tu comida casera favorita.

Independientemente del plan de dieta que sigamos, este efecto de las expectativas tiene el potencial de hacer que nuestra pérdida de peso sea mucho más dura de lo necesario. Por lo tanto, si queremos mantener un peso sano, no solo tenemos que cambiar lo que comemos, sino también toda nuestra forma de pensar y hablar sobre la comida que estamos ingiriendo. Y una parte clave de eso es evitar considerar que «sano» y «placentero» es una dicotomía, y reconocer que la satisfacción debería ser un ingrediente esencial en todas las comidas.

EN BUSCA DE LAS COMIDAS PERDIDAS

Para comprender cómo influyen las predicciones de nuestro cerebro en el hambre, la digestión y el metabolismo, primero debemos examinar el hambre voraz de uno de los pacientes más famosos de la neurología, Henry Molaison.[241] Nacido en Connecticut en 1926, Molaison fue un chico de clase media sano hasta que, al final de la infancia y principio de la adolescencia, sus padres y profesores se fijaron en que a menudo «desconectaba» en mitad de una conversación durante unos noventa segundos, con la mirada perdida. Los médicos le diagnosticaron un tipo de epilepsia. A los quince años aproximadamente, Molaison empezó a tener ataques mucho más violentos, con convulsiones rítmicas del cuerpo que le dejaban temblando y retorciéndose en el suelo.

Los ataques epilépticos están causados por estallidos repentinos de actividad eléctrica que hacen que las neuronas se comuniquen entre sí. Cuando Molaison no respondió a la medicación, su equipo decidió extirpar una parte de cada lóbulo temporal, donde se consideraba que se originaban los ataques. Funcionó: Molaison dejó de experimentar aquellos ataques tan graves que habían atormentado su vida, pero pronto fue evidente que aquel alivio se había logrado a costa de un gran sacrificio. Aunque Molaison podía recordar eventos de su pasado, había perdido por completo la habilidad de crear recuerdos nuevos. Por ejemplo, en el hospital, Molaison veía a las mismas personas una y otra vez y nunca recordaba haberlas visto antes. Le podías contar algo sorprendente por la mañana, y se quedaría igual de atónito si se lo volvías a decir al mediodía, como si lo oyera por primera vez; en palabras de la neurocientífica Suzanne Corkin, vivía «en un tiempo presente permanente».

Durante las décadas posteriores, los estudios de Molaison (conocidos en la literatura médica por sus iniciales H.M.) revolucionaron totalmente nuestra comprensión de cómo funciona el cerebro. Él permitió que los científicos relacionaran la formación de la memoria con un área del cerebro conocida como hipocampo, que había sido gravemente dañada en su operación, y mostró que podemos aprender habilidades de manera inconsciente incluso cuando no tenemos un recuerdo explícito del acto de aprendizaje en sí. Pocas personas han tenido tanta influencia en la neurología y la psicología como Molaison, que murió en 2008. Ahora es una celebridad para los estudiantes de ciencias de todo el mundo.

Sin embargo, es menos conocida su contribución a la comprensión del apetito. Los científicos que estudiaban a Molaison hacía tiempo que habían detectado que rara vez decía que tuviera hambre, pero siempre parecía dispuesto a comer.[242] Al principio de la década de 1980, Nancy Hebben, de la Universidad de Harvard, y sus colegas decidieron hacer pruebas al respecto pidiéndole que puntuara su saciedad en una escala de cero (hambriento) a cien (totalmente lleno) antes y después de las comidas. Si nuestro apetito estuviera dirigido sobre todo por las señales del estómago, esperarías que la puntuación subiera después de comer; el déficit de memoria de Molaison no debería haber afectado a cómo de lleno se sentía. Sin embargo, Molaison dio la misma puntuación (alrededor de cincuenta) en ambos momentos. Al estar bloqueado en el «presente permanente», su hambre no parecía cambiar nunca.

Para ver si su déficit de memoria también cambiaría su comportamiento respecto a la comida, los científicos llevaron a cabo un experimento a la hora de cenar. Después de que Molaison hubiera comido, el personal que lo atendía en la residencia le quitó la mesa y, al cabo de un minuto, le dieron una segunda comida. Por increíble que parezca, se la comió casi toda, solo dejó la ensalada. Incluso en aquel momento, solo mostró un aumento moderado de la saciedad, mientras que la mayoría de las personas experimentarían una pérdida total del apetito después de dos comidas sustanciales.[243] Al no recordar lo que había comido, parecía no poder regular su consumo.

Molaison podría haber sido una excepción, por supuesto; sin embargo, estudios de otras personas amnésicas desde aquel momento llegan a conclusiones similares. «Es realmente increíble verlo —dice Suzanne Higgs, de la Universidad de Birmingham (Reino Unido), que ha realizado parte de esta investigación. Recuerda a un paciente que miraba el reloj cuando ella le preguntaba si quería comer—. Era como si él no pudiera saber si tenía hambre o no, y esa era su única forma de saber si era apropiado comer». Otro participante amnésico (no de Higgs) demostró tener un hambre tan voraz después de dos grandes comidas que estaba dispuesto a comer una tercera vez; con miedo al impacto sobre la salud que tendría dejarle comer tanta comida, los científicos decidieron retirarle el plato después de que hubiera tomado unos bocados.

¿Cómo era posible? Sin duda, el apetito procede en parte de la actividad del sistema digestivo, la fuente de información descendente. Cuando comemos, la barriga empieza a estirarse para hacer sitio para la comida. Tenemos sensores en los músculos que rodean el esófago y el tracto gastrointestinal que pueden detectar ese movimiento. Pasan sus señales a través del nervio vago al cerebro y ayudan a crear una sensación de recompensa y satisfacción cuando estamos llenos (o una sensación de hinchazón cuando hemos comido demasiado).[244] El estómago también tiene sus propios receptores químicos que pueden detectar la presencia de nutrientes como grasa o proteína y que, cuando se les estimula, liberan hormonas que frenan el hambre. [245]

Sin embargo, las experiencias de los pacientes amnésicos como Molaison sugieren que estas señales sensoriales solo nos pueden dar una estimación aproximada de lo mucho que hemos comido. Al parecer, la máquina de predicción debe recurrir a otras fuentes de información descendentes (como la memoria y la expectativa) para dar sentido a la información que procede del estómago y crear la sensación de hambre o saciedad. Sin la capacidad de formar un recuerdo de las comidas del día, el cerebro de Molaison no era capaz de contextualizar las señales corporales de esa forma, lo que significaba que nunca se sentía totalmente saciado después de comer.

Es razonable que nos preguntemos qué importancia tienen estos descubrimientos para nuestra vida actual. Pero no hace falta sufrir daños cerebrales para tener mala memoria, e incluso un olvido leve parece hacer que comamos en exceso. [246] De hecho, investigadores como Higgs han demostrado que incluso pequeños cambios en la forma en la que pensamos en la comida (pasados y presentes) pueden modificar la evaluación del cerebro respecto a lo que ha comido, con efectos profundos en nuestro apetito.

En un experimento memorable, Higgs invitó a un grupo de estudiantes a su laboratorio después de comer para hacer una prueba de sabor de unas galletas. Debían rellenar un par de cuestionarios y después podían consumirlas libremente. Higgs vio que el mero hecho de decir a los sujetos que recordaran lo que habían comido (debían pasar unos minutos anotando lo que recordaban haber comido) reducía su consumo total aproximadamente un cuarenta y cinco por ciento, en comparación con los participantes que escribían sobre sus ideas y sensaciones generales y no sobre lo que recordaban haber comido. Era una diferencia de unas cuatro galletas por persona. No fue el caso para los estudiantes que escribían sobre una comida del día anterior (un evento más distante que habría tenido poco efecto en su sensación de saciedad en aquel momento). Eran las expectativas de saciedad actual, basadas en la memoria reciente, lo que parecía importar.[247]

El papel de la memoria y la expectativa para crear sensación de saciedad también explica por qué la apariencia de la comida puede influir desmesuradamente en cuánto comemos. En 2012, un equipo de la Universidad de Bristol mostró a los participantes un bol que podía contener de trescientos a quinientos mililitros de crema de tomate y les pidieron que se la comieran. Sin que los sujetos lo supieran, el bol estaba manipulado. Una pequeña bomba podía aumentar o reducir la cantidad de crema que consumían en realidad. En consecuencia, algunos participantes creían que se estaban comiendo quinientos ml de crema, una porción relativamente grande, cuando en realidad estaban comiendo una más estándar de trescientos ml, y viceversa. En efecto, el hambre de los participantes, durante las tres horas siguientes, estuvo determinada en gran medida por lo que habían recordado y visto y no por la cantidad que habían consumido realmente. Si habían comido trescientos ml, pero habían visto quinientos ml en el bol, sentían mucha menos hambre que los participantes que habían comido más pero habían visto menos. Su sensación de estar llenos y satisfechos era casi totalmente resultado de su saciedad esperada: es decir, se basaba en su memoria visual de lo que creían haber comido y no en la comida que habían consumido realmente.[248]

Se pudo ver exactamente la misma respuesta con estudiantes que habían sido llevados a un laboratorio para comer una tortilla para desayunar. Antes de completar los cuestionarios, les enseñaron los ingredientes de la tortilla y les pidieron que confirmaran que no eran alérgicos a ninguno de ellos. El toque fue que mostraron a algunos sujetos solo dos huevos y treinta gramos de queso, y, a otros, cuatro huevos y sesenta gramos de queso. En realidad, todos los participantes comieron una tortilla de tres huevos con cuarenta y cinco g de queso, pero la presentación inicial cambió su saciedad y hambre durante las horas posteriores. Gracias a una saciedad esperada menor, los que habían visto dos huevos y un trozo de queso más pequeño, más tarde comieron una cantidad mayor de pasta del bufet durante la comida en comparación con los que habían visto una cantidad más generosa de ingredientes.[249]

Muchos de nosotros creamos recuerdos de comida imprecisos como este todos los días, con serios efectos en nuestra cintura. El hábito poco saludable de trabajar, ver la televisión o navegar por internet mientras se come puede ser una distracción que impida que se forme un recuerdo de la comida que hemos consumido, lo que reduce nuestra expectativa de sentirnos saciados. «De hecho, es análogo a lo que vemos con los pacientes amnésicos porque no eres capaz de codificar los recuerdos de esas comidas nuevas» dice Higgs, que ha investigado este fenómeno. En consecuencia, no solo comemos más durante la comida en sí, sino que también picamos más durante las siguientes horas.[250]

A su vez, está la presentación de los alimentos procesados, que a menudo puede alterar nuestra capacidad para evaluar con precisión el contenido de lo que estamos consumiendo. Nuestros antepasados probablemente tuvieran una idea mucho mejor de los ingredientes que conformaban su plato. Cuando compramos comida y bebida preparadas, no sabemos bien las verdaderas cantidades de ingredientes que hay. Por ejemplo, un *smoothie* contiene muchas porciones de fruta, pero parece mucho más pequeño en la botella. Cuando el cerebro calcula su ingesta diaria, recuerda haber tomado mucho menos que si se hubiera comido el bol de fruta entera que se ha puesto en el *smoothie*, creando la expectativa de hambre más tarde ese día.[251]

El marketing que rodea la comida supuestamente saludable también puede distorsionar la estimación del cerebro sobre lo que ha comido. Una comida puede llevar la etiqueta «baja en calorías» aunque tenga un contenido elevado de azúcar, simplemente porque hayan reducido ligeramente la grasa en comparación con el producto estándar, por ejemplo. El resultado es que después tenemos más hambre. Varios estudios confirman que exactamente la misma comida (como una ensalada de pasta) conducirá a una menor saciedad cuando se etiqueta de «saludable» que cuando se denomina «abundante», gracias a la expectativa de que será menos satisfactoria. [252] De hecho, la asociación profundamente arraigada entre la idea de comer sano y la sensación de hambre puede ser tan fuerte que picar algo sano puede ser peor que no comer nada en absoluto. Por ejemplo, los participantes a los que se les dio una barra de proteínas con sabor a chocolate «saludable» no solo estaban menos satisfechos que las personas que se habían comido la barra cuando se etiquetó de «sabrosa» (ver más abajo) sino que, de hecho, tuvieron más hambre que la gente que no había comido nada en absoluto. [253]

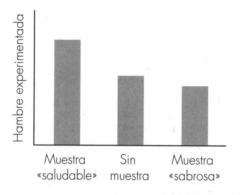

Hambre después de una barra de chocolate
«sabrosa» y «saludable»

Estos efectos de las expectativas ya serían perjudiciales para cualquier persona que haga dieta, pero, como ahora veremos, las consecuencias no acaban con nuestra sensación subjetiva de saciedad; nuestras creencias sobre lo que hemos comido también pueden influir en nuestra digestión y en nuestro metabolismo. A través del poder de la conexión mente-cuerpo, nuestras actitudes con la comida incluso pueden determinar lo bien que absorbamos los nutrientes cruciales, como el hierro, que son esenciales para nuestra salud.

LA MENTE POR ENCIMA DEL BATIDO

En los experimentos que examinan la digestión, los batidos son un clásico. Una razón es su palatabilidad; te costará encontrar a alguien a quien no le gusten, sobre todo entre la población estudiantil que forma la mayor parte de los sujetos del experimento. Otra razón es su capacidad para disfrazar su contenido: en cuanto los ingredientes se mezclan a la velocidad del rayo en un robot de cocina, es mucho más difícil adivinar qué llevan exactamente. Esto hace que sea mucho más fácil para los científicos manipular las expectativas de los participantes sin que haya otros factores (como la familiaridad con un alimento concreto) que sesguen sus respuestas.

Un estudio excepcional examinaba los efectos de las expectativas en las respuestas a la grelina de los sujetos. La grelina es una hormona secretada por el estómago cuando está vacío que se adhiere a los receptores del hipotálamo (una región del cerebro que participa en la regulación de muchas funciones corporales). La grelina a menudo es denominada la hormona del hambre porque estimula nuestro apetito. Está en su punto máximo justo antes de que estemos a punto de comer, y en el mínimo justo después de una comida. Pero quizás se ve mejor como reguladora de energía. Cuando los niveles de grelina son elevados, el cuerpo reduce su tasa metabólica en reposo (para quemar menos energía en general) y empieza a preservar su grasa corporal en caso de mayor escasez. También puede dejarnos aletargados, para que «desperdiciemos» menos energía con el ejercicio. En cambio, cuando los niveles de grelina son más bajos, el índice metabólico aumenta y es más probable que liberemos algo de energía almacenada para usarla, sabiendo que hay más suministros en camino, y pasaremos a estar más activos físicamente. De este modo, la grelina ayuda a equilibrar nuestra entrada y salida de energía para garantizar que nunca nos quedemos sin combustible.[254]

Al principio de la década de 2010, Alia Crum y sus colegas de Yale y de la Universidad Estatal de Arizona invitaron a unos participantes al laboratorio en dos ocasiones distintas para probar distintas recetas de batido.

Uno llevaba una etiqueta con unas letras grandes «DATE UN CAPRICHO: LA DELICIA QUE MERECES». Su etiqueta animaba al comensal con estas palabras:

Disfruta de esta mezcla rica y cremosa de todos nuestros ingredientes de calidad superior: helado suntuosamente suave, leche entera satinada y vainilla dulce. Es el cielo en una botella, irresistiblemente gratificante. ¡Suave, rico y delicioso!

Respecto a la información nutricional, tenía seiscientas veinte calorías en total (doscientas setenta de las cuales eran grasas). Incluía una foto de un vaso de cristal lleno de helado, crema de chocolate y virutas.

El otro se llamaba «Batido Razonable para una satisfacción sin remordimientos»:

Sé sensato con el nuevo, ligero y sano Batido Razonable. Con todo el sabor, sin remordimientos: sin grasas, sin azúcar añadido y con solo ciento cuarenta calorías. El Batido Razonable es tan ligero y sabroso que puedes disfrutarlo todos los días.

La ilustración de este batido era de una flor de vainilla de aspecto insípido, el sabor de la bebida.

En realidad, los batidos de ambos días eran exactamente el mismo. Contenían trescientas ochenta calorías cada uno. Para medir la respuesta de grelina de los participantes a esas expectativas fabricadas, el equipo de Crum tomó muestras de sangre a intervalos regulares antes y después de que hubieran leído el material de marketing, y después de que hubieran bebido los batidos. En el caso del capricho «suave, rico y delicioso», los niveles de grelina cambiaban exactamente como uno esperaría después de una comida abundante, un descenso acorde con los efectos esperados en el hambre. En cambio, en el caso del batido «razonable» y «sin remordimientos», los niveles de grelina apenas cambiaron.

Con un simple cambio de mentalidad y sin alteración real del contenido nutricional del batido, el equipo de Crum parecía haber cambiado los perfiles hormonales de los participantes: en un caso, hizo que tuvieran una saciedad mayor y un aumento del metabolismo; en otro, los preparó para tener más hambre y redujo su metabolismo.[255] «Cuando una persona piensa que está comiendo de forma saludable, lo asocia con una sensación de privación —concluye Crum[256]— y esa mentalidad importa a la hora de modelar nuestra respuesta fisiológica».

Los efectos inmediatos de esta mentalidad también se pueden apreciar en las áreas del cerebro asociadas con la regulación de energía. Las personas que toman una bebida baja en calorías etiquetada como «capricho» muestran una respuesta más pronunciada en el hipotálamo, por ejemplo, en comparación con quienes toman una bebida «sana». De hecho, la respuesta a la etiqueta «capricho» era muy parecida a la actividad observada cuando los participantes bebían un batido de Ben & Jerry alto en calorías.[257] Basándose solo en información verbal, el cerebro aparentemente ajustaba su ingesta y gasto de energía prevista, sin tener en cuenta el contenido real del vaso.

Otros estudios han revelado que nuestras expectativas sobre la comida pueden moldearlo todo, desde el movimiento de la comida en el intestino a nuestra respuesta de insulina. Veamos un ingenioso estudio efectuado por unos investigadores de la Universidad Purdue en West Lafayette (Indiana) que querían entender por qué las bebidas azucaradas no sacian el apetito. Al fin y al cabo, una botella de Coca-Cola tiene tantas calorías como un donut, pero, debido a nuestras pocas expectativas, después de bebérnosla, tenemos la misma hambre que antes y no compensamos la ingesta de energía reduciendo nuestro consumo más adelante ese día. Igual que en el caso de la habilidad de Henry Molaison para comer sin parar y no quedar satisfecho, era difícil de explicar ante la creencia de que el hambre surge solo de la sensación química de nutrientes en el estómago. Pero los investigadores de Purdue sospechaban que esto se debía a la suposición generalizada de que los líquidos contienen menos calorías que la comida y que son menos saciantes; una expectativa que influye directamente en la forma en la que son digeridos y que incluye la cantidad de tiempo que se mantienen en el estómago.

En una parte del experimento, los participantes recibieron una bebida con sabor a cereza, pero, antes de que la bebieran, los investigadores hicieron una de estas dos demostraciones de cómo reaccionaría la comida cuando se encontrara con el ácido gástrico en el sistema digestivo. A unos sujetos les mostraron la bebida mezclándose con otro líquido sin cambiar de forma, mientras que a otros les enseñaron el líquido solidificándose y formando una masa, un proceso que hacía que el contenido en nutrientes pareciera más tangible y sustancial. Los efectos de la manipulación fueron evidentes a juzgar por los comentarios informales de los participantes, que los investigadores registraron mientras llevaban a cabo el experimento. Los que creían que la bebida seguía siendo líquida en el estómago declaraban sentirse muy poco saciados con lo que habían bebido («Ha pasado a través de mí»), mientras que los que creían que el líquido se podía transformar en sólido se sentían mucho más llenos. «Parece que me haya tragado una piedra», dijo uno. «Es muy sorprendente, me siento como después de una comida copiosa», dijo otro. Un participante dijo que estaba tan lleno que le costó acabarse el vaso.

Igual que descubrió Crum, estos sujetos declaraban sensaciones que se reflejaban en varias mediciones objetivas. Después de tomar la bebida, los participantes también tragaban un rastreador químico que permitía a los científicos hacer un seguimiento del camino que hacía la bebida a través del tracto digestivo. Cuando los participantes creían que el líquido había adoptado una forma más sólida, tardaba más tiempo en pasar de la boca al intestino grueso. Al mantener la comida en el estómago más tiempo, esta transición más lenta podría explicar por qué estos participantes se sentían más llenos durante más tiempo. En consecuencia, era menos probable que los participantes picaran algo después, con lo que consumían alrededor de cuatrocientas calorías menos durante el día en comparación con quienes creían que la bebida seguía siendo un líquido dentro del estómago.[258]

En el día a día, las características sensoriales de una bebida (tanto si es densa y cremosa como si es fluida como el agua) influirán en las expectativas de saciedad. Tras varios experimentos, se ha revelado que, cuanto más viscoso es un líquido, más pensamos que nos va a llenar y más pronunciada es la respuesta fisiológica que damos.[259]

Los científicos todavía intentan entender la verdadera influencia de nuestras expectativas en la digestión, pero un estudio poco valorado de la década de 1970 sugiere que los efectos pueden influir incluso en nuestra absorción de vitaminas y minerales. Los científicos en cuestión examinaban la deficiencia de hierro en Tailandia, ya que se sabía que ahí era más frecuente que en muchos otros países. En sus primeros experimentos, utilizaban una versión picada de una comida tailandesa para ofrecer el nutriente, y observaron que la absorción era mucho menor de lo que se podía esperar, teniendo en cuenta los niveles de hierro que se había dado a los participantes; simplemente, no parecía factible que sus cuerpos pudieran absorber tan poco nutriente de la comida sin tener un problema serio de salud, y habría provocado una anemia mucho peor de la que experimentaban realmente. Esto llevó a los investigadores a preguntarse si la presentación de la comida (una papilla relativamente poco apetecible) había distorsionado sus resultados. Al fin y al cabo, parecía el tipo de comida que se da a los bebés que se están destetando y es difícil que sea la comida que disfrutan la mayoría de los adultos.

Para probar esta hipótesis, los investigadores decidieron comparar directamente dos variantes de la misma comida: un curry vegetal tailandés tradicional y una versión «homogeneizada» que se había pasado por un robot de cocina. Los resultados fueron sorprendentes: de media, los participantes absorbieron el setenta por ciento más de hierro cuando la comida se presentaba con la forma tradicional en comparación con la pasta «homogeneizada».[260] El equipo también examinó si el efecto también estaría presente en otras culturas, así que llevaron a cabo la misma prueba con sujetos suecos que comían algo típicamente occidental: una hamburguesa con puré de patatas y judías verdes. De nuevo, la absorción de hierro era mucho mayor cuando la comida se servía en una comida reconocible frente a lo que ocurría con la papilla.[261]

En estos experimentos, la presentación de la comida (y la actitud resultante de los participantes respecto a la misma) alteró profundamente sus efectos en el cuerpo. Cuando la comida se presenta de una forma que resulta poco familiar o poco apetecible, dejamos de tener expectativas de satisfacción y disfrute, cosa que podría tener un efecto inmediato de liberación de jugos gástricos que nos ayudan a obtener los beneficios de sus cualidades.

Muchas personas (incluidos los autoproclamados gurús de la dieta) consideran que comer es un proceso puramente químico, como si simplemente estuviéramos echando combustible a un motor. Pero todos estos experimentos muestran que exactamente el mismo elemento puede ser nutritivo y saciante o poco saciante y nutricionalmente vacío, en gran medida debido a nuestro recuerdo de lo que hemos comido, nuestras impresiones de lo que contiene y los significados que le damos.

COMIDAS LLENAS DE SIGNIFICADO

Contemplando las historias que se esconden detrás de estas ideas, volvía a sorprenderme que la ciencia convencional hubiera tardado tanto en investigar el papel de la expectativa en la dieta y la nutrición. Hace más de un siglo, el científico ruso Ivan Pavlov descubrió que podía entrenar perros para que asociaran comida con ciertas señales, como una bocina, un silbato o una luz intermitente (por lo visto, es un mito que usara una campana [262]). Con el tiempo, la señal bastaba para que el perro salivara sin que la comida estuviera presente, con la liberación de enzimas en la boca que ponían en marcha la descomposición de la comida en sus nutrientes absorbibles. Es un efecto básico de las expectativas, pero pocos científicos hicieron un seguimiento de su trabajo para explorar cómo pensar de una forma más amplia sobre la comida podría influir en la digestión.

Incluso algunas señales sobre el efecto que tiene el cerebro en el apetito y la digestión han pasado desapercibidas en los estudios del efecto placebo en medicina. Los pacientes a los que se les ha hecho creer que han sido sometidos a una operación quirúrgica para la obesidad (como el grapado estomacal o el balón gástrico) a menudo experimentan una reducción del apetito y una pérdida de peso sustancial aunque hayan recibido un tratamiento falso; en líneas generales, declaran alrededor del setenta por ciento de los beneficios vistos en personas que se habían operado de verdad. [263] La investigación sobre la saciedad esperada y sus efectos psicológicos ofrece una extensión muy natural de estos descubrimientos, pero los científicos tardaron décadas en hacer la conexión. En retrospectiva, parece absurdo haber pasado por alto los elementos intelectuales, emocionales y culturales de lo que comemos, mientras nos centramos exclusivamente en el contenido nutricional bruto de la comida.

Este retraso ha sido una gran pérdida para la salud mundial, ya que una comprensión del papel de la expectativa podría ofrecer nuevas herramientas en nuestra lucha contra la obesidad, que actualmente afecta al trece por ciento de los adultos en todo el mundo. [264] Muchas autoridades sanitarias continúan lanzando campañas que promocionan la comida sana, pero han fallado a la hora de considerar de qué forma las creencias de una persona sobre la comida y la nutrición pueden sabotear sus intentos de perder peso.

172 • SUPERA TUS EXPECTATIVAS

Puedes hacer una prueba. En cada una de estas parejas de comida, ¿la primera columna tiene más, menos o aproximadamente la misma cantidad de calorías que la segunda?

Una hamburguesa normal del McDonalds	240 gramos de bacalao del atlántico a la plancha
Un vaso de yogur bajo en grasa	2/3 de vaso de helado
Un plátano	4 Hershey's Kisses

En realidad, el contenido calórico es muy similar, pero la mayor parte de la gente cree que la hamburguesa, el helado y los *Hershey's Kisses* son mucho más calóricos que el plátano, el yogur bajo en grasa y el bacalao a la plancha, sobrestimando y subestimando el verdadero contenido de la comida incluso hasta en un cincuenta por ciento. Y errores como este suponen una diferencia real en el peso de la gente; cuanto mayor es el desequilibrio de sus estimaciones, mayor es su peso.[265]

Cuando unos investigadores examinen nuestras asociaciones con distintos productos, verán que es más probable que la gente relacione comidas como el brócoli o el salmón con palabras como «hambre» o «morirse de hambre», asociaciones que reducirían su saciedad esperada y aumentarían su hambre al poco tiempo.[266] Mientras tanto, las encuestas piden a los participantes que clasifiquen frases como las siguientes:

En una escala de uno (completamente en desacuerdo) a cinco (completamente de acuerdo), piensas que:
- Para tomar una comida saludable, normalmente sacrificamos el sabor.
- Es imposible que una comida sea más saludable sin sacrificar el sabor.
- Las cosas que son buenas para mí, rara vez están ricas.

Los investigadores observaron que había una correlación clara entre las respuestas a estas frases y la propensión de la persona a ganar peso: cuanta más puntuación tenga una persona (es decir, más completamente de acuerdo estén con estas tres frases), mayor es su índice de masa corporal, una medida de peso relativa a la altura y uno de los mejores indicadores de acumulación de grasa poco saludable.[267]

En el pasado, podríamos haber imaginado que estas personas tenían un autocontrol bajo (simplemente no querían renunciar al placer momentáneo de la comida), pero la investigación sobre el efecto de las expectativas sugiere que la verdad es más complicada.[268] Imagina que visitas al médico y te dice que tienes riesgo de obesidad. Puedes responder con buenas intenciones y comprar un montón de comida baja en calorías, pero la idea en sí de que es «saludable» (y todas las connotaciones que tiene la palabra), te prepara para sentir privación, con efectos directos en tu fisiología. Después de cada comida, puede que tengas niveles más elevados de grelina, la «hormona del hambre», corriendo por el cuerpo, y puede que incluso el estómago vacíe su contenido más rápido, lo que significa que tendrás un hambre voraz y una ansiedad por comer más intensa. La creencia de que hacer régimen es inherentemente difícil se convertirá en una profecía autocumplida. Cuando se enfrenta a dificultades de este calibre, no es sorprendente que incluso a alguien con mucha fuerza de voluntad le cueste hacer un cambio duradero en su forma de comer.

Pronto explicaré cómo podemos superar estos retos individualmente. Sin embargo, el hecho es que nuestro entorno nos empuja constantemente a hacer estas suposiciones y tenemos que aprender a detectar mensajes que crean la mentalidad de privación como el marketing de comida que sigue reforzando la creencia de que la comida saludable es inherentemente menos satisfactoria. En 2019, Alia Crum analizó los menús de veintiséis restaurantes de diferentes cadenas estadounidenses que ofrecían opciones de comida saludable y examinaron las palabras que utilizaban para describir distintos tipos de comida. Descubrió que era mucho más probable que las descripciones de las ofertas estándar incluyeran vocabulario que sugería emociones de disfrute («alocado, divertido»), vicio («peligroso, pecaminoso»), exceso («felicidad, suculento, se hace la boca agua»), sensaciones de textura («crujiente, cremoso, esponjoso») y sabor («picante, sabroso»). Todos estos adjetivos deberían sugerir una experiencia satisfactoria. En cambio, era más probable que la comida saludable contuviera palabras que evocaran simplicidad («sencilla, suave»), delgadez («ligera, *skinnylicious*») y privación («sin grasas, bajo en carbohidratos»). Estas descripciones hacían referencia a todas las cosas que esas comidas no eran, es decir, preparaban exactamente el tipo de mentalidad de privación que ampliará tu hambre y te enviará directamente al tarro de las galletas en pocas horas.[269]

Los menús de restaurante (y los textos gastronómicos en general) no tienen por qué ser así. Tal como señalan Crum y sus colegas, se podría dar más sabor a las descripciones de los platos de verdura, por ejemplo, con descripciones sensuales y emotivas que evoquen capricho y disfrute: «sabrosos boniatos con cúrcuma y jengibre», «judías verdes dulces y espectaculares, y chalotas crujientes» y «bocados de calabacín caramelizado asado a fuego lento» en vez de «boniatos sin colesterol», «judías verdes ligeras y bajas en hidratos con chalotas» y «calabacines ligeros». Además de hacer que esas verduras sean más apetecibles en ese momento (aumentando su consumo un veintinueve por ciento, según un estudio de Crum), también ayudaría a garantizar que el comensal tenga menos probabilidad de picar algo después.[270] Unos investigadores de la Universidad de Bristol han averiguado que el mero hecho de añadir las palabras «más lleno durante más tiempo» en un yogur aumentaba significativamente la saciedad de la persona hasta en tres horas.[271]

Mientras los investigadores continúan explorando de qué formas afectan nuestras expectativas a la digestión, será especialmente importante reconocer la importancia de factores como la pobreza, que también puede cambiar la forma en la que percibimos ciertas comidas. Un estatus socioeconómico bajo es un factor de riesgo conocido para la obesidad y hay muchas explicaciones potenciales para ello: el coste relativamente alto de los productos frescos en comparación con el de los platos precocinados, falta de tiempo para preparar comida nutritiva y falta de acceso a atención sanitaria, así como a otros apoyos que puedan guiar a alguien en su intención de perder peso. Pero hay estudios recientes de Singapur que sugieren que un efecto de las expectativas, que procede de la sensación de la inseguridad financiera, también puede tener una función significativa. Cuando a las personas se las prepara para sentirse más pobres, y menos seguras, tienden a comer *snacks* más dulces y a optar por porciones más grandes.[272] Y esto parece corresponderse con cambios observables en la respuesta hormonal a la comida del cuerpo y la mente.

Primero, se pidió a los participantes que hicieran un test de aptitud, que podría predecir ostensiblemente sus ingresos y su futuro éxito profesional. En realidad, el *feedback* era falso: dijeron a todos que su puntuación estaba en el diecinueve por ciento, con lo que los preparaban para tener miedo a encontrarse con dificultades en la competitiva sociedad de Singapur. Para destacar y ampliar estas preocupaciones, los investigadores presentaron a los participantes la foto de una escalera y les dijeron que representaba la estructura social de Singapur. Su tarea era decidir dónde pensaban que irían en la escalera y compararse con las personas de la parte más baja. «Piensa en cómo las DIFERENCIAS ENTRE VOSOTROS podrían impactar en lo que habláis, en cómo es probable que vaya la interacción, y qué os podríais decir tú y la otra persona mutuamente», les decían. Después de acabar esta tarea, los participantes recibían un batido, y se les hacía un análisis de sangre en momentos concretos antes y después.

Los resultados eran muy similares a los efectos vistos en el original estudio de Crum sobre las etiquetas de la comida, salvo que, en este caso, eran las sensaciones de las personas de inseguridad social y financiera las que las habían preparado para la sensación de privación, lo que, a su vez, influía en su respuesta hormonal. Los participantes que, debido al *feedback* falso, se habían colocado abajo en la escalera social de Singapur, tendían a mostrar niveles de grelina superiores cuando recibían el *snack* y se sentían menos llenos en consecuencia. Sus cuerpos parecían estar preparados para alimentarse y almacenar grasa.[273] Los participantes fueron informados después del experimento para que no sufrieran ningún efecto a largo plazo, pero si vivieras con sensaciones similares de vulnerabilidad durante años sin parar, esta alteración de la respuesta hormonal podría inclinarse hacia la obesidad, incluso si la comida que eliges es relativamente saludable.

En nuestro pasado evolutivo, esto habría sido una respuesta adaptativa inteligente frente a la adversidad: si nos preocupan nuestros recursos en el futuro, tenemos que asegurarnos de aprovechar al máximo lo que tenemos hoy en día, así que tiene sentido comer más mientras podamos y ralentizar nuestro metabolismo para tener reservas. Se pueden observar respuestas similares en otros animales sociales: los que están en el extremo más bajo de la jerarquía tienden a comer más cuando surge la oportunidad y queman energía con menos rapidez, lo que les permite almacenar grasa en caso de que acaben enfrentándose a escasez en el futuro. Todo esto en el pasado nos habría protegido en nuestra vulnerabilidad, pero, en la sociedad «obesogénica» de hoy en día (donde la comida alta en calorías es relativamente barata y está fácilmente disponible), es probable que estas respuestas conduzcan a una salud peor.

LA MENTALIDAD DE DARSE UN CAPRICHO

Si estamos intentando cambiar nuestra dieta, ¿cómo podemos aplicar estos descubrimientos? Aunque la nueva investigación no se inclina hacia ninguna dieta en particular, muchos regímenes implican algún tipo de restricción calórica y varios principios psicológicos pueden facilitar ese proceso, frenando los antojos y a la vez garantizando que obtengas más placer y satisfacción de tu comida. El paso más obvio es intentar evitar las calorías líquidas de bebidas azucaradas. Como hemos visto a lo largo de este capítulo, la expectativa de saciedad de la mayoría de las bebidas es muy baja, lo que significa que es poco probable que reduzca los antojos posteriormente. Cuando intento perder peso, intento evitar incluso los zumos y *smoothies*, ya que me llenarán menos que la comida sólida. Si no puedes vivir sin ellos, como mínimo intenta hacerlos tú en vez de comprarlos embotellados porque así eres más consciente de los sólidos que los conforman: la investigación sugiere que este simple paso podría tener un efecto significativo en tu saciedad total.[274]

Hay que ser especialmente cuidadoso con las bebidas isotónicas para recuperarse después de hacer deporte porque tienen un contenido muy elevado de azúcar. Según un estudio, un único batido puede contener mil doscientas calorías (alrededor de la mitad de la ingesta diaria recomendada para un adulto).[275] Además de su forma líquida, el hecho de que esté etiquetado como «saludable» hace que tengamos la expectativa de que nos saciará menos, lo que da como resultado que después piquemos más.[276] Esto no es necesariamente un problema si simplemente estás buscando un empujoncito rápido de energía para reemplazar las calorías quemadas, pero puede conducir a una sobrecompensación, y, si tu motivación principal es perder peso, seguramente sea más recomendable encontrar una forma más satisfactoria de recuperarte.

Además, deberías maximizar el placer que obtienes con la comida que ingieres. Cuando se hace régimen, es tentador comer comida sosa y fácil de olvidar, casi como un acto de penitencia, pero la investigación reciente sugiere que el sabor y la textura son especialmente importantes durante la pérdida de peso, porque ayudan a crear la sensación de que te estás dando un capricho, lo que aumenta la saciedad y mejora nuestra respuesta hormonal a la comida. Por ese motivo, intento buscar opciones intensas, picantes (como los espaguetis *alla puttanesca* mencionados en la introducción) y sacarles el máximo provecho a ingredientes intensamente umami, como las anchoas o el queso parmesano. El pequeño número de calorías que añades a esa comida quedan más que compensadas por la mayor saciedad que experimentas más tarde, lo que a su vez reduce el picoteo posterior. Según esta investigación, lo peor que puedes hacer es comer algo deprimentemente insípido que te hace sentir que te estás privando de comer.[277]

Cultivar la sensación de darte un capricho es especialmente importante cuando vas a disfrutar de uno de forma inevitable. Pese a que tengas la tentación de regodearte en tus remordimientos después de haber comido pastel o helado, la investigación muestra que lo que debes hacer es disfrutar al máximo de la experiencia. Al fin y al cabo, picar algo no debería ser un motivo para tirar por la borda todas las buenas intenciones y, con la mentalidad adecuada, puedes asegurarte de que te deje satisfecho, preparando a tu cuerpo para quemar la energía que has ingerido.

Si te cuesta creerlo, considera un estudio que hizo un seguimiento de ciento treinta y una personas que hicieron dieta durante tres meses. Los participantes que asociaban caprichos como un pastel con los remordimientos tendían a ganar peso durante aquel período, mientras que los que asociaban el pastel con la celebración avanzaron hacia sus metas.[278] Por mucho que esté de moda etiquetar ciertos alimentos como «pecado» o «tóxico», la investigación psicológica muestra que deberíamos evitar esos juicios de valor tan duros si queremos hacer cambios reales en nuestro comportamiento alimentario.

Puedes ampliar estos efectos cambiando la forma en la que enmarcas la comida antes, durante y después de comer, empezando con una mayor sensación de anticipación sobre lo que estás a punto de ingerir. En un estudio francocanadiense de 2016, unos investigadores primero animaron a los participantes a imaginar vívidamente el sabor, olor y textura de varios dulces. Después, les pidieron que dijeran qué trozo de un delicioso pastel de chocolate querían. Podrías esperar que el ejercicio previo hubiera aumentado su deseo por la comida y que les hubiera hecho elegir un trozo más grande. Sin embargo, la mayor parte de los participantes mostró exactamente la reacción opuesta. Optaron por un trozo más pequeño que los que no habían sido preparados para pensar en sus cualidades sensoriales. Al haber pensado con más cuidado los placeres de comer, reconocieron que podrían conseguir toda la satisfacción que querían con menos bocados.[279] Los resultados coinciden con otro experimento en el que se pedía a los participantes que visualizaran comer M&Ms o queso antes de presentarles el producto real. Posteriormente, comían porciones notablemente más pequeñas de estos *snacks* en comparación con los participantes que habían imaginado otra actividad.[280] Con un poco de anticipación sobre lo que comes, parece que puedas hacer que cada bocado sea más potente.[281]

Por último, deberías evitar las distracciones mientras comes y asegurarte de saborear cada bocado. Es un tópico, pero comer despacio, prestando atención a masticar la comida, te hace sentir más satisfecho porque aumenta la experiencia «orosensorial» de lo que comes, lo que, a su vez, puede activar una mayor reacción hormonal a la comida.[282] Y, después, intenta esforzarte por recordar lo que has comido. Siempre que tengas la tentación de picar algo de forma automática, recuerda lo que has comido antes, intenta recrear el recuerdo de haberlo comido; mientras recuerdas a tu máquina de predicción que incorpore esas calorías a sus proyecciones de equilibrio de energía, puede que veas que tienes menos hambre de la que suponías.

No esperes milagros. No puedes convertir una hoja de lechuga en un festín con el poder de tu mente, y parece poco probable que una dieta drástica se vaya a beneficiar de estos pequeños pasos psicológicos. Sin embargo, para regímenes más moderados, estos cambios mentales podrían suponer un cambio radical para tu cintura y, lo que es más importante, para tu estado de ánimo. Tanto si vas a perder unos kilos como si simplemente quieres mantener tu peso actual, cada comida debería considerarse un capricho y algo que hay que celebrar. Esto beneficiará a tu salud tanto física como mental.

LOS BENEFICIOS FISIOLÓGICOS DE SER UN AMANTE DE LA BUENA VIDA

Al aplicar estos principios, los comensales de muchos países podrían inspirarse en la cultura francesa. La creencia de que la comida saludable es inherentemente poco satisfactoria parece relativamente extendida en Estados Unidos[283], en cambio, es menos habitual en el Reino Unido y Australia,[284] mientras que en Francia parecen tener una opinión completamente opuesta. Es mucho más probable que la media de los franceses esté completamente en desacuerdo con la afirmación de que «las cosas que son buenas para mí rara vez tienen buen sabor». Por ejemplo, los estudios de laboratorio han mostrado que etiquetar una comida de «saludable» no reduce la satisfacción y el placer de la misma forma que en otros países occidentales.[285]

Aparte de pensar de forma más positiva sobre la comida saludable, los franceses también tienden a tener menos connotaciones negativas sobre los caprichos y los postres. Cuando se les pregunta que seleccionen palabras que asocian con determinadas comidas, como «¿el helado se corresponde mejor con: *delicioso* o *engorda?*», los franceses tienden a optar por la alternativa más placentera, mientras que las personas de Estados Unidos tienden a elegir la palabra con más connotaciones negativas. También es más probable que los franceses apoyen declaraciones como «Disfrutar de la comida es uno de los placeres más importantes de mi vida» en comparación con las personas de Estados Unidos.

Por supuesto, habrá variaciones entre ciudadanos de cualquier país a título individual y estas actitudes pueden cambiar con el tiempo, pero, en general, los franceses parecen tener expectativas mucho más positivas sobre la comida que comen y los efectos de esta en sus cuerpos. Los efectos de esta actitud indulgente y festiva respecto a la comida pueden verse en el tamaño de las porciones y en el tiempo dedicado a comer. Incluso cuando se permiten el capricho de comer comida rápida, los franceses tienden a elegir porciones más pequeñas porque saben que pueden obtener más placer de menos bocados, y pasan más tiempo comiéndolo, creando un recuerdo más detallado que los prepara con la expectativa de que se sentirán saciados durante más tiempo.[286] Y esto parece suponer una verdadera diferencia en cuanto a su peso. Según la Organización Mundial de la Salud, el IMC medio en Francia es 25,3, menor que en otros países europeos, como Alemania (26,3) y significativamente menor que en Australia (27,2), el Reino Unido (27,3) y Estados Unidos (28,8).[287]

Estas actitudes, además de ayudarnos a explorar las brechas entre distintos países en términos de IMC nos pueden hacer entender mejor ciertas diferencias sorprendentes respecto a la salud que no tienen una explicación sencilla según el contenido nutricional de la dieta en sí. La típica dieta francesa contiene una proporción más elevada de grasas saturadas por la mantequilla, el queso, los huevos y la crema que una dieta típica inglesa o estadounidense; sin embargo, los franceses tienen una probabilidad sorprendentemente menor de sufrir una enfermedad cardíaca coronaria que los ciudadanos del Reino Unido o de Estados Unidos En el pasado, este dato se atribuyó a su costumbre de beber, lo que incluye el consumo moderado de vino, que contiene químicos antioxidantes y antiinflamatorios que ayudan a reducir el daño en el tejido que aparece con la edad. En realidad, probablemente haya muchos factores distintos desempeñando sus respectivos papeles, como las expectativas de cada cultura respecto a distintos alimentos y los efectos de dichos alimentos en nuestra salud y bienestar.

Recuerda que las personas que creen que tienen más riesgo de sufrir un ataque al corazón tienen cuatro veces más probabilidad de sufrir una enfermedad cardíaca, incluso cuando se consideran todos los demás factores. En países como Estados Unidos o el Reino Unido, los mensajes sobre la comida parecen crear profecías autocumplidas similares. Tal y como concluyeron los autores de un estudio: «Es razonable suponer que cuando un aspecto fundamental de la vida se convierte en un estrés y en una fuente de preocupación considerable, a diferencia de un placer, se podrían ver efectos tanto en el sistema cardiovascular como en el inmunitario.»[288] Sin embargo, gracias a su cultura más positiva de la comida, los franceses parecen menos susceptibles a esta respuesta nocebo. Saben que, con moderación, pueden comerse el pastel sin tener que lidiar con las consecuencias de hacerlo. Todos estaríamos más sanos si experimentáramos esa misma alegría de vivir.

Cómo pensar sobre... comer

- Evita distracciones durante las comidas y presta atención a lo que comes. Intenta cultivar recuerdos potentes de la experiencia. Eso te ayudará a sentirte y permanecer saciado durante más tiempo.

- Si estás intentando reducir el picoteo, recuerda lo que has comido en la última comida. Quizás eso te ayude a frenar los ataques de hambre.

- Ten cuidado con las descripciones de comida que crean una sensación de privación. Aunque busques alimentos bajos en calorías, intenta encontrar productos que evoquen la sensación de que te das un capricho.

- Cuando hagas régimen, presta atención al sabor, a la textura y a la presentación (cualquier cosa que intensifique tu disfrute de la comida y te deje sintiéndote más satisfecho después).

- Evita las bebidas azucaradas. Es difícil para el cuerpo adaptar su regulación de energía a su alto contenido en calorías.

- Disfruta de la anticipación de la comida. Esto preparará tu respuesta digestiva y te ayudará a sentirte más satisfecho después.

- No sientas remordimientos por darte un capricho de vez en cuando. Lo que debes hacer es disfrutar de ese momento de placer.

7

CÓMO HACER QUE EL ESTRÉS NO NOS ESTRESE

Da la vuelta a las sensaciones negativas en tu propio beneficio

A finales del siglo XIX, médicos, políticos y sacerdotes empezaron a declarar la guerra a un vicio nuevo y peligroso que amenazaba la salud mundial, y su lema todavía se puede oír hoy en día. El vicio en cuestión no era ni el opio ni la absenta, sino la ansiedad. Ya en 1872, el *British Medical Journal* señalaba que la «inquietud crispada y apresurada de estos tiempos» estaba agotando la energía nerviosa de la gente, y conduciendo a crisis mentales y físicas e incluso a un aumento de la enfermedad cardíaca. «Estas cifras —decían— nos avisan de que debemos tener un poco más de cuidado y no matarnos para poder vivir». La revista defendía una especie de higiene mental que eliminara el estrés innecesario de la vida de sus lectores.[289]

A hombres y mujeres se les prescribían con frecuencia curas de descanso y en Estados Unidos quienes estaban ansiosos perennemente podían ir a clubs Don't Worry, donde los miembros se apoyaban entre sí en su abstinencia de la ansiedad. El movimiento fue fundado en un pequeño salón privado de la ciudad de Nueva York por el músico y escritor Theodore Seward. Según afirmaba, los estadounidenses «eran esclavos del hábito de preocuparse», y eso era «el enemigo que destruye la felicidad»: debía ser «atacado con un esfuerzo firme y decidido».[290] Seward incluso llegó a denominar al movimiento Don't Worry una «emancipación» y se deleitaba con las comparaciones con el movimiento de la prohibición que estaba ganando terreno.[291]

La idea pronto cuajó y, a principios de 1900, el gran psicólogo William James observó que se había establecido una especie de «religión de la mentalidad de lo saludable». Iba acompañada por un «evangelio de la relajación» con el objetivo de alejar la mente de todos los pensamientos y sentimientos negativos y, en vez de eso, cultivar la felicidad desde el interior. «Quejarse del tiempo que hace va a llegar a prohibirse en muchas casas —señaló—, y cada vez más gente considera que es una mala forma de hablar de situaciones desagradables».[292] Afirmaba que el objetivo era «actuar y hablar como si la alegría ya estuviera presente».[293]

Un flujo constante de investigación médica apareció para confirmar los peligros de la ansiedad, y en la década de 1980, se consideraba una verdad incuestionable que provocaba una amplia cobertura mediática. En el centro de esta investigación estaba la idea de que nuestra respuesta evolucionada al estrés, adaptada al verdadero peligro de los depredadores en la naturaleza, se ponía a toda marcha con el mínimo reto (activando una respuesta intensa de lucha o huida). «El tigre de dientes de sable hace tiempo que ya no existe, pero la jungla moderna no es menos peligrosa. La sensación de pánico por una fecha de entrega, una conexión de avión difícil, un conductor imprudente en el coche de detrás son las nuevas bestias que nos pueden acelerar el corazón, poner los pelos de punta o provocar que nos empapemos de sudor», declaraba un artículo de portada de la revista *Time* en 1983. «Nuestro modo de vida en sí, nuestra forma de vivir, es la causa principal de enfermedad hoy en día». Sin embargo, se aconsejaba a los lectores de la revista que tomaran las riendas de sus pensamientos. «Regla número 1: no te preocupes por las pequeñeces. Regla número 2: todo son pequeñeces», decía un cardiólogo.[294] *Stressed out* (estresado) entró en el léxico inglés ese mismo año.[295]

A juzgar por la cobertura mediática actual, podríamos pensar que estamos más estresados que nunca. Nos dicen con frecuencia que incluso las pequeñas fuentes de estrés frecuente (como la ligera irritación causada por los *feeds* en redes sociales) pueden suponer un peligro para nuestra salud física y mental, y nos recuerdan constantemente las mejores estrategias para aliviar la carga, desde diarios de gratitud y *apps* de *mindfulness* a «baños de bosque» en la naturaleza y caros retiros de detox digital. Nos guste o no, ahora, todos somos miembros de un club Don't Worry mundial.

Pero, ¿y si toda la cobertura de los periódicos y los libros que venden millones de ejemplares y los oradores motivacionales, e incluso los propios científicos, se han equivocado? Nadie quiere sentir ansiedad si puede evitarlo, pero la investigación reciente muestra que muchas de nuestras respuestas a las emociones a menudo son resultado directo de nuestras creencias. Al demonizar sentimientos desagradables pero inevitables, hemos estado creando un potente nocebo de la vida moderna. Comprender estos efectos de las expectativas puede transformar nuestro enfoque de una amplia gama de experiencias, desde el *burnout* (agotamiento) al insomnio, e incluso puede ayudarnos a redefinir la búsqueda de la felicidad en sí.

LA CASCADA DEL ESTRÉS

Para comprender la visión tradicional de la ansiedad y la razón por la que está equivocada, vamos a empezar por conocer a un científico húngarocanadiense llamado Hans Selye. Su pionera investigación durante el punto álgido de la Gran Depresión proporcionó algunas de las primeras evidencias claras de los peligros del estrés. Como muchos otros grandes descubrimientos, el estudio de Selye empezó por error. Su tarea principal había sido identificar hormonas sexuales femeninas y describir sus efectos en ratas de laboratorio, pero chocó con un obstáculo al descubrir que las ratas a menudo se ponían enfermas en formas que no tenían sentido, teniendo en cuenta las sustancias químicas que les inyectaba. Al principio, temió que sus experimentos estuvieran contaminados, hasta que empezó a prestar atención a que las ratas mostraban una respuesta a la enfermedad muy parecida a otras experiencias muy variadas: si se les practicaba una operación, si se las colocaba en el frío o en el calor o si se les obligaba a hacer ejercicio demasiado tiempo en las ruedas para correr. ¿Cómo era posible que aquellas circunstancias tan distintas condujeran a la misma enfermedad? Tomando prestado un término de la mecánica, Selye empezó a sospechar que el estrés general de todos aquellos experimentos estaba poniendo enfermas a las ratas, provocándoles un estado de alarma que acababa con agotamiento y enfermedad.

Durante años de investigaciones posteriores, detalló la «cascada del estrés», un tipo de reacción en cadena psicológica que crea el estado de alarma, y que poco a poco va desgastando el cuerpo. Empieza en el cerebro, con dos pequeñas masas de materia gris llamadas amígdalas que interpretan datos de todos los sentidos y procesan su contenido emocional. Cuando las amígdalas identifican una amenaza (como un depredador que se aproxima), envían señales al hipotálamo, el mismo centro de mando que gestiona y controla nuestro equilibrio de energía y regula muchos otros elementos del estado fisiológico del cuerpo. Con el tiempo, el mensaje llega a las glándulas suprarrenales, que empezarán a bombear epinefrina, una hormona que tiene efectos generalizados en el cuerpo.

Las consecuencias más inmediatas de la liberación de epinefrina se pueden sentir en el sistema circulatorio. El corazón late más deprisa, pero los vasos sanguíneos de las manos, los pies y la cabeza se estrechan (una respuesta que debería impedir la pérdida de sangre en caso de herida). La respiración será más rápida y superficial con tal de proporcionar oxígeno y experimentar un subidón de azúcar, ya que la hormona libera glucosa almacenada en órganos como el hígado. Para asegurarse de que la energía llega a los músculos, la hormona interrumpe la digestión y otras actividades. [296] Mientras tanto, la mente está preparada para concentrarse exclusivamente en la amenaza percibida y cualquier otro peligro del entorno. Es la respuesta de lucha o huida y es la adaptación perfecta a una amenaza inmediata, como un ataque físico.

Si la amenaza disminuye (por ejemplo, el depredador pasa de largo) la epinefrina se esfumará y podrás volver enseguida a un estado más sosegado. En cambio, si continúas sintiéndote en peligro, habrá una segunda ola de reacciones hormonales que incluirán la liberación de cortisol, que mantiene el cerebro y el cuerpo en alerta máxima a medio o largo plazo.

Se pensaba que el hecho de mantener esta activación mental y fisiológica durante días, semanas o meses conducía al agotamiento y a la enfermedad que Selye observó en sus ratas de laboratorio y que se creía que también causaba enfermedad en los humanos. El pulso acelerado y los vasos sanguíneos contraídos añaden tensión al sistema cardiovascular. Las fluctuaciones continuas del cortisol apagan la liberación de hormonas anabólicas beneficiosas que conducen a la reparación del tejido. Estos cambios hormonales prolongados también pueden contribuir a una inflamación crónica de nivel bajo, que puede dañar las paredes de las arterias y los tejidos en las articulaciones. Al mismo tiempo, la hipervigilancia de la mente reduce el rendimiento cognitivo general, ya que dedica más recursos a enfrentarse a la amenaza que a considerar nuevas y apasionantes formas de resolver problemas.

Según Selye, los estresores modernos como la competencia profesional, los largos trayectos hasta el trabajo y un ritmo frenético de compromisos sociales nos ponen en este estado de activación crónica. Se pensaba que el resultado era una mayor vulnerabilidad a una serie de enfermedades (desde artritis a insuficiencia cardíaca) que habían empezado a asolar a las personas de los países industrializados. Estas «enfermedades de la civilización» —declaró Selye— eran «el precio que debemos pagar cuando las personas exitosas y trabajadoras están sometidas a estrés mental». Las investigaciones de Selye sobre la respuesta al estrés fueron tan influyentes que fue nominado al premio Nobel de medicina diecisiete veces, y muchos otros continuarían esta exploración mucho después de su fallecimiento en 1982.[297]

Sin embargo, desde el principio, había razones para dudar de las afirmaciones que hacía sobre el estrés. Los animales sujetos a muchos de los experimentos (como los de los estudios iniciales de Selye) estaban bajo una tensión extrema, lo que generaba un tipo de pánico ciego. Eso es cómodo para identificar cambios fisiológicos en el laboratorio, pero no refleja necesariamente los tipos de presiones moderadas que experimentamos la mayoría de nosotros. Al mismo tiempo, los estudios en humanos no tuvieron en cuenta si las expectativas de las personas podrían ser determinantes para sus respuestas al estrés. Si recordamos los clubs Don't Worry de finales del siglo XIX, es evidente que nuestra cultura hace tiempo que cree que la ansiedad y la tensión nerviosa son peligrosas (sobre todo el estrés que surge por la industrialización y la urbanización). Debido a la conexión entre la mente y el cuerpo, esta actitud podría moldear la respuesta verdadera de la gente ante acontecimientos complicados, lo que crearía una profecía autocumplida que podría haber distorsionado muchos de los descubrimientos científicos iniciales. Si esto es correcto, debería ser posible cambiar la respuesta al estrés de alguien simplemente cambiando esas creencias.

ESTRÉSATE Y CRECE

Jeremy Jamieson, un psicólogo de la Universidad de Rochester en el estado de Nueva York, ha estado en la vanguardia de la investigación científica que explora esta prometedora posibilidad desde finales de la década de 2000. Su interés en las formas en las que encuadramos la ansiedad procedía de sus experiencias como atleta durante la universidad. Se fijó en que algunos compañeros de equipo a menudo se mostraban entusiasmados y agitados antes de un partido, mientras que antes de un examen estaban nerviosos y muertos de miedo. Si ambas eran situaciones de mucha importancia, ¿por qué el estrés era tan útil en un contexto y tan perjudicial en otro?

Jamieson sospechaba que se debía a la forma en la que evaluaban esos acontecimientos. En el ámbito deportivo, los atletas interpretaban los nervios como signo de energía; en cambio, en el aula, la misma sensación se consideraba un signo de fracaso inminente. Después, esas expectativas podían convertirse en profecías autocumplidas, moldeando las respuestas del cerebro y del cuerpo al estrés. En un experimento inicial para explorar esta idea, Jamieson reclutó a sesenta estudiantes que tenían previsto presentarse al examen GRE (Graduate Record Examinations), una prueba estandarizada que se suele exigir para entrar en escuelas superiores en Estados Unidos y Canadá. Antes de hacer un examen práctico en el laboratorio, la mitad de los participantes recibieron la información siguiente:

«Hay quien cree que estar nervioso mientras se hace una prueba estandarizada hará que le vaya mal ese examen. Sin embargo, la investigación reciente sugiere que esa activación no perjudica el resultado de dichas pruebas. De hecho, puede que incluso le sea útil. Las personas que se ponen nerviosas durante una prueba podrían hacerla mejor. Esto significa que no deberías preocuparte si te pones nervioso mientras haces el examen GRE de hoy. Si ves que lo estás, simplemente recuerda que esta activación podría ayudarte a obtener un buen resultado».

Esta pequeña nota orientativa, una instrucción mínima que se leía en menos de un minuto, no solo mejoraba las notas de los estudiantes en el examen de prueba, sino que estos participantes también obtuvieron mejores resultados en la prueba real unos meses después. Las diferencias eran notables sobre todo en el examen de matemáticas, que es el más susceptible de provocar miedo y pavor entre los estudiantes (la denominada «ansiedad matemática» ahora se considera una enfermedad muy común [298]). La puntuación media del grupo de control era de setecientos seis, mientras que la de los que habían aprendido a ver sus nervios como fuente de energía fue de setecientos setenta.

Fue una mejora sorprendente para una intervención tan corta y sencilla y podría influir fácilmente en la probabilidad de que una persona fuera admitida en la universidad que tenía como primera opción. [299] En unas pocas frases, Jamieson había conseguido cambiar la mentalidad de los estudiantes respecto la disposición enérgica y animada de sus compañeros de equipo alejándose de los temores que solían debilitarlos, lo que tuvo efectos inmediatos y duraderos en su rendimiento.

Los estudios de seguimiento examinaron si una reevaluación de la ansiedad podría alterar también las respuestas biológicas de las personas, mitigando potencialmente algunos de los daños a largo plazo que Selye y otros habían señalado. Igual que en el caso de los participantes en el primer experimento, a algunos sujetos del nuevo estudio se les recordó que los signos de activación fisiológica, como la aceleración del corazón o la sensación de dificultad para respirar, que normalmente asociamos con la ansiedad, no son necesariamente perjudiciales, sino que son una respuesta natural del cuerpo ante una dificultad y que, de hecho, ese aumento de la sensación de alerta podría mejorar el rendimiento. En cambio, se pidió al grupo de control que no tuvieran en cuenta sus sentimientos y los apartaran de su cabeza concentrando la atención en un punto específico del aula.

Tras leer estas instrucciones, los participantes debían hacer una tarea agotadora, conocida como Test de Estrés Social de Trier (TSST), cuyo fin es provocar una ansiedad intensa. Primero tenían que hacer una presentación breve sobre sus fortalezas y sus puntos débiles (aumentando su sensación de vulnerabilidad) y, a continuación, una prueba de aritmética mental improvisada. Para dificultar más la tarea, las personas que evaluaban el rendimiento de los participantes habían recibido la consigna de tener un lenguaje corporal negativo, con los brazos cruzados y el ceño fruncido, lo que significaba que los participantes carecían de un *feedback* positivo que les podría haber apaciguado los nervios. Todo ese tiempo, los científicos controlaban de qué forma respondía el cuerpo de cada participante a la ansiedad.

El grupo de control mostró todos los signos que uno esperaría de la cascada de estrés clásico: el corazón acelerado y los vasos sanguíneos periféricos contraídos, canalizando sangre hacia el centro del cuerpo. Aunque no estuvieran ante un peligro físico, reaccionaban como si el cuerpo se estuviera preparando para una lesión. En cambio, los que habían reencuadrado su sensación de ansiedad mostraron una respuesta mucho más saludable. Sin duda, no estaban relajados porque el corazón les latía con fuerza, pero trabajaba de una forma más eficiente, con más vasos sanguíneos dilatados que permitían que la sangre fluyera a través del cuerpo. Es muy similar a lo que pasa cuando hacemos ejercicio; revigoriza al cuerpo sin sobrecargar el sistema cardiovascular.[300] Además, permite que llegue más sangre a la mente, lo que proporciona el impulso cognitivo que Jamieson también había visto en los resultados del examen GRE. La distracción no funcionó, pero el reencuadre, sí.[301]

Las pruebas más recientes sugieren que nuestras expectativas incluso pueden influir en la respuesta hormonal al estrés. Cuando se enseña a alguien que el estrés puede mejorar su rendimiento y contribuir a su crecimiento personal, tiende a mostrar fluctuaciones de cortisol más tenues. Tiene justo el que necesita para mantenerse alerta, sin que lo deje en un estado de temor duradero.[302] También experimenta un aumento más nítido de las hormonas anabólicas beneficiosas, como DHEAS y testosterona, que pueden ayudar a hacer crecer y reparar los tejidos del cuerpo; en el caso de las personas que consideran el estrés peligroso o debilitante, apenas hay cambios.[303] Es el ratio relativo de todas estas hormonas lo que determina realmente cuánto desgaste sufrirá el cuerpo durante un episodio estresante, y, cuando la persona reevalúa los efectos del estrés, consiguen un equilibrio mucho más sano, como si se enfrentaran a un reto físico factible y no a una amenaza existencial seria.

¿Por qué tiene este poder la reevaluación? Para investigadores como Jamieson, todo radica en las predicciones del cerebro, que compara nuestros recursos mentales y físicos con las exigencias de la tarea para planificar la respuesta más apropiada. Si consideras que tu ansiedad es debilitante y que reduce el rendimiento, refuerzas la expectativa de que ya estás en desventaja y que vas a fracasar, y el cerebro responde como si se enfrentara a una amenaza y prepara al cuerpo para el peligro y para una lesión en potencia. En cambio, si crees que el corazón acelerado es un signo de energía para un acontecimiento importante y potencialmente gratificante, reafirmas la idea de que tienes todo lo que necesitas para prosperar. «La respuesta al estrés, en vez que convertirse en algo que hay que evitar, pasa a ser un recurso», afirma Jamieson. Así, el cerebro puede concentrarse en la tarea en cuestión sin estar alerta a cada amenaza posible, mientras que el cuerpo puede prepararse para rendir a su máxima capacidad y a crecer potencialmente a partir de la experiencia sin el riesgo de ser herido.[304] Después, el cuerpo puede volver más rápido a todas las otras actividades útiles, como la digestión, que normalmente efectúa durante los períodos de descanso.

Además de conducir a estos cambios fisiológicos, las actitudes frente al estrés también pueden transformar el comportamiento y la percepción de formas bastante profundas. Cuando se enfrentan a un reto difícil, las personas que ven el estrés como una mejora tienden a concentrarse más en los elementos positivos de una escena (como las caras sonrientes de una sala abarrotada de gente) en vez de pensar en signos de amenaza u hostilidad en potencia. Además, pasan a ser más proactivas buscando deliberadamente *feedback* y formas constructivas de solucionar los problemas en vez de intentar esconderse de los problemas en cuestión. Incluso demuestran más creatividad. Todos estos cambios significan que están mejor equipados para encontrar soluciones permanentes a los retos que causaban el problema en primer lugar.[305]

Ahora sabemos que nuestra actitud frente al estrés puede tener un impacto significativo en todo tipo de situaciones. Reevaluar la sensación de ansiedad ha mejorado el rendimiento de las personas que negocian su sueldo[306] por ejemplo, mientras que los Navy SEAL estadounidenses que tienen una actitud positiva al estrés de su trabajo mostraron una mayor persistencia y una mejora del rendimiento en su entrenamiento.[307] El cambio de mentalidad también ha demostrado ser capaz de mejorar las experiencias de las personas diagnosticadas con trastornos crónicos como ansiedad social, ya que les ayuda a abordar sus miedos al escrutinio social de una forma más constructiva. El equipo de Jamieson pidió a personas con este tipo de ansiedad que hicieran el Test de Estrés Social de Trier (TSST). Al reevaluar sus sentimientos, los participantes pudieron realizar su presentación con menos signos visibles de ansiedad; mostraban menos nerviosismo al moverse, mantenían más contacto visual y sus gestos y lenguaje corporal resultaban más naturales.[308]

Muchos experimentos han examinado los beneficios durante períodos de tiempo relativamente cortos, pero existen estudios longitudinales que sugieren que estas actitudes también pueden tener un impacto significativo en la salud a largo plazo. En un estudio de médicos y profesores alemanes, por ejemplo, se observó que las actitudes de la persona respecto a la ansiedad podían predecir su bienestar psicológico general durante un período de un año de duración. Quienes consideraban que la ansiedad era una fuente de energía (estaban de acuerdo con frases como «Sentir un poco de ansiedad me hace ser más activo en la resolución de problemas») tenían muchas menos probabilidades de sufrir agotamiento emocional que quienes lo consideraban un signo de debilidad o una amenaza para su rendimiento.[309]

Nuestras expectativas incluso pueden anular la relación aparente entre el estrés y la enfermedad cardíaca, uno de los mensajes más persistentes y alarmantes sobre la ansiedad. Por ejemplo, en un estudio longitudinal durante ocho años de más de veintiocho mil personas se observó que los niveles elevados de ansiedad y tensión mental conducían a un aumento del cuarenta y tres por ciento de la mortalidad, pero solo si los participantes creían que les perjudicaba. Las personas que estaban bajo una gran presión —pero que creían que tenía poco efecto sobre su salud— tenían menos probabilidad de morir que las que experimentaban muy poco estrés. Eso era cierto incluso cuando los científicos controlaban un sinfín de factores del estilo de vida como los ingresos, la educación, la actividad física y el tabaco. En general, los autores calculan que la creencia de que el estrés es perjudicial conduce al equivalente de alrededor de veinte mil muertes evitables al año en Estados Unidos, un número asombroso de personas que, igual que los inmigrantes Hmong que conocimos en la introducción, mueren básicamente por expectativas nocivas.[310]

* * *

Como alguien que ha sufrido regularmente de ansiedad, al principio era un poco escéptico respecto a estos descubrimientos. A menudo, nuestros sentimientos nos pueden pasar por encima como un tren a toda velocidad, y la idea de superarlos a través de una simple reevaluación sonaba demasiado parecido a esa cantinela irritante y poco útil de que simplemente «debemos superarla». Sin embargo, Jamieson hace hincapié en que el objetivo es cambiar tu interpretación de la ansiedad en lugar de suprimir el sentimiento en sí. Es una distinción vital, ya que los intentos de evitar o ignorar nuestros sentimientos a menudo refuerzan emociones incómodas y se suman al estigma (al fin y al cabo, ¿por qué ibas a evitar un sentimiento si puede ser bueno para ti?). Con estas nuevas técnicas de reevaluación, no tienes que preocuparte si sigues quedándote sin aliento o si el corazón sigue acelerándose: lo único que debes recordar es que esas respuestas no son un signo de debilidad, sino que, de hecho, te ayudan a rendir al máximo y a crecer en el futuro.

La reevaluación no exige ningún engaño. Estás cuestionando racionalmente tus suposiciones sobre la ansiedad, y reinterpretando los efectos potenciales de tus sentimientos basándote en una investigación científica sustancial en lugar de en información errónea u optimismo sin fundamento. Tal y como vimos con los placebos de ensayo abierto en el capítulo dos, los enfoques respecto a la gestión del dolor en el tres y las reevaluaciones del ejercicio en el cinco, es perfectamente posible ver los efectos beneficiosos de las expectativas sin necesidad de engañarte pensando algo que no es verdad. Huelga decir que los beneficios individuales dependerán de tus circunstancias. La reevaluación no puede compensar una falta total de preparación antes de un examen o de una entrevista. Sin embargo, cuando has hecho todos los pasos prácticos para abordar esa situación, garantiza que lo que sientes te favorezca en lugar de perjudicarte.

Muchos de los métodos existentes de gestión del estrés dependen del poder de la expectativa. Estamos rodeados de *apps* y libros que promocionan los beneficios de la respiración consciente, por ejemplo. Aunque la respiración lenta y profunda pueda tener ciertos efectos fisiológicos (por lo visto, estimula una actividad cerebral más calmada, por ejemplo), las respuestas son mucho mayores cuando se ofrece a las personas una descripción elaborada de los beneficios aparentes.

Lo mismo ocurre con los denominados «diarios de gratitud», que te animan a anotar las cosas que valoras en la vida todos los días. Según numerosos artículos de revistas y sitios web, son una forma comprobada de amortiguar los efectos de la ansiedad, y algunos profesionales de salud mental incluso han empezado a describirlos como parte de su terapia. Sin duda, es cierto que esta práctica mejora el estado de ánimo, en comparación con no hacer nada en absoluto. Sin embargo, un extenso estudio publicado en el año 2020 señaló que los efectos eran menos impresionantes cuando los diarios de gratitud se comparaban con tareas de control activo como hacer listas de tareas, describir la agenda del día y mantener un registro de los pensamientos diarios (buenos y malos). Esto sugiere que gran parte del beneficio puede proceder de la sensación general de que estamos haciendo algo constructivo y no tanto de los ejercicios específicos.[311]

En ambos casos, estas prácticas hacen que sientas que tienes más recursos para abordar el reto, lo que, a su vez, debería cambiar la forma en la que encuadras en problema y tu ansiedad. Sin embargo, si no tienes la expectativa de que te van a ir bien, es posible que te cueste ver los beneficios. La verdad es que todos hacemos asociaciones distintas respecto a actividades determinadas, que pueden fomentar o menoscabar los beneficios de las mismas. Y si cantar en un coro, leer una novela o jugar al Tetris hace que te sientas más sano y más feliz que hacer yoga durante una hora, será mejor que aceptes este hecho, antes que intentar reprimir tus instintos haciendo una actividad con la que te acabes aburriendo y frustrando.

Uno de los beneficios de la reevaluación del estrés es que las intervenciones para conseguir realizarla son increíblemente económicas y fáciles de implantar. Hace unos años, los estudiantes de la Universidad de Stanford recibieron un correo electrónico con información logística sobre su primer examen parcial del curso de introducción a la psicología. Escondido entre el mensaje había un párrafo sobre los beneficios potenciales de la ansiedad (parecido a lo que usó Jamieson en su primer experimento). Esa pequeña preparación no solo provocó que hubiera mejores resultados en el examen en sí, sino que también mejoró el rendimiento general durante todo el curso.[312]

Si te cuesta imaginar los posibles efectos positivos de la ansiedad, quizá te ayude identificar situaciones existentes en las que ya lidias bien con el estrés. Quizás seas como los atletas que inspiraron la investigación original de Jamieson y ya entiendes que los nervios antes de un partido te ayudan a jugarlo. Si es así, recuerda cómo canalizas la energía en el terreno de juego para que te ayude a reencuadrar los nervios que tienes antes de un examen o una entrevista, por ejemplo.

También te podría resultar útil encuadrar tus ansiedades según tus objetivos a gran escala, de forma que las sensaciones en sí se puedan interpretar como señal de que algo es significativo para ti.[313] Es poco probable que te pongas nervioso por algo que no te importa en absoluto. Si estás nervioso antes de una entrevista de trabajo, es señal de la pasión que sientes por el puesto que hay en juego y por tu potencial de crecimiento. De esta forma, dejas de ver la situación difícil como una amenaza (que activa la respuesta de lucha o huida) y empiezas a verla como un reto en potencia que se puede superar y eso facilita reencuadrar los nervios como fuente de energía que te puede impulsar hacia el éxito. Los beneficios parecen construirse con la práctica, así que prepárate para dar pasos pequeños y permite que tu confianza crezca con el tiempo.[314]

Este tipo de enfoque ayudó a una de las mejores tenistas de la historia, Billie Jean King, a hacer que su ansiedad jugara a su favor. Al parecer, mientras estudiaba quinto era tan tímida que se negó a hacer una exposición oral sobre un libro porque la mera sugerencia de hablar en público le provocaba la respuesta clásica de lucha o huida. «La idea de levantarme y hablar delante de toda la clase me aterrorizaba», escribió posteriormente. «Pensaba que el corazón se me saldría del pecho y que me moriría allí mismo». En cambio, a medida que avanzaba su carrera como tenista, encontró una forma de reencuadrar esos sentimientos, concentrándose no en sus temores sino en el potencial de crecimiento que conllevaban los retos difíciles. «Me di cuenta de que ganar un torneo era el resultado final (¡y deseado!) de todo mi duro trabajo y, tanto si me gustaba como si no, la presión de hablar en público iba unida al privilegio de ganar». Su primer discurso (en un torneo de tenis junior) fue vacilante, pero consiguió darlo sin pasar vergüenza ni morirse de los nervios.

Pronto empezó a ver que aquel mismo principio (que la presión es un privilegio) se aplicaba a todo tipo de situaciones y que su ansiedad era una señal de su motivación para tener éxito. «Los grandes momentos conllevan una gran carga, de esto trata la presión por rendir. Y, aunque puede ser difícil enfrentarse a ese tipo de presión, muy pocas personas tienen la oportunidad de experimentarla». Al darse cuenta de eso, vio que debía aceptar en lugar de suprimir los sentimientos de estrés— una mentalidad que le permitió lograr sus primeras victorias en el Grand Slam y lidiar con la enorme campaña en los medios de comunicación sobre el partido de la batalla de los sexos contra Bobby Riggs en 1973. Tal y como escribió en sus memorias, «al principio, me sentía obligada a jugar contra Riggs, pero opté por considerar esa presión que amenazaba con superarme como un privilegio. Eso cambió mi mentalidad por completo y me permitió enfrentarme a la situación con más calma. Y, a medida que pasó el tiempo, empecé a ver el partido como algo que tenía la oportunidad de hacer en vez de algo que debía hacer».[315] La estudiante tímida de quinto que temía morirse de los nervios si hablaba en público se convirtió en una de nuestras mejores atletas y una de las portavoces más prominentes del deporte.

En última instancia, el uso de la reevaluación debería considerarse una herramienta potencial, un instrumento útil que puede ayudarte poco a poco a salir de tu zona de confort.

LA PARADOJA DE LA FELICIDAD

Teniendo en cuenta los efectos potencialmente energizantes de la ansiedad, puede que debamos repensar otras de nuestras opiniones dogmáticas sobre las emociones, así como, incluso, el concepto de la «búsqueda de la felicidad». Desde finales del siglo XIX, los temores sobre la ansiedad se han relacionado con una filosofía más general del pensamiento positivo: la idea de que deberíamos cultivar activamente la felicidad y el optimismo a la vez que «atacamos» cualquier sentimiento negativo. Esta era la «religión de la mentalidad saludable» que describió el psicólogo William James y que inspiró a autores de libros superventas de autoayuda como Dale Carnegie. Este espíritu incluso entró en las listas de éxitos en 1988 con la canción de Bobby McFerrin *Don't worry be happy*.

Pese a que no estén aceptadas universalmente en absoluto, estas ideas sobre la importancia de luchar por la felicidad abundan en la literatura del bienestar de hoy en día. Veamos las memorias superventas de Elizabeth Gilbert *Come, reza, ama*, en las que narra el consejo de su gurú: «La felicidad es la consecuencia del esfuerzo personal. Luchas por él, te esfuerzas por conseguirlo, insistes en tenerlo, y a veces hasta viajas por el mundo buscándolo», escribe. «Tienes que participar sin cesar en las manifestaciones de tu propia felicidad. Y cuando hayas logrado ese estado, debes hacer un esfuerzo enorme para continuar nadando sin descanso hasta entrar en esa felicidad para siempre y flotar sobre ella. Si no lo haces, dejarás que tu satisfacción innata se escape».

Como me dijo Iris Mauss, psicóloga de la Universidad de California en Berkeley: «Mires donde mires, ves libros que dicen que la felicidad es buena para ti y que básicamente deberías hacerte más feliz, casi como un deber».[316] Y ha pasado la última década mostrando cómo ese mensaje puede ser contraproducente añadiendo el estigma de los sentimientos negativos. Por ejemplo, en 2011 pidió a los participantes que clasificaran las siguientes frases en una escala del uno (completamente en desacuerdo) al siete (completamente de acuerdo):

- Lo feliz que soy en un momento dado dice mucho del valor que tiene mi vida.
- Si no me siento feliz, quizás me pase algo malo.
- Valoro cosas en la vida solo en la medida en que influyen en mi felicidad personal.

- Me gustaría ser más feliz de lo que soy en general.
- Ser feliz es extremadamente importante para mí.
- Me preocupa mi felicidad incluso cuando soy feliz.
- Para tener una vida que tenga sentido, tengo que sentirme feliz la mayoría del tiempo.

Esta era la puntuación de «valorar la felicidad», y podemos adivinar que personas como Elizabeth Gilbert obtendrían una puntuación muy alta. Junto a estas creencias, Mauss también midió el bienestar subjetivo de los participantes: lo satisfechos que se consideraban en ese momento, el número de síntomas de depresión que mostraban y la proporción entre emociones positivas y negativas que experimentaban (el denominado equilibrio hedonista).

Contrariamente a lo que afirman tantos oradores y escritores inspiracionales, Mauss observó que las personas que valoraban más la felicidad y se esforzaban más por conseguirla, eran más infelices en todas las medidas que ella consideró. Seguir la «religión de la mentalidad saludable» y esforzarse por cultivar buenos sentimientos en todo momento sería lo peor que podrías hacer por tu bienestar.

En un segundo experimento, Mauss pidió a la mitad de los participantes que leyeran un texto sobre la importancia de la felicidad, el tipo de material que se encuentra en muchos periódicos o revistas. A continuación, veían una película conmovedora sobre un patinador de patinaje artístico que había ganado una medalla de oro. De nuevo, los resultados eran muy poco lógicos: en vez de saborear la alegría de la historia, los participantes que habían leído el artículo sobre la felicidad tenían mucha menos probabilidad de que les emocionara el clip en comparación con los que no lo habían leído. Se concentraban tanto en cómo debían sentirse que al final no estaban satisfechos cuando el clip no les proporcionaba la alegría que esperaban. [317] Cuanto más nos esforcemos por ser felices, menos felices seremos, en parte debido a un sentido intensificado de la propia conciencia que hace que sea difícil valorar completamente el placer pequeño y espontáneo.

Igual de importantes son las formas en las que una fijación constante con la felicidad nos puede llevar a encuadrar nuestros sentimientos negativos, y el malestar pequeño e inevitable que forma parte de la vida, como algo inherentemente indeseable y perjudicial. Para investigar esta posibilidad, los científicos prepararon a los participantes para que pensaran en la felicidad sentándolos en una sala llena de pósteres motivacionales y libros de autoayuda antes de que hicieran una prueba frustrantemente difícil. Posteriormente, estos participantes rumiaban mucho más sobre el hecho de no haber podido encontrar las respuestas adecuadas que los participantes a quienes no se había animado a pensar en los beneficios de los sentimientos positivos.[318]

Al parecer, cuanto más estigmatizas un sentimiento, más probable en que te obsesiones por esa emoción cuando finalmente entre en tu vida, lo que desequilibra el «equilibrio hedonista» de positivo a negativo y hace que sea mucho más difícil recuperarse del golpe emocional.

Puedes ver si caes en esta trampa tú mismo. En una escala del uno (nunca/rara vez es cierto) al siete (muy a menudo/siempre es cierto), ¿cómo calificarías las frases siguientes?

- Me digo a mí mismo que no debería sentirme como me siento.
- Me critico a mí mismo por tener emociones irracionales o inapropiadas.
- Cuando tengo pensamientos o imágenes angustiosos, me juzgo como bueno o malo en función de lo que trate el pensamiento o la imagen.
- Creo que algunas de mis emociones son malas o inapropiadas y que no debería sentirlas.
- Creo que algunos de mis pensamientos son anormales o malos y que no debería pensar así.

En un estudio de alrededor de mil participantes, Mauss descubrió que, cuanto más alto puntuaban las personas en este cuestionario, más probabilidad tenían de tener síntomas de depresión y ansiedad, y peor puntuación obtenían en las medidas generales de satisfacción vital y bienestar psicológico. En cambio, las personas que declaraban aceptar sus pensamientos y sentimientos, sin calificarlos de malos o inapropiados, tendían a tener una mejor salud psicológica.[319]

Exactamente los mismos patrones eran evidentes en un estudio alemán publicado en 2016, en el que se descubrió que las personas que encontraban significado en los sentimientos desagradables tendían a ser mucho más felices que las que preferían eliminarlos. Los investigadores, con sede en el Instituto Max Planck para el desarrollo humano, pidieron a los participantes que clasificaran varias emociones, como nerviosismo, rabia o tristeza, en cuatro dimensiones: su desagrado, su adecuación, su utilidad y su significado. Por ejemplo, la desilusión puede ser desagradable, pero podrías reconocer que es un medio necesario para procesar un fracaso y aprender de errores previos, lo que te hace puntuarlo alto en adecuación, utilidad y significado.

Igual que predecirían los estudios de Mauss, los participantes que interpretaron sus sentimientos de esta forma tendían a puntuar mucho mejor las mediciones de bienestar mental y físico, incluyendo su riesgo de enfermedades como diabetes enfermedad cardiovascular, e incluso la fuerza muscular (que se consideraba un indicador general de la forma física). De hecho, la capacidad de ver valor en emociones desagradables eliminaba casi por completo cualquier relación entre su salud y el número real de contratiempos que la persona declaraba experimentar. Incluso si los participantes declaraban sentirse angustiados en varios momentos durante el período de estudio de tres semanas, el acto de aceptar y asignar significados positivos a dichas experiencias les ayudó a recuperarse más rápido, sin dejar una marca permanente en su bienestar físico y psicológico.[320]

* * *

Para ver un ejemplo de cómo podrías aplicar nuevos significados a una emoción incómoda, imagínate que tienes un desacuerdo con tu jefe y que te ha regañado injustamente porque no has avanzado en una tarea importante. ¿Cómo influiría lo enfadado que estás en tu rendimiento durante el resto del día? Podrías pensar que daría como resultado nerviosismo, impulsividad y distracción, destruyendo tu concentración, o podrías creer que los sentimientos de enfado aumentarían tu determinación y propósito. Cualquiera de los dos conjuntos de expectativas puede marcar una diferencia notable en tu comportamiento real, como demostró Maya Tamir, de la Universidad Hebrea de Jerusalén.

Primero, Tamir pidió a los participantes que escucharan varias canciones, una técnica que se usa normalmente para alcanzar el estado de ánimo adecuado en el laboratorio. Algunos escucharon el final de la banda sonora de una película de terror (*La maldición del hombre lobo*) y dos canciones del grupo de metal sinfónico *Apocalyptica*. Todas estas canciones tenían el objetivo de que se sintieran ligeramente enfadados. En cambio, otros participantes escucharon una música ambiental más relajante. A continuación, los investigadores dividieron a los participantes en parejas y les pidieron que hicieran un sencillo juego de negociación. La pareja recibía una serie de fichas de colores que tenían asignado un valor monetario y después tenían que acordar una forma de dividir las fichas entre ellos lo mejor que pudieran. Como incentivo para que obtuvieran buenos resultados, se decía a los participantes que podían quedarse con el dinero que ganaran. Pero para hacer que la negociación fuera más difícil, el valor asociado con cada color era distinto para cada persona, algo que era bueno para una parte podría no serlo para la otra. De esta forma, el estudio imitaba el mismo tipo de discusión que un proceso de divorcio en el que cada objeto puede ser más o menos deseable para cada parte.

Justo antes de la tarea, los participantes recibieron un consejo amistoso que supuestamente provenía de participantes anteriores. A algunos les dijeron: «Creo que la parte más importante de todo el proceso es descubrir cómo actuar para conseguir la mayor cantidad de dinero para ti. Durante la negociación, fui persistente. Al final, fui razonable y mi pareja me dio lo que yo quería». A otros les dijeron: «Creo que la parte más importante de todo el proceso es descubrir cómo actuar para conseguir la mayor cantidad de dinero para ti. Durante la negociación, fui persistente. Al final, me enfadé y mi pareja se sintió obligado a darme lo que yo quería».

El comportamiento de los participantes reflejaba los estudios de ansiedad de Jamieson. Cuando les dijeron que su enfado podría ser útil, les dieron la vuelta a sus frustraciones para utilizarlas a su favor y tuvieron resultados significativamente mejores que los participantes más calmados.

Para confirmar el efecto de las expectativas, Tamir llevó a cabo un segundo estudio usando un juego de ordenador basado en acciones que requerían habilidades motoras finas. Una vez más, las expectativas moldearon la forma en la que las emociones de las personas influyeron en su rendimiento. Los participantes enfadados eliminaron alrededor del doble de enemigos en el juego cuando se les dijo que el enfado era útil en comparación con cuando les dijeron que había que mantener la calma para triunfar. En general, los participantes enfadados fueron alrededor de tres veces mejores que los más calmados, siempre que supieran las ventajas de esa emoción y su uso potencial como fuente de energía.[321]

Las personas con una inteligencia emocional elevada ya tienen expectativas de las ventajas del enfado, según ha demostrado Tamir, y puede ocurrir lo mismo con muchos atletas. Los jugadores de *hockey* sobre hielo frustrados tienden a ser más precisos en las tandas de penaltis que los que están más calmados por ejemplo, mientras que los jugadores de baloncesto hacen tiros más precisos cuando creen que han sufrido una injusticia.[322]

Es evidente que hará falta algo más que un efecto de las expectativas para resolver problemas graves de gestión de la ira, pero el trabajo de Tamir y Mauss pone de relieve el hecho de que muchas otras emociones negativas, aparte de la ansiedad, pueden ser producto de nuestras expectativas. No tenemos por qué disfrutar de esas sensaciones; sin embargo, reconocer su valor potencial nos permitirá canalizarlas de forma más efectiva y recuperarnos de una forma más rápida cuando hayan cumplido su propósito. Al aceptar lo malo con lo bueno, podemos empezar a resolver la paradoja de la felicidad.

LOS QUE DUERMEN BIEN Y SE QUEJAN

«¿Qué hace la gente para dormirse?», preguntaba Dorothy Parker en su historia *Altas horas de la madrugada*. «Me temo que yo ya le he perdido el truco». Cualquiera que haya sufrido insomnio a corto o largo plazo puede empatizar con las dificultades de la narradora, lo que incluye sus pensamientos de «Podría tratar de darme un buen golpe en la sien con la lámpara». Por extraño que pueda parecer, las dificultades para dormir y sus efectos en nuestra salud y bienestar a menudo se parecen sorprendentemente a las respuestas al estrés mientras estamos despiertos.

En primer lugar, el insomnio a menudo está alimentado por el mismo proceso de pensamiento rumiante y catastrofista que amplía la ansiedad y reduce la felicidad.[323] Cuanto más temes no quedarte dormido, más empieza a acelerarse la mente antes de que te acuestes y más difícil te resultará dormirte, tal y como Dorothy Parker señalaba en su historia. Esto podría explicar por qué el efecto placebo puede representar alrededor del cincuenta por ciento del éxito de las pastillas para dormir: la expectativa de que proporcionarán alivio ayuda a saltarse la rumiación.

La preocupación de la persona sobre el sueño hace que subestime el tiempo que duerme en realidad, y las creencias erróneas sobre la pérdida de sueño se convertirán en una fuente seria de preocupación, lo que desencadena un círculo vicioso. La máquina de predicción decidirá que no estamos preparados para abordar los retos del día, lo que significa que todo empieza a parecer más estresante, con los efectos fisiológicos que eso supone.

Para demostrar este efecto de las expectativas, varios experimentos han comparado medidas más objetivas de sueño, como grabaciones de actividad cerebral nocturna, con las opiniones subjetivas de los participantes sobre cuánto creían que dormían en realidad. Por increíble que parezca, las dos facetas no están estrechamente relacionadas. Alrededor del diez por ciento de la gente que duerme bien, pero se queja, cree que tiene falta de sueño constante cuando en realidad sí duermen lo suficiente. Un dieciséis por ciento adicional lo conforma la gente que duerme mal pero no se queja. Por distintos motivos no obtienen las siete horas recomendadas de inconsciencia cada noche, pero esta falta de sueño no les produce ansiedad. Y son aquellos que duermen bien pero se quejan quienes tienen más probabilidades de sufrir síntomas como mala concentración, fatiga, depresión, ansiedad e ideas suicidas. Mientras que aquellos que duermen mal pero no se quejan carecen notablemente de dichos efectos perjudiciales. Incluso las consecuencias fisiológicas objetivas del insomnio parecen depender de las expectativas; se ha descubierto que aumenta la presión arterial, por ejemplo. Pero esto solo ocurre entre los que se quejan de que duermen mal[324] (evidentemente, las personas más sanas son las que duermen bien y tienen una opinión positiva de su sueño).

Para comprobar aún más los efectos de nuestras creencias sobre el sueño, equipos de científicos de Colorado y Oxford proporcionaron a un grupo de personas un *feedback* falso sobre la calidad de su sueño, lo que básicamente creó una muestra de gente que dormía bien pero se quejaba. Al día siguiente, los científicos pidieron a los participantes que hicieran test de memoria y atención. Para comprobar el procesamiento numérico, les pidieron que escucharan una serie de números, espaciados 1,6 segundos entre sí, y que añadieran los dos últimos dígitos cada vez que oían un número nuevo; asimismo, para comprobar su fluidez verbal, tenían que generar el máximo número de palabras posible que empezaran con una letra en concreto.

En cada caso, los participantes actuaron exactamente como si el *feedback* falso hubiera sido real. Si creían que habían dormido mal (como quienes duermen bien y se quejan), les costaba acabar los test de vocabulario y aritmética mental; si creían que habían dormido mejor que la media, sus habilidades mentales eran mucho más agudas. Las expectativas negativas también dieron como resultado sentimientos intensos de fatiga y bajo estado de ánimo.[325]

Este efecto de las expectativas es tan fuerte que el autor de un metaanálisis concluyó que «preocuparse por lo mal que se duerme es un patógeno más fuerte que dormir mal en sí».[326] Reconocer este hecho debería cambiar la forma en la que tratamos el insomnio. Según los Centros para el Control y la Prevención de Enfermedades, alrededor del ocho por ciento de la población adulta de Estados Unidos toma regularmente medicación que le ayuda a dormir, lo que suma alrededor de diecisiete millones de personas en total.[327] Pero, según el trabajo sobre los que duermen bien pero se quejan, alrededor del cuarenta por ciento de esas personas no tienen un problema objetivo con su sueño, y podrían beneficiarse de romper el círculo de pensamientos negativos que les han conducido a sus síntomas diurnos.

Una de las formas más fáciles de hacerlo es adoptar una actitud más tolerante cuando se siente inquietud, sin pensar demasiado en las consecuencias para el día siguiente (algunos estudios incluso han descubierto como, irónicamente, el hecho de intentar estar despierto a propósito puede curar el insomnio de una persona al eliminar la sensación de lucha que lo acompaña; aunque sea fácil ver que este enfoque podría ser contraproducente con el tiempo). En efecto, las personas a las que se les pide que controlen pasivamente sus pensamientos y sentimientos, sin luchar activamente contra ellos, tardan significativamente menos tiempo en quedarse dormidas.[328]

También podemos intentar reevaluar suposiciones específicas sobre el sueño para reconocer la importancia de un buen descanso diurno sin considerar una pérdida de sueño moderada como una catástrofe. En este sentido, los psicólogos que estudian el insomnio han compilado una lista de «creencias y actitudes disfuncionales sobre el sueño» y todas promueven una visión excesivamente pesimista sobre el insomnio. Incluyen los puntos siguientes:

- Ideas erróneas sobre las causas del insomnio («Creo que el insomnio es básicamente el resultado del envejecimiento y no hay mucho que se pueda hacer sobre este problema» o «Creo que el insomnio es básicamente el resultado de un desequilibrio químico»).
- Reducción en la percepción de control y predictibilidad del sueño («Cuando duermo mal una noche, sé que alterará mi horario para dormir durante toda la semana»).
- Expectativas de sueño poco realistas («Tengo que recuperar cualquier pérdida de sueño»).
- Atribución errónea o amplificación de las consecuencias del insomnio («El insomnio me está destrozando la vida» o «No puedo funcionar sin dormir bien por la noche»).
- Creencias imperfectas sobre prácticas para promover el sueño («Cuando me cuesta quedarme dormido, debería quedarme en la cama y esforzarme más por conseguirlo»).

Ninguna de estas creencias tiene una base fáctica sólida; tal y como muestra la investigación sobre aquellos que duermen mal pero no se quejan, en realidad, somos mucho más resilientes frente a la pérdida de sueño moderada de lo que la gente supone. Y cuando se enseña a una persona a confrontar y cuestionar esas expectativas, disfruta de una calidad de sueño general mayor, se alivia la fatiga diurna y tiene menos síntomas de depresión.[329] El truco es tomárselo con calma en vez de esperar que haya un alivio total e inmediato; no tienes por qué enfrentarte a todos los problemas al mismo tiempo. Podrías empezar observando si te quedaste dormido un poco más rápido de lo que esperabas o si conseguiste un poco más de lo que habías previsto después de una noche de sueño interrumpido, por ejemplo, y, entonces, tener eso como base a la que ir añadiendo pequeñas victorias. Con el tiempo, deberías ver que la habilidad para quedarte dormido y levantarte fresco ha vuelto.

EUSTRÉS

Nuestra comprensión de la forma en la que nuestras expectativas moldean la realidad biológica de nuestras emociones solo ha empezado a florecer, pero no es demasiado pronto para cosechar sus frutos. Tanto si estamos atormentándonos por el día que hemos tenido como si estamos dando vueltas en la cama frustrados por la noche, nuestras interpretaciones sobre nuestros sentimientos pueden hacer más daño que esos sentimientos en sí. A menudo, una simple reevaluación de nuestras suposiciones nos permite progresar.

«Hay que recordar a las personas la fuerte influencia que tiene nuestro cerebro en nuestro cuerpo», me dijo Jeremy Jamieson. No es como si los componentes del circuito del estrés tuvieran sus propios órganos sensoriales para medir un peligro automáticamente. Siempre estamos respondiendo a un constructo mental complejo formado a partir de nuestras creencias y expectativas. Y ahora está en nuestro poder cambiar ese constructo. «Le podemos decir qué hacer, y lo hacemos a través de esos procesos de evaluación». Quizás no sea la panacea a la hora de lidiar con todo el estrés al que nos enfrentamos, pero sin duda he visto que una reevaluación rápida puede ser una herramienta útil para enfrentarme a las ansiedades de cada día que en otro momento me habrían dejado agotado e infeliz.

El propio Hans Selye, padre de la investigación sobre el estrés, empezó a llegar a estas conclusiones en la última década de su vida. Al fin y al cabo, él había vivido una vida ajetreada y frenética en la que investigaba, escribía y hacía giras de conferencias internacionales sin parar, aunque se crecía en este flujo constante de retos. Así, tras cuatro décadas describiendo los peligros del estrés, empezó a sospechar que nuestras actitudes podrían desempeñar un papel en nuestras respuestas. Como destacó en 1977 en su autobiografía, un beso de un amante podría hacer aparecer muchos de los cambios (aceleración del latido del corazón, falta de aire) que produce el miedo. La única diferencia es la interpretación. Selye incluso acuñó un término, «eustrés», para describir las sensaciones energizantes y beneficiosas que puede comportar abordar un reto nuevo, y afirmó que la vida no tendría sentido sin eso. Llegó a la conclusión de que el estrés «no es lo que te pasa, sino cómo interpretas lo que te pasa».[330]

Con nuestra comprensión avanzada de los efectos de las expectativas, por fin podemos poner en marcha este sentimiento: quizás suponga una tregua en la guerra de un siglo contra la preocupación.

Cómo pensar sobre... el estrés, la felicidad y el sueño

- Intenta adoptar una actitud de aceptación respecto a los sentimientos desagradables en lugar de suprimirlos activamente.
- Cuando trates con la ansiedad, considera los beneficios potenciales de lo que sientes físicamente. Por ejemplo, la respiración rápida y el corazón acelerado ayudan a transmitir oxígeno y glucosa al cuerpo y al cerebro, proporcionándote la energía que necesitas para enfrentarte al reto, mientras que sudar te ayuda a enfriar el cuerpo mientras se esfuerza para alcanzar sus objetivos.

- ¿Puedes «reetiquetar» tus sentimientos? La ansiedad se puede parecer mucho al entusiasmo, por ejemplo, y recordarte estas similitudes te puede ayudar a sentir más energía.

- Si tienes una mente imaginativa, visualizar las formas en las que la ansiedad podría impulsar tu propio rendimiento en situaciones específicas podría cimentar el mensaje, lo que conduciría a efectos a más largo plazo.

- Refuerza regularmente tu conocimiento de estos efectos de las expectativas. Si te sueles sentir estresado en el trabajo, podría ayudar tener notas o pósteres que destaquen los principios de este capítulo en tu mesa o poner recordatorios en un calendario online.

- Si te cuesta quedarte dormido, intenta aceptar esa sensación de agitación sin juzgarla y recuérdate a ti mismo que seguirás pudiendo funcionar al día siguiente, aunque tu sueño no haya sido óptimo.

- Intenta conseguir datos más objetivos sobre tus hábitos del sueño (por ejemplo, usando una *app* en el móvil o un dispositivo para controlar el sueño) y piensa si es posible que seas uno de esos que duerme bien, pero se quejan. Si fuera así, cuestiona tus suposiciones usando la lista de creencias y actitudes disfuncionales sobre el sueño que ha aparecido anteriormente.

8

LA FUERZA DE VOLUNTAD ILIMITADA

*Cómo construir reservas ilimitadas de autocontrol
y enfoque mental*

Si seguiste de cerca la presidencia de Barack Obama, quizás te fijaste en que siempre llevaba el mismo estilo de traje azul o gris para casi todas las ocasiones públicas. No era una declaración de moda, sino un truco para la vida: pensaba que así podía ahorrar reservas mentales para las responsabilidades de la presidencia si evitaba tener que tomar decisiones pequeñas pero irrelevantes que disminuyeran su concentración.

Por lo visto, Michelle puso los ojos en blanco por ese comportamiento. «Mi mujer se ríe de lo cuadriculado que me he vuelto», dijo. [331] Pero Obama no está solo en este esquema de ahorro de energía. Arianna Huffington, Steve Jobs, Richard Branson y Mark Zuckerberg también han dicho que han simplificado su armario porque es una forma de preservar la mente para tareas más elevadas. «Sentiría que no estoy haciendo mi trabajo si dedicara mi energía a tonterías o frivolidades de mi vida», dijo Zuckerberg en una entrevista. [332]

Por lo visto, su razonamiento se basaba en una investigación científica sólida, que Obama citó en una entrevista para *Vanity Fair*. Durante décadas, los investigadores habían asumido que cualquier tipo de esfuerzo mental (como tomar decisiones, evitar distracciones o resistir a la tentación) recurre al almacenamiento mental de la glucosa. Cuando nos levantamos por la mañana, tenemos ese combustible vital en abundancia, pero se reduce cada vez que ejercitamos la mente, lo que conduce a lapsos en la concentración y el autocontrol a medida que avanza el día. Tal como dijo un experto al *Financial Times*: «Tu cerebro solo puede lograr una cantidad concreta de pensamiento de calidad diario».[333] Según esta teoría, los límites de nuestra reserva mental podrían explicar la procrastinación en el trabajo. Cada vez que ejercemos una especie de autocontrol concentrándonos en la tarea en cuestión, reducimos un poco nuestra energía hasta que al final no podemos resistir el impulso de mirar Facebook, Twitter o YouTube. Y así desperdiciamos horas en la pausa del mediodía, mientras el reloj va avanzando en su cuenta atrás hacia el final del día.

Y lo que es más importante, se cree que esas mismas reservas mentales impulsan muchas tareas distintas, lo que significa que el esfuerzo en un área puede conducir supuestamente a lapsos en otra. Por eso se dice que esa es la razón por la que hay personas que se dan un festín de comida basura después de un día duro en la oficina: después de mucho tiempo concentrados, perdemos la fuerza necesaria para resistir a la tentación del tarro de galletas. El derroche de dinero nocturno en eBay y Amazon también podrían ser culpa de un cerebro fatigado: cuando nuestras reservas mentales ya están bajas, no podemos resistir la tentación de gastar el dinero en artículos inútiles de los que después nos arrepentimos. Algunos autores incluso han afirmado que nuestra reserva mental limitada podría explicar por qué las personas muy enérgicas engañan a sus cónyuges. Con un horario de trabajo incesante que reduce la energía para tomar decisiones, alguien como Bill Clinton habría sido prácticamente incapaz de controlarse, según esta teoría.

¿Tiene que ser así? La idea de que nuestros recursos mentales son limitados y que se pueden agotar con el tiempo sin duda concuerda con muchas de nuestras propias experiencias en casa y en el trabajo. Al fin y al cabo, no hace falta tener un título en psicología para decir que alguien es «de mecha corta», pensar que la «paciencia se está desgastando» o defender que no se puede trabajar de sol a sol. Y ese es precisamente el problema con gran parte de esta investigación: igual que los estudios sobre el estrés, no llego a cuestionar si en realidad nos ponemos estos límites a nosotros mismos a través de un efecto de las expectativas extremadamente extendido.

La verdad es que muchos de nosotros solo utilizamos una pequeña parte de nuestro potencial, mientras hay un embalse enorme esperando que lo liberen. Resulta enigmático que algunas culturas ya tengan la opinión extendida de que el enfoque mental y el autocontrol aumentan con el esfuerzo y esto se refleja en el comportamiento de la persona. Lo que una vez supusimos que era un límite biológico es realmente un artefacto cultural y, aprendiendo a cambiar nuestras expectativas, podemos mejorar nuestro uso de las enormes reservas del cerebro. Esta comprensión incluso puede ayudarnos a reconocer el verdadero poder de la superstición y el rezo, tanto para creyentes como para ateos.

EL AGOTAMIENTO DEL EGO

Las teorías predominantes del enfoque mental y el autocontrol (que se suelen agrupar bajo el término «fuerza de voluntad») se remontan al padre del psicoanálisis, Sigmund Freud. Él consideraba que nuestra psique tiene tres componentes: el id, el ego y el superego. El id era indisciplinado e impulsivo, mientras que el superego era casto y censurador, y dictaba el rumbo más moral o socialmente apropiado. El ego pragmático estaba entre estas dos entidades enfrentadas, y reinaba sobre el id en las instrucciones del superego. Sin embargo, necesitaba energía para decidir lo que era mejor para nosotros y tomar el mejor rumbo: de lo contrario, nuestros impulsos más bajos tomarían la delantera.[334]

Hubo que esperar a finales de la década de 1990 para que los psicólogos pusieran a prueba la teoría de Freud sistemáticamente, con Roy Baumeister a la cabeza. En su primer experimento, el psicólogo reclutó a estudiantes con el pretexto de hacer un test de percepción del gusto. Al llegar al laboratorio, los estudiantes veían dos cuencos en la mesa, uno lleno de rábanos, y otro lleno de galletas. Cuando el investigador salía de la sala, los participantes con más suerte recibían el mensaje de que podían comer dos o tres galletas mientras que los menos afortunados tenían que probar los rábanos, sin coger galletas (los participantes no lo sabían, pero había unos investigadores escondidos detrás del espejo de doble cara para asegurarse de que no hacían trampas). Al terminar la cata, a los participantes se les asignaba una compleja tarea geométrica. De hecho, era tan compleja que era imposible de resolver. Si los participantes querían parar, se les decía que podían tocar una campana y los científicos irían y los recogerían. De lo contrario, les daban treinta minutos para lidiar con el problema.

Baumeister predijo que el esfuerzo de aplacar la tentación de comerse las galletas agotaría las reservas mentales de energía de los participantes, de forma que los comedores de rábanos tendrían menos resiliencia en la tarea para resolver el problema. Y eso fue exactamente lo que descubrió. De media, las personas del grupo de rábanos dedicaban alrededor de 8,5 minutos a la tarea antes de rendirse y tocar la campana, en comparación con los diecinueve minutos de los participantes que tenían permiso para comer galletas: una diferencia enorme en capacidad de resistencia mental.[335]

A partir de estos descubrimientos, Baumeister consideró que nuestra fuerza de voluntad es un músculo mental que se cansa con el tiempo. Como homenaje a las teorías de Freud, describió el agotamiento mental que surge al ejercer autocontrol y enfoque como «agotamiento del ego», y estudios posteriores pronto ofrecieron cientos de ejemplos más que apoyaron la teoría. [336] Cuando se pidió a los sujetos que vieran un vídeo de Robin Williams sin reírse ni sonreír, por ejemplo, fueron menos capaces de concentrarse en resolver una serie de anagramas. [337] O los participantes tenían que ignorar mensajes molestos que aparecían de repente en la pantalla, mientras escuchaban una entrevista, y se distraían más en las pruebas de lógica y comprensión lectora debido a que sus recursos mentales estaban agotados. [338]

En uno de los estudios que por lo visto inspiraron a Obama a reducir al máximo su toma de decisiones, se pidió a los estudiantes que eligieran cursos para su licenciatura, una elección con ramificaciones potenciales serias para su éxito académico. Debido al agotamiento mental de concentrarse en esta decisión, posteriormente, tendieron a procrastinar más que a estudiar para un examen de matemáticas potencialmente importante. [339] Al mismo tiempo, los estudios sobre el comportamiento de los consumidores demostraron que los participantes agotados, obligados a permanecer concentrados y ocupados leyendo en voz alta las aburridas biografías de los científicos, tendían a hacer más compras impulsivas. [340]

En cada caso, practicar la autodisciplina y el enfoque mental en un campo (resistir a la tentación, evitar la distracción, resolver un problema difícil, planificar el futuro o limitar las emociones) condujo a un resultado peor en otro. La prueba parecía ser concreta: solo podemos controlar la mente y el comportamiento un tiempo limitado antes de empezar a cansarnos.

Estos experimentos eran particularmente sorprendentes porque los ejercicios «agotadores» no eran especialmente arduos en términos generales, lo que sugería que muchas de las pequeñas pruebas a las que nos enfrentamos todos los días podrían tener efectos similares. «Cuando te muerdes la lengua, resistes el impulso de fumar, beber o comer, limitas la agresión, pospones ir al baño, pones una sonrisa falsa cuando te cuentan un chiste malo te obligas a ti mismo a seguir trabajando, agotas una energía crucial y tienes menos energía disponible para afrontar el siguiente reto», escribió Baumeister en la revista *The Psychologist* en 2012.[341]

De hecho, cuando Baumeister dio a los participantes una *app* para que grabaran sus pensamientos en el móvil a intervalos aleatorios durante el día, vio que la persona media pasa alrededor de una cuarta parte del día resistiéndose a sus deseos, desde el sexo al tiempo dedicado a las redes sociales.[342] Con tantas demandas drenando nuestros recursos, no es de extrañar que tantos de nosotros tengamos dificultades para conservar la fuerza de voluntad de vez en cuando.

Los TAC cerebrales incluso fueron capaces de identificar un par de regiones del cerebro (el córtex prefrontal y el del cíngulo anterior) que parecían participar en todas estas formas distintas de control del ego. Pero, para reforzar su teoría, los investigadores debían ser realmente capaces de identificar el combustible que se agotaba con el tiempo. Escogieron la molécula de glucosa, que también impulsa los músculos, como candidato principal.[343]

Al fin y al cabo, concentrarnos y tener fuerza de voluntad puede ser muy parecido al sufrimiento físico. Por lo visto, el novelista Edward St Aubyn tiene que estar envuelto en una toalla mientras escribe porque suda muchísimo mientras crea sus novelas[344], como si esa concentración intensa estuviera haciendo que se le agotara todo el cuerpo. Y la investigación demuestra que el esfuerzo de autocontrol, de hecho, puede afectar al cuerpo, lo que conduce a un aumento de la transpiración.[345]

En apoyo de la teoría de la glucosa, Baumeister hace referencia a estudios que utilizan tomografía por emisión de positrones (PET) que pueden medir el consumo de energía en el cerebro y que muestran un aumento en el metabolismo de la glucosa en las regiones frontales del cerebro cuando realizamos tareas que requieren esfuerzo.[346] En sus propios experimentos, Baumeister también observó una correlación aparente entre los niveles de glucosa de las personas y los efectos del agotamiento del ego: cuanto más bajo era su azúcar en sangre, menor era su fuerza de voluntad. Resultó todavía más convincente cuando su equipo vio que dar un rápido subidón de azúcar, a través de un vaso de limonada, restauraba el enfoque mental y el autocontrol de los participantes cuando se sentían agotados. [347]

El aparentemente rápido agotamiento de los recursos de nuestro cerebro (¡a menudo después de solo cinco minutos de actividad mental!) puede sonar a malas noticias, pero la investigación de Baumeister ofrecía muchas sugerencias prácticas para aprovechar al máximo nuestras reservas limitadas. Vieron que el autocontrol y el enfoque mental pueden reforzarse con la práctica, como un músculo (y al igual que vimos con los efectos de agotamiento del ego en sí, los beneficios podrían afectar a múltiples campos). Se animó a los participantes de uno de los primeros experimentos a corregir su mala postura durante un período de dos semanas y posteriormente mostraron una mayor perseverancia en una prueba de laboratorio. Los que se comprometieron a evitar el picoteo resultaron tener el doble de probabilidades de dejar de fumar, mientras que los que intentaron no usar palabrotas en su día a día fueron más capaces de ser pacientes con sus parejas. [348] De alguna forma, el cerebro estaba aprendiendo a expandir sus reservas y a hacer frente al agotamiento.

Baumeister defendía que la forma más segura de impulsar el autocontrol general es cambiar de entorno, evitando pequeños sufrimientos del día a día que te agotan la energía. De esta manera, la puedes dedicar a cosas que importan de verdad. Si tu vicio son los dulces, podrías evitar tenerlos en casa o en la mesa del trabajo, así no te agotas con la tentación continua de abrir la caja de galletas. O si te distraes fácilmente con el móvil mientras trabajas, podrías dejarlo en la taquilla. Y si eres el presidente de Estados Unidos, podrías simplificar el armario y la dieta para eliminar las elecciones innecesarias y conservar la energía para tomar decisiones de importancia nacional.

Todo parecía tan incuestionable...[349] Sin embargo, algunos estudios recientes han planteado si el agotamiento del ego realmente es tan inevitable como pensábamos. Al parecer, en la teoría de Baumeister faltaba algo esencial: el poder de las creencias para controlar los recursos de la mente.

EL LÍMITE ESTÁ EN LA MENTE

La experiencia en cualquier profesión nos dice que unas personas encuentran el mismo esfuerzo mental mucho más agotador que otras. Piensa en la gente que conoces. Algunos están agotados al final de la jornada laboral, otros parece que tengan reservas ilimitadas que les permiten leer cientos de novelas, tocar en una orquesta o escribir un guion. Estas diferencias individuales pueden depender en parte de nuestras creencias sobre las tareas en sí. Es posible que te educaran para pensar que leer es un trabajo duro mientras que tocar música es una forma de relajarse y viceversa, y esas creencias determinarán lo agotadoras que encuentres dichas actividades. Es algo que merece la pena recordar si eres madre, padre, profesor o el gestor que da instrucciones a otras personas. Unos investigadores holandeses han demostrado que el mero hecho de que nos digan que un ejercicio es energizante, en vez de agotador, puede reducir la sensación de agotamiento y así los participantes son más persistentes y se concentran más. Por lo tanto, no hagas hincapié en la dificultad de una tarea antes de que alguien la haya probado por sí mismo.[350]

Sin embargo, según un trabajo rompedor de Veronika Job, de la Universidad de Viena, nuestras expectativas sobre nuestras propias capacidades y nuestras reacciones respecto al trabajo mental duro en general son aún más potentes. Ha demostrado que nuestras creencias sobre los recursos de la mente (tanto si los consideramos finitos como ilimitados) pueden cambiar profundamente nuestra experiencia del agotamiento del ego y nuestra capacidad para conservar el autocontrol y la concentración bajo presión.

Trabajando con unos investigadores de la Universidad de Stanford a finales de la década de 2000, Veronika Job empezó creando un cuestionario para comprobar las teorías implícitas de concentración y autocontrol de sus participantes con una serie de afirmaciones que debían puntuar en una escala del uno (completamente de acuerdo) al seis (completamente en desacuerdo). Incluían las siguientes:

- Cuando se acumulan situaciones que suponen una tentación, cada vez se te hace más difícil resistirte.
- La actividad mental ardua agota tus recursos, y luego tienes que reabastecerte (por ejemplo, haciendo pausas, sin hacer nada, viendo la televisión, picando comida).
- Después de hacer una actividad mental ardua, no puedes empezar otra actividad inmediatamente con la misma concentración porque tienes que recuperar la energía mental.

Y:

- Cuando has estado trabajando en una tarea mental ardua, te sientes energizado y eres capaz de empezar inmediatamente otra actividad exigente.
- Si acabas de resistirte a una fuerte tentación, te sientes reforzado y puedes resistir cualquier tentación nueva.
- Tu capacidad de resistencia mental se alimenta a sí misma. Incluso después de un arduo esfuerzo mental, puedes seguir esforzándote más.

Las personas que estaban más de acuerdo con la primera serie de declaraciones se consideraba que tenían una teoría limitada de los recursos de la mente, mientras que las que estaban de acuerdo con la segunda, se consideraba que tenían una teoría ilimitada de estos (en el experimento real, las declaraciones aparecían en una lista combinada única, junto a otras declaraciones trampa que se añadieron para evitar que los participantes sospecharan sobre el propósito del estudio).

Después de clasificar las declaraciones, los participantes recibieron un arduo ejercicio en el que tenían que tachar ciertas letras de cada palabra de una página mecanografiada: una tarea aburrida y difícil que estaba diseñada deliberadamente para «agotar» sus recursos. Al final, hicieron el test STROOP, un test estándar de concentración en el que hay palabras que nombran distintos colores en un texto multicolor. La tarea del participante era señalar el color de las letras, sin tener en cuenta la palabra que aparecía escrita (por ejemplo, se podía ver la palabra «rojo» escrita en azul, «negro» en naranja o «amarillo» en amarillo. Las respuestas correctas serían azul, naranja y amarillo).

Si todo esto suena fatigoso, imagínate cómo se sentían algunos de los participantes. Y las personas con la mentalidad limitada reaccionaban a las tareas exactamente como uno predeciría con la teoría del agotamiento del ego: la difícil corrección les agotó la mente, haciendo que perdieran la concentración en la prueba STROOP. En consecuencia, su precisión era mucho peor que la de un grupo de control que había hecho la prueba STROOP sin tener que hacer la corrección del texto.

En cambio, las personas con una visión ilimitada de la mente no mostraron signos de fatiga después del primer ejercicio. De hecho, su resultado fue igual de bueno que los miembros del grupo de control que habían hecho la prueba STROOP frescos sin la aburrida y agotadora tarea de corrección. Por increíble que parezca, los resultados de Job parecían demostrar que las consecuencias de agotamiento del ego son reales, pero solo si crees en ellas.

A continuación, Veronika Job reclutó a un nuevo conjunto de participantes para ver si podría determinar sus creencias y si eso alteraría sus resultados. En vez de ver todo el cuestionario, la mitad de los sujetos vieron las declaraciones limitadas de más arriba mientras que el resto recibió las declaraciones ilimitadas, una intervención sutil con la que pretendía preparar una u otra mentalidad. Después, los participantes recibieron la tarea de corrección y la prueba STROOP. Y los efectos fueron enormes: quienes habían estado expuestos a la idea de que la concentración se puede construir con esfuerzo eran alrededor del doble de precisos en la prueba STROOP que los que habían sido preparados para pensar que sus recursos se agotarían.[351] Eso demostró causalidad: a través de solamente un empujoncito hacia una creencia u otra, ella había reforzado o debilitado la fuerza de voluntad de los participantes. De hecho, las personas que habían sido preparadas con visiones ilimitadas tuvieron mejores resultados si habían hecho la tarea considerada agotadora que si no se habían esforzado antes de la prueba STROOP. Sus creencias de que el esfuerzo mental podría ser energizante se habían convertido en una realidad.

Cuando hablé con Veronika Job sobre su trabajo, me dijo que la primera vez que presentó sus ideas en un coloquio en su Suiza natal, otros investigadores se mostraron escépticos respecto a la posibilidad de que las expectativas pudieran tener esos efectos. Sin embargo, aquellos descubrimientos rompedores han sido replicados muchas veces desde entonces, con pruebas de efectos significativos a largo plazo. Usando los diarios de los participantes de sus actividades cotidianas, por ejemplo, Veronika Job descubrió que las personas con la visión ilimitada de los recursos de la mente eran más capaces de recuperarse después de un día largo y agotador, con expectativas más altas sobre lo que iban a lograr la mañana siguiente y, en consecuencia, conseguían una productividad mayor. Por increíble que parezca, descubrió que las personas con una visión ilimitada de la mente eran más productivas (que su propia media) después de un día particularmente exigente en comparación con uno que no lo hubiera sido tanto. Lejos de agotarlos, las dificultades extraordinarias habían impulsado su capacidad de resistencia y azuzado su motivación para lograr sus objetivos.[352]

Los efectos de estas mentalidades destacan especialmente durante los momentos más estresantes, como el período previo a los exámenes. Quienes tenían una mentalidad limitada mostraban una mayor fatiga en ese período, lo que conduce a una mayor procrastinación; las notas y el bienestar emocional de los estudiantes sufren en consecuencia. Debido al agotamiento de su autocontrol, también es más probable que se den un festín de comida basura y que recurran a las compras compulsivas para levantarse el ánimo (las señales clásicas de agotamiento del ego). En cambio, quienes tenían una visión ilimitada encontraban mucho más fácil seguir estudiando y conseguir buenas notas, sin procrastinar ni descuidar su salud.[353]

Nuestras creencias sobre la fuerza de voluntad incluso pueden determinar nuestras respuestas ante una enfermedad crónica. Veronika Job ha estudiado un grupo de personas con diabetes que reveló que su mentalidad influía en su probabilidad de seguir las órdenes del médico. En general, las personas con visión ilimitada de su fuerza de voluntad eran más diligentes en actos de cuidado personal (como mantener un registro de sus niveles de azúcar en sangre), tomar su medicación y mantener el peso bajo control.[354] Si te sientes agotado mentalmente al final del día, tendrás menos tendencia a cuidarte; en cambio, las personas con visión ilimitada de la mente no cayeron en esta trampa y, en consecuencia, estaban más sanas.

La visión limitada de la fuerza de voluntad puede que sea mucho más común en Occidente, pero esta actitud no es universal. Trabajando con Krishna Savani en la Universidad Tecnológica de Nanyang de Singapur, Veronika Job ha demostrado que la visión ilimitada de la mente humana es mucho más común entre los estudiantes indios que entre personas de Estados Unidos o Suiza. En consecuencia, su capacidad de resistencia mental es mucho mayor.[355]

Veronika Job y Savani defienden que el mayor predominio de la creencia ilimitada en la India puede surgir de varias tradiciones religiosas, entre las que se incluyen el budismo, el hinduismo y el jainismo: los fieles practican actividades mentalmente agotadoras que están diseñadas explícitamente para impulsar la concentración y el autocontrol. Señalan la práctica yóguica de *trataka*, que implica concentrar la visión en un punto único, como un punto negro o la punta de la llama de una vela, sin hacer caso a todas las demás distracciones. *Trataka* es básicamente el tipo de tarea de atención que habría sido usada por los científicos occidentales para agotar nuestros recursos. Sin embargo, los practicantes de yoga consideran que es una forma de limpiar la mente, de prepararla para una mayor concentración; una repetición regular del ejercicio parece cimentar la idea de que el esfuerzo mental concentrado puede ser energizante en lugar de agotador, lo que conduce a una mayor concentración y autocontrol en muchas áreas de la vida.[356] Resulta interesante contemplar lo diferente que podría haber sido la comprensión científica de la fuerza de voluntad si los primeros experimentos sobre la fatiga mental se hubieran llevado a cabo en una cultura que no fuera occidental.

¿UNA TEORÍA UNIFICADA DE LA FUERZA DE VOLUNTAD?

Puede que parezca que estos descubrimientos anuncian el fin de la teoría del agotamiento del ego. Sin embargo, hay una forma de reconciliar las teorías de Baumeister y Veronika Job si piensas en la forma en la que el cerebro gestiona sus niveles de energía. Según una perspectiva, la máquina de predicción actúa como un contable, parcelando nuestros recursos para que no nos quedemos con un nivel de suministro de glucosa (y cualquier otra fuente de combustible mental) peligrosamente bajo. Como vimos en los capítulos cinco y seis, los sensores del cuerpo no pueden juzgar nuestra ingesta ni el gasto de energía de una forma muy precisa. Esto significa que nuestro contable interior puede estar influido por nuestras expectativas, lo que incluye nuestras creencias sobre la fuerza de voluntad.

Si consideras que tus recursos son limitados, tiene sentido que tu cerebro opere con tacañería, reduciendo su consumo de glucosa después de una actividad que requiera esfuerzo. De esa forma, racionará las reservas de energía que le quedan y evitará agotarlas antes de que tengas la oportunidad de llenarlas. En estos casos, la sensación de agotamiento no es solo imaginaria. En realidad, la mente reduce su uso de energía, una consecuencia fisiológica de tus expectativas (de la misma forma en que todos podríamos apretarnos el cinturón y reducir el gasto mientras esperamos a la siguiente nómina).

Si crees que tienes recursos ilimitados, el contable interno es menos tacaño y libera los suministros que necesites, ya que no teme agotarlos. Tu cerebro utiliza tanto combustible como necesite creyendo que habrá más disponible, lo que significa que puedes mantener un esfuerzo constante mientras estudias, resistes la tentación o tomas decisiones difíciles. Simplemente no necesita cortar el gasto de energía y reducir su rendimiento.

De ser cierto, esto explicaría por qué la fuerza de voluntad crece con la práctica: los ejercicios que Baumeister y otros habían fijado para sus participantes les ayudaron a demostrarse a sí mismos que sus recursos mentales se agotaban con menos facilidad de lo que habían pensado, lo que permitía a sus cerebros liberar el combustible necesario para mantener su concentración y autocontrol en muchas otras situaciones.

Esta nueva teoría «unificada» podría resolver muchos otros misterios sobre el autocontrol y la concentración que anteriormente desconcertaban a los científicos. Por ejemplo, había señales de que el enfoque mental de una persona aumenta si se le hace creer que está casi al final de la tarea, pero no si cree que todavía le queda mucho. Este descubrimiento es difícilmente compatible con la repetición original de la teoría del agotamiento del ego. Sin embargo, tiene sentido cuando consideras la necesidad del cerebro de asignar recursos. Esta teoría también podría explicar por qué las personas en general tienen mejores resultados en tareas agotadoras mentalmente si se les paga por conseguir resultados positivos. Teniendo en cuenta la posibilidad de una recompensa inmediata, la máquina de predicción (incluso una que suscriba la visión limitada) está más dispuesta a arriesgarse al agotamiento dedicando más recursos a sus actividades.[357]

La contabilidad interna del cerebro también nos puede ayudar a comprender por qué el mero hecho de probar bebidas azucaradas mejora el rendimiento al instante, incluso antes de que la glucosa pueda llegar a las neuronas. Algunos estudios incluso han descubierto que aclararse la boca con agua con azúcar, para después escupirla, puede mejorar el rendimiento. En cuanto los receptores de glucosa de la boca señalan que viene más combustible, el contable sabe que el cerebro puede permitirse el lujo de gastar la energía existente con generosidad. En la línea de esta idea, Veronika Job ha demostrado que ingerir bebidas dulces y azucaradas tiende a ofrecer más alivio a las personas con mentalidad limitada (es más probable que sientan que están al borde del agotamiento, y que están repartiendo las reservas existentes de forma más conservadora) que a las de mentalidad ilimitada.[358]

Muchas otras substancias utilizadas para ayudar a la concentración puede que funcionen por las creencias y no por un efecto directo de las sustancias químicas en sí. Cuando se estudiaron en ensayos controlados que explicaban adecuadamente la influencia de la expectativa, se descubrió que los efectos potenciadores del cerebro de la cafeína procedían principalmente de nuestras creencias sobre sus beneficios. De hecho, un estudio observó que el mero hecho de oler el café conducía a una mejora inmediata del rendimiento, gracias a su asociación con la agudeza mental. Incluso las llamadas «drogas inteligentes» como las sales de anfetamina (usadas por estudiantes y trabajadores ambiciosos para mejorar su concentración y atención) pueden funcionar por las expectativas alteradas de nuestra propia capacidad, independientemente de cualquier efecto bioquímico.[359]

UNA VOLUNTAD DE HIERRO

¿Cuánta fuerza de voluntad puede usar una persona ante de quedarse sin combustible? La increíblemente prolífica escritora estadounidense Danielle Steel puede ofrecer algunas pistas sorprendentes.
Con ciento setenta y nueve libros a sus espaldas, Steel reveló que
había logrado su éxito trabando jornadas de veinte horas. Empezaba
a las ocho y media de la mañana y se resistía a casi todas las distracciones. Si topaba con una dificultad creativa, confiaba en su energía
ilimitada para seguir sudando tinta. «Cuanto más huyes del material, peor. Es mejor obligarse a uno mismo a continuar», aconsejaba.
Danielle Steel afirmaba que no entendía cómo podría agotarle su
trabajo; una actitud que, sin duda, se parece mucho a las creencias
ilimitadas sobre la mente que ha estudiado Veronika Job. Incluso
tiene un póster en su despacho que reza: «No existen los milagros,
sino solo la disciplina».[360]

La entrevista, publicada en 2019, enseguida se hizo viral. Muchos periódicos y otras fuentes describían el poder de concentración
y autocontrol de Steel como «sobrehumano». Tal como señaló *The
Guardian* en aquel momento: «Una cosa es que alguien conduzca
por ti y otra muy distinta es reunir la fuerza de voluntad y mante-
nerla para conducir tú mismo».[361] Esta respuesta no es sorprendente, teniendo en cuenta que la mayoría de las personas creen que
incluso un período corto de esfuerzo mental ininterrumpido es agotador.

La investigación de Veronika Job sugiere que muchos de nosotros podríamos lograr niveles más elevados de productividad si
adoptáramos la mentalidad adecuada, aunque la ética de trabajo de
Danielle Steel podría hacer saltar algunas alarmas. Una crítica potencial de la investigación de Veronika Job es que las creencias ilimitadas sobre el cerebro podrían hacer que nos presionáramos con
demasiada dureza sin permitirnos ningún placer en la vida. Por
suerte, la adicción extrema al trabajo no parece ser un problema

común para las personas con creencias ilimitadas, como mínimo según los estudios efectuados por Veronika Job. De hecho, la investigación demuestra que tienden a ser más felices y estar más sanas que quienes esperan que el esfuerzo mental sea agotador, algo que difícilmente se espera del típico adicto al trabajo. Una razón es que usan sus recursos mentales para planificar el trabajo de forma efectiva, sin desperdiciar el tiempo en distracciones. «Son más eficientes para lograr sus objetivos, lo que es un indicador fuerte de bienestar», me dijo Veronika Job. Y cuando salen de trabajar, se sienten con más energía para ocuparse del resto de su vida.

En cambio, las personas con creencias limitadas tienden a sentirse tan agotadas que no se organizan el trabajo, con lo que sienten que llevan una carga. Después, vuelven a casa con tal cansancio que tienen poca energía para disfrutar del tiempo libre.[362] Sorprendentemente, las personas con creencias limitadas incluso sufren de peor sueño ya que no tienen (o no creen tener) el autocontrol de acostarse pronto cuando lo necesitan y posponen la hora de acostarse, un fenómeno llamado «postergación del sueño» que agravará su agotamiento.[363] La verdad es que un empujoncito para tu fuerza de voluntad debería ayudarte a lograr la conciliación entre vida y trabajo que sea mejor para ti, tanto si es un horario absorbente como el de Danielle Steel como si son unas pocas horas de trabajo concentrado seguido de un montón de tiempo para jugar. Tus recursos mentales estarán ahí para que los uses siempre que los necesites.

Si tienes una mentalidad limitada y deseas cambiar tus propias expectativas, el mero hecho de aprender sobre tus vastas reservas mentales puede tener beneficios inmediatos sobre tu atención y autocontrol. En un experimento, los participantes leían un artículo sobre la «biología de una fuerza de voluntad ilimitada», que describía las reservas (generalmente) abundantes de glucosa en nuestro cerebro y la capacidad del cuerpo de liberar más cuando la necesitamos. El mensaje se convirtió en una profecía autocumplida: su concentración y atención en las pruebas cognitivas aumentó con una mayor carga de trabajo después de que les informaran sobre los recursos disponibles del cerebro.[364] De nuevo, el mero hecho de dedicar unos minutos a reevaluar tus expectativas puede cambiar algo que se consideraba que era fisiológicamente intratable.

A medida que procesas estas ideas nuevas, puede que te beneficies de pensar por un momento en las veces que te has sentido motivado después de una tarea exigente en el pasado. Incluso si tienes creencias limitadas sobre el cerebro, habrá habido veces en las que sentiste que estabas concentrado intensamente en una tarea compleja y estabas tan absorto en lo que hacías que no notaste el paso del tiempo. Podrías haber estado abstraído leyendo una novela o jugando a un juego de ordenador complejo hasta altas horas de la noche, por ejemplo. Ambos son ejemplos de que tu atención aumenta con el esfuerzo, aunque no hayas reconocido ese hecho en ese momento porque te estabas divirtiendo mucho. O piensa en algún momento en el que descubriste que ejercer autocontrol te hizo sentir más fuerte. El mero hecho de recordar ese tipo de acontecimiento puede abrir la mente a la idea de que tus reservas mentales de atención y autocontrol son mucho más profundas de lo que suponías.

Cuando hayas empezado a reconocerlo, puedes poner a prueba tus límites con pequeños retos. Deberían reflejar un objetivo realista que ya estés muy motivado por conseguir[365] (en la prueba clásica de agotamiento del ego, las personas tienden a descubrir que las actividades voluntarias, elegidas con sensación de autonomía, son menos agotadoras que las que impone un tercero). Podría ser algo tan simple como evitar las tentaciones de las redes sociales durante un día entero, una prueba de si puedes trabajar de forma más productiva de lo que te habías imaginado anteriormente; si sueles desperdiciar las tardes con actividades poco satisfactorias, podrías intentar practicar un hobby en vez de ver la televisión esa tarde, y ver si así te sientes con más energía de lo que pensabas. Teniendo en cuenta la investigación de Veronika Job y Savani en la India, incluso podrías probar el *trataka*, un ejercicio yóguico tradicional en el que centras la atención en un único punto durante un momento para «limpiar» la mente y agudizar la concentración.

Independientemente de lo que hagas, no empieces intentando emular el despliegue prolongado de fuerza de voluntad de Danielle Steel: si lo intentas demasiado rápido, puede que fracases y eso solo cimentará la creencia de que tus reservas mentales son limitadas y que se agotan con facilidad.[366] Como vimos también en la investigación sobre el estrés (capítulo siete), deberías salir de tu zona de confort y cuestionarte cómo te sientes. Con el tiempo, puede que veas que eres más capaz de ejercer autocontrol y concentración cuando lo necesitas.

Es posible que tanto padres como profesores quieran aplicar estos descubrimientos en concreto. En educación, el autocontrol y la concentración a menudo son tan importantes para el éxito académico de un niño como la inteligencia natural, y la investigación de Veronika Job sugiere que hay formas nuevas de cultivar estas cualidades a una edad temprana. La psicóloga Kyla Haimovitz y sus colegas recientemente visitaron un parvulario de la bahía de San Francisco y leyeron a niños de cuatro y cinco años una historia sencilla sobre una niña que tuvo que ejercitar la paciencia y la determinación, mientras esperaba para abrir un regalo, compraba un helado o resolvía un puzle difícil en la escuela. En cada reto, el personaje se sentía cada vez más fuerte cuando más esperaba o cuanto más perseveraba, un mensaje que estaba diseñado para preparar a los niños con una visión ilimitada de la fuerza de voluntad.

Después de la historia, se entregaba a los niños una prueba clásica de autorregulación: la opción de tener un pequeño regalo cuando les apeteciera o de esperar trece minutos enteros para tener un regalo más grande (es decir, la prueba más dura de autocontrol que puedes dar a un niño de preescolar). En total, el setenta y cuatro por ciento de los niños que habían escuchado la historia inspiradora consiguieron resistir la tentación en comparación con solo un cuarenta y cinco por ciento de un grupo de control a quienes contaron un cuento distinto. [367] Es evidente que un único libro de cuentos no va a cambiar una vida, pero, con una exposición regular a mensajes similares, los niños deberían estar mejor equipados para ejercer su fuerza de voluntad en todo tipo de tareas, lo que les proporciona una resiliencia que incorporarán durante los momentos de presión y esfuerzo más adelante en la vida.

En el siguiente capítulo, examinaremos más estrategias a través de las cuales los profesores y los líderes empresariales pueden utilizar los efectos de las expectativas para mejorar el potencial de grupos enteros de estudiantes y empleados. Pero para acabar de explorar la fuerza de voluntad, veamos la última forma de impulsar la atención y el autocontrol: el rezo o el ritual.

LA SUPERSTICIÓN LAICA

Mira la biografía de cualquier deportista de élite o estrella del entretenimiento y es bastante probable que tenga algún tipo de superstición o ritual. Por ejemplo, la mayoría de los jugadores de baloncesto desarrollan una serie rutinaria de movimientos que hacen antes de lanzar un tiro libre (como driblear, hacer una pausa, botar la pelota y hacerla girar un determinado número de veces o incluso darle un beso, antes de lanzar un tiro libre). Serena Williams escucha la misma canción (*Flashdance... What a Feeling* de Irene Cara) antes de salir a la pista y bota la pelota exactamente cinco veces antes de su primer servicio; Rafael Nadal siempre se da una ducha fría antes de cada partido y hace una serie concreta de gestos mientras espera a su adversario.

En el campo artístico, Beyoncé reza y hace una serie de estiramientos antes de una actuación, mientras que la bailarina Suzanne Farrell (considerada una de las mejores bailarinas estadounidenses) siempre se colocaba un ratoncito de juguete dentro de los leotardos.

Las supersticiones y los rituales también son frecuentes entre los escritores (Dr. Seuss se ponía un sombrero de la suerte cuando pensaba que estaba bloqueado) y los compositores: Beethoven confiaba en que el café impulsara su creatividad y contaba religiosamente sesenta granos exactos para cada taza.[368]

Antes de estudiar los efectos del poder de la expectativa, yo creía que estas supersticiones eran una especie de apoyo emocional sin ningún beneficio directo en los resultados. Y estaba equivocado. Un estudio de tiros libres de baloncesto descubrió que los jugadores tenían alrededor de un 12,4 por ciento más de precisión cuando seguían sus rutinas personales antes del tiro que cuando se desviaban de la secuencia. En general, el índice de éxito total era del 83,8 por ciento con la rutina exacta frente al 71,4 por ciento sin ella.[369] Además, las supersticiones y los rituales también pueden impulsar la perseverancia y el rendimiento en un gran abanico de tareas cognitivas, y las ventajas suelen ser considerables. En una prueba de destreza verbal, por ejemplo, la presencia de un amuleto aportó una mejora del cincuenta por ciento. El mero hecho de oír una frase supersticiosa como «¡Buena suerte!» puede aportar una pequeña ventaja, según un estudio.[370]

¿Por qué los rituales mejorarían las habilidades personales en tantos campos distintos? Una explicación obvia es que las creencias y rituales supersticiosos ayudan a sobreponerse a la ansiedad creando la sensación de que tienes más control sobre la situación. Casi con total seguridad, suponen un factor relevante. Sin embargo, es igual de importante el hecho de que pueden llevarnos a tener más fe en nuestras reservas mentales y nuestra capacidad de mantener la concentración y la autodisciplina. En consecuencia, podemos perseverar, incluso cuando otros empiezan a sentirse agotados y se empiezan a rendir, y, con el aumento del enfoque mental, podemos evitar distracciones que podrían limitar nuestro resultado.

Un estudio que comprobó directamente los efectos de las creencias supersticiosas en la fuerza de voluntad, descubrió que las personas que dedican tiempo a la contemplación espiritual mantienen una atención mayor en las pruebas de concentración que las que no.[371] Si estás empezando a sentir que se debilita tu disciplina, la creencia en que un poder sobrenatural te echa una mano puede llenar tus reservas.

Teniendo en cuenta estos resultados, algunos investigadores han especulado que el impulso de la fuerza de voluntad podría haber sido una razón principal por la que muchas culturas desarrollaron creencias y rituales religiosos en un comienzo.[372] En nuestro pasado evolutivo, el aumento del autocontrol podría haber ayudado a controlar sus peores impulsos (como agredir o robar a sus vecinos) y prescindir del placer inmediato (como atiborrarse de provisiones de comida limitadas) por el bien futuro del grupo.

Por suerte para los ateos, te puedes beneficiar de ciertos rituales sin ninguna necesidad de un poder superior. Como vimos con los estudios de ensayo abierto del capítulo dos, los tratamientos con placebo pueden ser efectivos incluso cuando los participantes son plenamente conscientes de que están tomando el fármaco falso. Por lo visto, se debe a que la rutina en sí parece activar la expectativa de mejora. Las supersticiones y los rituales no parecen ser distintos, con una fuerte evidencia de que pueden proporcionar un impulso incluso si las personas son plenamente conscientes de que no hay un motivo racional por el que vayan a funcionar.

En un experimento maravillosamente raro, Alison Wood Brooks de la Universidad de Harvard y sus colegas invitaron a los participantes a cantar *Don't Stop Believin'* de *Journey* en un karaoke. Para asegurarse de que se esforzaban al máximo, les dijeron que los juzgarían por lo precisa que fuera su actuación según la clasificación de su software de karaoke, y que les darían una gratificación de hasta cinco dólares si afinaban perfectamente al interpretar la canción.

Antes de empezar a cantar, alrededor de la mitad de los sujetos recibieron las instrucciones siguientes:

Por favor, haz el siguiente ritual: haz un dibujo de cómo te sientes ahora mismo. Rocía sal en tu dibujo. Cuenta hasta cinco en voz alta. Arruga el papel. Tíralo a la papelera.

El mero acto de realizar el ritual, que podría no haber ofrecido ningún beneficio directo a su canción, impulsó las puntuaciones de las canciones de los sujetos en un trece por ciento, en comparación con los miembros del grupo de control que se habían limitado a esperar tranquilamente hasta que les pidieron que cantaran. Los experimentos de seguimiento revelaron mejoras similares en un examen de matemáticas difícil. Y el reencuadre exacto de la rutina preparatoria importaba. Si se denominaba «ritual», los participantes veían los beneficios, pero si se les pedía que llevaran a cabo «unas acciones aleatorias», no. Las connotaciones de la palabra importaban claramente para impulsar su capacidad de seguir atentos bajo presión, del mismo modo que la palabra placebo aporta sus propios beneficios médicos.[373]

La adopción de rituales laicos también puede mejorar nuestra determinación en algunas pruebas clásicas de la fuerza de voluntad que a menudo nos dejan agotados, lo que incluye nuestra capacidad de resistir la tentación de una comida apetecible. Los participantes de un experimento tenían que hacer varias acciones rituales (sentarse rectos, cerrar los ojos, inclinar la cabeza y contar hasta diez) antes de comer mientras que un grupo de control llevaba a cabo una serie de movimientos aleatorios. Se les daba a elegir entre una barrita Snickers y una fruta baja en calorías y una barrita de cereales.

En un cuestionario posterior, los participantes que habían efectuado el ritual tenían más probabilidad de indicar más sentimientos de disciplina, dando puntuaciones mayores a declaraciones como «Me sentí mentalmente fuerte cuando tomé esta decisión» y «Sentí que estaba agudo y centrado al tomar esta decisión». Y esto se reflejó en la comida que eligieron para comer. Alrededor del sesenta y cuatro por ciento de los del ritual escogieron la opción más saludable en vez de la barrita de chocolate frente al cuarenta y ocho por ciento que realizó movimientos aleatorios sin la indicación del ritual.[374]

Teniendo en cuenta estos resultados, todos podríamos considerar la idea de adoptar unos rituales que nos ayuden a crear un sentido del control y la atención. El objetivo debería ser escoger algo significativo y directo desde el punto de vista personal: igual que las personas que hacen dieta realizan movimientos rituales, tú quieres algo que evoque fácilmente sensaciones de fuerza interior (si es demasiado compleja, la rutina en sí puede ser difícil de mantener en el momento de necesidad, y esto es una carga que podría aumentar tu ansiedad y disminuir tu rendimiento). Podría ser algo tan sencillo como hacer exactamente la misma secuencia de estiramientos cada mañana antes de ir al trabajo o hacer un calentamiento concreto de la voz antes de hacer una presentación importante, o decir un mantra especial antes de que tu disciplina se ponga a prueba. Personalmente, intento construir un ritual alrededor del café que tomo por la mañana antes de ponerme a escribir. Cuento el número de granos de café como Beethoven para imbuirlos de un sentido de importancia y para preparar la mente para que se concentre. Si tienes un perfume o unas prendas de ropa favoritas, conviértelos en un amuleto que usas cuando sabes que vas a tener que actuar bajo presión.

Tanto si eres atleta profesional como cantante u orador público, como si simplemente quieres tener mejor autocontrol para evitar la postergación de las cosas y dejar de perder el tiempo, puede que lo único que te frene sean tus expectativas sobre tu propia fuerza de voluntad. Y un poco de suerte manufacturada y sentido de autocontrol podría ser lo único que necesitas para ponerte en el camino del éxito.

Cómo pensar sobre... la fuerza de voluntad

- El sentido de autonomía (sensación de que tienes control sobre tus actividades) puede reducir la sensación de agotamiento del ego, aunque tengas una mentalidad limitada. Cuando sea posible, esfuérzate por establecer tus propias rutinas en vez de seguir las órdenes de los demás; recuérdate regularmente el objetivo y el significado que tienen para ti a título personal.

- Intenta reconocer los casos en los que, personalmente, ves que el esfuerzo mental es vigorizante. ¿De qué tareas difíciles disfrutas debido a su dificultad? Recordar estas actividades te ayudará a construir la creencia en tu potencial.

- Cuando consideres que una actividad te drena, plantéate si es objetivamente más difícil que las cosas que te parecen vigorizantes o si solo es una idea preconcebida. Por ejemplo, ¿otras personas la encuentran estimulante y es objetivamente más difícil que las otras actividades que no te parecen tan agotadoras? Cuestionando estas suposiciones, puedes empezar a ver que eres capaz de mucho más de lo que creías.

- Establece tus propios rituales y supersticiones laicas que te ayudarán a establecer una sensación de control en momentos de mucha presión. Podría ser un amuleto que tenga asociaciones positivas o una serie de gestos tranquilizadores; cualquier cosa que sea importante para ti y que te aporte la promesa del éxito.

9

UN GENIO DESAPROVECHADO

Cómo impulsar tu inteligencia, creatividad y memoria,
y las de los demás

Piensa un momento en las personas que te rodean: tu jefe, tus colegas, tu pareja y tus amigos. ¿Te sientes listo cuando estás con ellos?
¿O te hacen sentir limitado y poco original, y por eso siempre estás
esforzándote por ponerte a su altura? Las personas de tu pasado,
como los profesores de la escuela o tus padres, ¿veían tu potencial o
te subestimaban?

En el capítulo cuatro, vimos cómo podíamos coger enfermedades
psicógenas de otras personas a través de efectos nocebo contagiosos.
Ahora que hemos examinado cómo nuestras creencias pueden influir
en nuestra resiliencia y fuerza de voluntad, ha llegado el momento de
examinar cómo las creencias de la gente que nos rodea pueden cambiar nuestra capacidad intelectual. Siempre que interactuamos con
otra persona, nos puede transmitir la opinión que tiene de nosotros a
través de señales sutiles; con el tiempo, llegamos a interiorizar dichas
expectativas como si fueran ciertas, lo que conduce a cambios profundos de nuestra forma de actuar. Si alguna vez has notado que hay
personas que sacan lo mejor o lo peor de ti, esta es la razón.

Las primeras pistas de la existencia de este fenómeno proceden
de un experimento trascendental en la Spruce Elementary School

en el sur de San Francisco.[375] Era el segundo trimestre de 1964, y el personal ya estaba ocupado con su apretada agenda, cuando la directora, Lenore Jacobson, les pidió que se ocuparan de una cosa más. Les dijo que un psicólogo llamado Robert Rosenthal quería identificar a los niños que estaban a punto de crecer y que mostrarían un desarrollo acelerado en comparación con sus compañeros. Para ello, había diseñado un test cognitivo que podría predecir la trayectoria del niño, que Rosenthal esperaba poder probar en la escuela. Cada niño realizó un examen y, después del trimestre de verano, los profesores recibieron una lista de los niños que tenían mayor probabilidad de «crecer».

Como habrás imaginado, la premisa supuesta de la investigación era una farsa. Los niños elegidos habían sido seleccionados al azar para ver si las expectativas mejoradas de los profesores influirían en el progreso de los niños durante el siguiente año. El test que les hicieron en la primavera de 1964 sirvió de referencia para medir aquellos logros intelectuales.

Y para algunos de los supuestos «estudiantes que florecieron», los efectos de las expectativas mejoradas de los profesores parecían ser realmente notables. Violet, una «chica bajita, poco femenina y ojos negros y pequeños», era la quinta de seis hermanos, hija de un carnicero y una ama de casa. El personal del colegio la conocía porque era impetuosa y por sus peleas en el patio. Sin embargo, pese a aquellos problemas de comportamiento, su inteligencia se desarrolló enormemente durante el primer curso, cuando una segunda prueba reveló que había aumentado treinta y siete puntos de cociente intelectual. Es un aumento enorme del intelecto que habría parecido imposible con clases particulares intensas, y ya no digamos con educación elemental estándar.

Otro caso era el de Mario, hijo de un obrero de una fábrica y una mecanógrafa que acababa de empezar segundo de primaria. Ya se le conocía por ser un niño brillante, aunque a veces cometiera errores al leer en voz alta, y todavía escribía algunas letras erróneamente.

Sin embargo, ocho meses después de la primera prueba, su inteligencia había aumentado al equivalente de sesenta y nueve puntos de cociente intelectual.[376]

No todos los niños mostraron un progreso tan notable. Pero, en general, los «que iban a crecer» tuvieron una mejora intelectual de alrededor del doble que los otros niños de su curso, adelantando a sus compañeros de clase en 15,4 y 9,5 puntos de cociente intelectual en primero y en segundo respectivamente.[377]

Y, lo que es más importante, los profesores no prestaban una atención más evidente ni cuidaban más a esos niños. Más bien pasaban menos tiempo con ellos. Por lo visto, los profesores comunicaron sus creencias sutilmente a través de interacciones diarias lo que, a su vez, hizo que los propios niños tuvieran una visión más positiva de sus propias capacidades, unas creencias que permitieron que sus jóvenes mentes florecieran.

Los resultados de Rosenthal y Jacobson inicialmente se consideraron controvertidos. Sin embargo, con nuestra nueva comprensión del efecto de las expectativas, el progreso de aquellos niños resulta lógico. Rasgos como la inteligencia y la creatividad pueden verse influidos por nuestras creencias y, como mínimo en cierta medida, a menudo absorbemos suposiciones de las personas que nos rodean. Demasiado a menudo esas expectativas actúan de frenos que ralentizan nuestro progreso, pero en cuanto los sueltas, de repente, es mucho más fácil lograr tu potencial. Como veremos, las implicaciones de esta investigación llegan a ser políticas, puesto que existen pruebas contundentes de que los efectos de las expectativas pueden aumentar la igualdad social. Por suerte, ciertas técnicas de vanguardia nos permiten liberarnos de los límites que nos imponen otras personas para que podamos así crear nuestras propias profecías autocumplidas.

EL IMPULSO INSTANTÁNEO DEL CEREBRO

La mera idea de que podríamos llegar a ser más inteligentes a través del pensamiento es muy sorprendente. Durante gran parte de la historia de la psicología, nuestra inteligencia ha sido considerada un ejemplo perfecto del debate naturaleza frente a educación. Se suponía que nuestros genes eran el factor más importante para determinar la capacidad del cerebro, y después había factores como la dieta y el ambiente familiar. El efecto de las expectativas debería ser mínimo.

Sin embargo, parecía haber ciertas pruebas en contra según la ciencia del entrenamiento cerebral. Si te interesaban los juegos de ordenador de finales de la década de 2000, quizás recuerdes ver un montón de *apps* que afirmaban que te harían más inteligente. Los juegos más famosos eran los de entrenamiento cerebral del Dr. Kawashima, que estaba disponible para Nintendo DS y se anunciaba con anuncios populares como el de la actriz Nicole Kidman; y Lumosity, un sitio web y *app* que, desde el principio, había tenido más de cien millones de usuarios.

De forma parecida a las teorías de Roy Baumeister de la fuerza de voluntad, estas empresas afirmaban que la capacidad cerebral era como un músculo, y que, cuanto más lo ejercitabas, más listo te volvías. Normalmente, las *apps* incluían juegos diseñados para aumentar tu memoria de trabajo, razonamiento espacial, flexibilidad cognitiva y aritmética mental. Todas esas habilidades que, juntas, se considera que determinan tu inteligencia en una serie de tareas distintas. Los usuarios solían declarar un aumento de la claridad mental y una memoria más aguda, y la literatura académica pareció demostrar este punto, registrando diferencias notables del cociente intelectual tras unas semanas de entrenamiento regular. Quizás la educación (incluso en adultos) podía ser un buen contrincante de la naturaleza.

Por desgracia, muchos de aquellos estudios no contaron con un control activo, es decir, una comparación adecuada que pudiera hacer que los participantes creyeran que estaban haciendo algún tipo de esfuerzo útil.[378] Y, para los que sí que utilizaron un control, la actividad solía ser poco inspiradora (como ver un DVD educativo), lo que no habría evocado la misma sensación de compromiso mental que un juego interactivo.[379] Al fin y al cabo, todos hemos asistido a clases aburridas sin notar una mejora cerebral repentina después. En consecuencia, las expectativas de mejora de cada condición probablemente fueran muy distintas. Incluso más problemático fue que muchos de estos estudios habían reclutado a los participantes (lo más habitual es que fueran estudiantes universitarios) con anuncios que declaraban abiertamente el hecho de que participarían en un experimento de entrenamiento cerebral. El resultado era que los estudiantes llegaban a los laboratorios con suposiciones muy firmes sobre lo que experimentarían.

Para averiguar si un efecto de las expectativas podría haber sesgado los resultados anteriores, Cyrus Foroughi y sus colegas de la Universidad George Mason de Fairfax (Virginia) buscaron a estudiantes utilizando dos folletos diferentes que repartieron por el campus de la universidad.

El primero fijaba explícitamente las expectativas de una gran mejora del cerebro:

Entrenamiento cerebral y mejora cognitiva
Numerosos estudios han demostrado que entrenar
la memoria de trabajo puede aumentar la inteligencia
fluida.
¡Participa en un estudio hoy!

En cambio, el segundo se centraba en el incentivo de conseguir créditos universitarios:

**Apúntate por correo electrónico hoy y participa
en un estudio**

¿Necesitas créditos? Apúntate a un estudio hoy
y gana hasta cinco créditos. ¡Participa en un estudio hoy!

Cada folleto ofrecía una dirección de correo electrónico diferente para registrar su interés en el estudio. De esta forma, Foroughi y sus colegas pudieron determinar el mensaje que había visto cada participante antes de hacer la prueba. Cuando llegaron al laboratorio, los participantes hicieron dos test de inteligencia separados, lo que proporcionó una puntuación de referencia antes de que se sometieran a una hora de entrenamiento cerebral. Les dieron una noche de margen y al día siguiente hicieron otros dos test de inteligencia.

Como señaló el propio Foroughi, sería muy poco probable que un entrenamiento de solo una hora pudiera tener un efecto significativo en la inteligencia (al fin y al cabo, todo un curso de formación continua se considera que solo añade, como máximo, unos cinco puntos al CI de una persona). Sin embargo, eso fue exactamente lo que observó su equipo en el grupo de altas expectativas, en el que los participantes mostraron una enorme mejora de entre cinco y diez puntos de CI en las dos pruebas, mientras que el grupo de control prácticamente no mostró ninguna mejora. A través del simple poder de la expectativa, el primer grupo había experimentado una mejora cerebral instantánea.

Para buscar más pruebas, Foroughi revisó varios experimentos de entrenamiento cerebral previos para comprobar si habían ofrecido o no una publicidad abierta del tipo que él había usado en su estudio, así como para comparar la dimensión de los efectos con los estudios que no habían explicado los beneficios propuestos durante el reclutamiento. En efecto, averiguó que las mejoras cognitivas eran mucho mayores en el caso de los experimentos que habían mejorado las expectativas de los participantes (sin que se dieran cuenta).[380]

Algunas voces consideraron que el estudio de Foroughi demostraba que el entrenamiento cerebral simplemente no funciona. Esa conclusión es una sobre simplificación. En realidad, el estudio confirmaba que ir al «gimnasio mental» y realizar actividades mentales difíciles podía reforzar realmente el cerebro, como mínimo a corto plazo, pero parte de ese éxito se debe al bombo publicitario. En sus anuncios de *Brain Training* del Dr. Kawashima, Nicole Kidman realmente hacía que todos los usuarios fueran un poco más listos. [381]

Actualmente, se han documentado efectos de las expectativas similares en test de estimulación cerebral no invasiva. Puedes comprar dispositivos que aplican pequeñas corrientes eléctricas en el cuero cabelludo que se supone que cambian la actividad de las neuronas que hay debajo, y, a veces, se venden como algo que ofrece un estímulo instantáneo en el cerebro. Todavía existe un debate académico sobre si la tecnología es tan potente como afirman algunos, pero como mínimo algunos de los efectos parecen proceder de las suposiciones de las personas sobre las intervenciones y su propia capacidad de mejorar. [382]

Evidentemente, el cociente intelectual solo es una forma de medir nuestro potencial intelectual. Quizás sea mejor considerarlo una capacidad cerebral subyacente que determina lo rápido que procesamos la información nueva. Sin embargo, ahora sabemos que muchas otras medidas de capacidad de pensamiento también podrán sufrir los efectos de las expectativas.

Consideremos la creatividad y la capacidad para inventar soluciones originales a los problemas. Lee cualquier revista o sitio web de negocios y enseguida verás un artículo que ofrece consejos sobre las mejores formas de mejorar la originalidad de tus ideas, desde tomarte un chupito de vodka [383] a tumbarte en la cama. [384] Sin embargo, igual que los estudios de entrenamiento del cerebro, los experimentos no suelen tener en cuenta las creencias de la persona cuando entra en el laboratorio. Al fin y al cabo, la mayoría de nosotros sabemos que escritores como Ernest Hemingway a veces tenían sus mayores arrebatos de inspiración cuando estaban borrachos, lo que significa que si nos dan una bebida y nos piden que hagamos una prueba de pensamiento creativo, ya estamos listos para hacerla mejor. Asimismo, quizás nos suene a que muchos escritores, como Truman Capote, Vladimir Nabokov o más recientemente Phoebe Waller-Bridge, prefieren trabajar en la cama. Es muy, probable que esas suposiciones hayan influido en los resultados. Y sin controles adecuados, no podemos saber si es el vodka (o la posición supina) o nuestras expectativas sobre lo que esa bebida o esa postura hará por nosotros lo que marcará la diferencia. [385]

Para ver si la mejora de las creencias nos puede hacer más creativos, un equipo del Instituto Weizmann de Ciencias de Rehovot (Israel), preparó a personas con la expectativa de que oler canela podía ayudarles a tener ideas más originales. Como era de esperar, aquellos participantes obtuvieron una puntuación mucho más elevada en la medida estándar de creatividad, en la que tenían que proponer usos nuevos y originales de objetos de la casa comunes (como un zapato, un clavo o un botón) cuando eran expuestos a ese olor. Los participantes que simplemente habían recibido el test de olor, sin ninguna expectativa de que el perfume pudiera lubricar su pensamiento, no obtuvieron aquellos beneficios. [386]

¿Y qué ocurre con la memoria? Tus expectativas no pueden crear conocimiento si esta no existe previamente: al contrario de lo que defiende la literatura de mente-cuerpo-espíritu más disparatada, no puedes decirte a ti mismo que hablas francés con fluidez y conseguir hablarlo como Audrey Tautou. Sin embargo, muchos de nosotros hemos absorbido más información de la que creemos y un estudio reciente del conocimiento general de los estudiantes muestra que un efecto de las expectativas puede hacer que recuperar esos datos sea más fácil o más difícil.

Los investigadores hicieron creer a los participantes que estaban tomando parte en una prueba sobre mensajes subliminales y que la respuesta a cada pregunta aparecería brevemente en la pantalla. Por ejemplo, si les preguntaban «¿Quién pintó el *Guernica*? Picasso, Dalí, Miró o El Greco?», Picasso debía aparecer justo antes. Dijeron a los participantes que el texto desaparecería antes de que fueran conscientes de su presencia pero que su mente subconsciente podría leerlo. «Seguid vuestra intuición», les dijeron los investigadores. «De alguna manera, ya sabéis la respuesta». Evidentemente, en realidad, no había pistas subliminales; sin embargo, la creencia de que les habían echado una mano significó que los participantes tenían muchas más probabilidades de elegir la respuesta correcta en cada pregunta.[387]

¿Cómo era posible? Los neurocientíficos que estudian la conciencia suelen hablar de nuestro espacio de trabajo mental, que podrías imaginar como una especie de pizarra en blanco que te permite hacer malabarismos con una cantidad limitada de información en cualquier momento. Si consideras que eres un pensador relativamente limitado y poco original, tus ansiedades sobre tus capacidades pondrán patas arriba ese espacio de trabajo. En cambio, si ya tienes fe en tu potencial intelectual, ese espacio de trabajo estará más despejado para que puedas retener más información y tu pensamiento estará más centrado y menos inhibido, lo que te permite dedicar más atención a la tarea específica que tienes entre manos. Esa creencia en tus propias capacidades también significará que es más probable que persistas, aunque no se te ocurra la mejor solución de forma inmediata.

Los efectos de las expectativas serán especialmente importantes cuando nos enfrentemos a dificultades nuevas que pongan en duda nuestras capacidades existentes. Existen numerosos estudios que muestran que la frustración moderada (que suele acompañar a los nuevos retos) en realidad es una señal de aprendizaje; si algo te parece difícil de comprender o ejecutar, es más probable que te lleve a mejoras duraderas de tus habilidades o que recuerdes ese hecho en el futuro con más facilidad que si lo comprendes enseguida. (Por ese motivo, los neurocientíficos defienden los beneficios de que haya «dificultades deseables» para el aprendizaje). Por desgracia, en general nos cuesta darnos cuenta de esto, así que empezamos a desarrollar un miedo que nunca mejoraremos y que se convierte en contraproducente. En algunos experimentos importantes se ha descubierto que el simple hecho de recordarte a ti mismo los beneficios de la frustración puede remediar esos problemas, lo que reduce las sensaciones de impotencia y liberación de recursos mentales como la memoria de trabajo para que empieces a obtener mejores resultados con el tiempo.[388] De nuevo, es una profecía autocumplida: si esperas que la frustración te ayude a aprender, lo hará; si crees que la frustración es una señal de que no estás en tu elemento y que siempre será así, será así.

Está claro que también tienes que tener cuidado con el exceso de confianza. El hecho de suponer que eres brillante en todo, sin ninguna base para creerlo, también te podría encaminar hacia el fracaso y la vergüenza. El objetivo es ser realista, preferentemente comprobando tus capacidades en pasos pequeños y progresivos. No empieces con expectativas infladas de saltos enormes de tus capacidades, simplemente cuestiona tus suposiciones y mantén la mente abierta. Aunque normalmente no llegues tan lejos como para sumirte en sentimientos de inadecuación, igualmente podrías suponer que ciertas habilidades no son tu fuerte. Sin embargo, cuando explores el origen de esas creencias, puede que veas que, en realidad, eres mucho más capaz de lo que habías imaginado, liberando el potencial escondido que mejorará tu rendimiento en el futuro.

EL PODER DE PIGMALIÓN

Si nuestras propias creencias pueden limitar o liberar nuestro potencial intelectual, ¿qué ocurre con las creencias de otras personas sobre nosotros?

Tras su estudio en la escuela Spruce Elementary, Rosenthal y Jacobson detallaron sus descubrimientos en el libro *Pygmalion in the Classroom*. El título era un guiño a un mito clásico que aparece en la

Metamorfosis de Ovidio, en el que un escultor se enamora de una estatua que ha tallado, los dioses le conceden sus deseos y hacen que ella cobre vida, y una obra de George Bernard, *Pigmalión*, en la que una vendedora de flores aprende a comportarse como una aristócrata gracias a su apasionado profesor (*Pigmalión* también es la base del musical *My Fair Lady*, protagonizada por Audrey Hepburn, que se estrenó [quizás por casualidad] el año en el que se llevó a cabo el estudio).

En la década de 1960, la idea de que las creencias podían cambiar los resultados realmente parecía pertenecer al campo de la ficción y la mitología. Recuerda que, en ese período, los efectos de las expectativas todavía estaban muy limitados a la medicina y que, incluso allí, se consideraban una distracción de las acciones fisiológicas «reales» de las drogas. Por eso, no es de extrañar que los psicólogos contemporáneos al principio fueran escépticos respecto a las enormes mejoras de los estudiantes de la escuela Spruce Elementary. Y había algunas razones legítimas para cuestionar los resultados, como la muestra relativamente pequeña de estudiantes, que podría haber inflado el tamaño aparente del efecto. Sin embargo, durante las décadas posteriores, muchos más estudios han confirmado que las expectativas de los profesores pueden tener una influencia positiva o negativa en la educación de un niño.[389] Si, por la razón que sea, un profesor decide que el alumno es menos capaz, inconscientemente frenará el desarrollo de ese alumno, sin tener en cuenta la verdadera habilidad del niño. De hecho, y por desgracia, la investigación sugiere que estas deficiencias en el rendimiento puede que sean más drásticas que la ganancia del cerebro procedente de la visión positiva de un profesor.[390] «No creo que haya ninguna duda de que las expectativas de un profesor marcan la diferencia», me dijo Christine Rubie-Davies, pedagoga de la Universidad de Auckland que ha investigado extensamente el efecto Pigmalión.

En la última década, ha habido un auge repentino de interés por el efecto Pigmalión, con pruebas de que las consecuencias de las expectativas de un profesor pueden ser sorprendentemente duraderas. A principios de la década de 2010, Nicole Sorhagen, de la Universidad de Temple (Filadelfia, Pensilvania), analizó los resultados de un estudio que seguía el progreso de mil niños de diez ciudades de Estados Unidos. En el primer curso, los profesores tenían que valorar las habilidades académicas de dichos niños. Eran opiniones subjetivas que Sorhagen pudo comparar con los resultados reales de test estandarizados de ese mismo año. Si había discrepancia entre los dos, sugeriría que los profesores habían aumentado o reducido injustamente las expectativas del niño. Sorhagen descubrió que aquellos dictámenes tempranos podrían predecir las notas de matemáticas, comprensión lectora y vocabulario a la edad de quince años. La ventaja de una estimación elevada del profesor o la desventaja de una evaluación injustificadamente baja había permanecido con el niño hasta la educación secundaria.[391]

Quizás no sea de extrañar que la idea también hubiera llamado la atención de psicólogos organizacionales que buscaban formas de aumentar la productividad, y ahora es evidente que las expectativas de los demás pueden ser una fuerza potente en el lugar de trabajo que determina el rendimiento de todo el mundo, desde los agentes de policía holandeses hasta administrativos del National City Bank de Nueva York. En cada caso, las expectativas del líder potenciaron o limitaron el rendimiento de sus empleados del mismo modo que los profesores de la Spruce Elementary habían liberado el potencial intelectual de sus alumnos.

El estudio más impresionante examinaba a soldados israelíes que hacían un curso de mando de combate de quince semanas, durante el cual se les hacían pruebas de varias habilidades tácticas y prácticas.[392] Se descubrió que preparar a un líder para que tenga expectativas positivas de una persona en particular mejoraba el resultado medio de esa persona en tres desviaciones estándar. Eso significa que el soldado medio, bajo circunstancias normales, subiría hasta un top formado por un 0,1 por ciento de reclutas, si quien lo entrena cree que tiene un potencial elevado.

Estos efectos tan enormes son excepcionales. Parece haber algo respecto a las fuerzas de defensa israelíes que tiende especialmente a este efecto de las expectativas y no debería esperarse en ningún otro sitio. Sin embargo, la dimensión del efecto medio en las profesiones todavía es muy grande en comparación con la mayoría de las intervenciones psicológicas, lo que lleva a la persona media a aumentar alrededor de dieciséis percentiles dentro de su grupo, si el líder tiene una visión positiva de dicha persona.[393]

La forma exacta de transmitir las expectativas desde el profesor o líder a su estudiante o empleado dependerá de las personas implicadas y de la situación específica. El medio más obvio sería una crítica o alabanza manifiesta; todos sabemos que los ánimos pueden resultar útiles y que las críticas nos duelen. Sin embargo, las expectativas de una persona son tan evidentes en los objetivos que fija, que posteriormente pueden afectar a su rendimiento. Si un profesor elige continuamente tareas más ambiciosas para sus favoritos, les proporciona mayores oportunidades de aprendizaje que los demás integrantes del grupo se pierden.

Hay otras señales que pueden ser más sutiles. Imagina que te hacen una pregunta y que cometes un error al contestar. Si alguien tiene expectativas altas de tus capacidades, podría reformular la pregunta o hablar contigo del problema. En cambio, si tiene expectativas más bajas puede que simplemente pase a otra cosa, lo que da a entender sutilmente que no cree que vayas a aprender de ese error.[394]

Quizás lo más importante sean las señales no verbales. Por ejemplo, es menos probable que una persona sonría y haga contacto visual contigo si tiene expectativas bajas de ti. Se trata de diferencias pequeñas en la interacción; sin embargo, es algo que perciben fácilmente niños y adultos. Incluso el silencio puede ser importante: si alguien hace una pausa corta, puede darte la oportunidad de desarrollar la idea, en lugar de cortarte. Los psicólogos describen todas estas señales sutiles como filtración, ya que la persona puede comunicar sus expectativas sin querer incluso cuando intenta ocultar sus sentimientos.[395]

Independientemente de cómo se comuniquen las expectativas, la investigación muestra que enseguida son internalizadas por las personas en el lado receptor, lo que reducirá o elevará su motivación y confianza en sí mismas. A menudo, puede que ni siquiera seamos conscientes de las señales que nos hacen sentir así, pero esas sensaciones afectarán a nuestro rendimiento.

Uno podría esperar que, con tiempo y trabajo duro, al final, uno pueda demostrarse a sí mismo su valía y que las creencias del profesor o el líder sobre nuestras capacidades cambiarán en consecuencia. Por desgracia, exceder las expectativas de alguien puede tener consecuencias que parecen poco lógicas. Cuando los profesores de la Spruce Elementary School vieron señales de precocidad en «los que iban a crecer», Rosenthal y Jacobson vieron que, a su vez, tenían una visión más rígida de otros niños que no habían sido etiquetados de esa manera quienes, sin embargo, tuvieron un progreso inesperado. «Cuanto más lograban, menos valoraciones favorables recibían», señalaron la psicóloga y la directora en su trabajo para *Scientific American*.[396] Una vez que los profesores se habían formado una creencia negativa, el niño tenía muy complicado complacerlos.

Esto podría ser otra forma de sesgo de confirmación de la mente humana: siempre buscamos razones para apoyar nuestras opiniones existentes, y, cuando las pruebas contradictorias están literalmente mirándonos a la cara, simplemente optamos por descartarlas en vez de cambiar nuestras creencias. Igual que un dramaturgo que elabora cuidadosamente un arco narrativo, no nos gusta que los objetos de nuestras expectativas se salgan del guion.[397]

LA BURBUJA DEL SESGO

Las consecuencias del efecto Pigmalión no serían tan horribles si la mayoría de las personas fueran rigurosas y justas al juzgar a los demás. Al fin y al cabo, en casi todas las autobiografías, verás que un mentor vio el potencial increíble de la joven estrella y (dándole ánimos incansablemente) le ayudó a reconocer su propio talento. Y en estos pocos y selectos ejemplos, los mentores estaban totalmente justificados.

En el caso de la erudita Maya Angelou, fue Bertha Flowers quien la animó sin descanso, le insufló el amor por la literatura y la empoderó al hacerle sentir su propia valía. «Era respetada no como la nieta de la señora Henderson o la hermana de Bailey, sino simplemente por ser Marguerite Johnson», escribió.[398] (Marguerite Johnson era el nombre de Angelou en aquel momento). Para Oprah Winfrey, fue la señora Duncan. «Siempre sentí, gracias a ti, que podía comerme el mundo», dijo Oprah Winfrey a Duncan, cara a cara, en su programa de entrevistas.[399] Y para el físico Stephen Hawking, fue Dikran Tahta, quien no se dejó engañar por la mala letra y la pereza natural de aquel joven estudiante y le inspiró su fascinación por el universo. «Detrás de cada persona excepcional, hay un profesor excepcional», afirmó Hawking.[400]

Por desgracia, la investigación psicológica revela que la capacidad de la mayoría de las personas para detectar un talento latente está lejos de ser excepcional. Juzgamos a los demás, y los demás nos juzgan, teniendo en cuenta pequeñas diferencias superficiales, lo que significa que las ventajas de las expectativas positivas de alguien a menudo se conceden de forma injusta.

Veamos un sesgo denominado «efecto halo», que hace que supongamos que las personas con caras más simétricas (esencialmente, las que son más atractivas estereotípicamente) son también más inteligentes y competentes. No hay una razón lógica para esto; es puro prejuicio. En palabras de uno de los autores del estudio, «nos ciega la belleza».[401]

Es triste, pero nos juzgan por nuestra apariencia desde una edad temprana. Y, cuando nos transmiten continuamente esas expectativas a través de nuestros padres, profesores, *coaches* y jefes, pueden determinar nuestro rendimiento real en muchas tareas en las que nuestra apariencia debería ser totalmente irrelevante. Al final, las percepciones distorsionadas se convierten en nuestra realidad.[402]

Tal y como ha demostrado la investigación sobre el efecto Pigmalión en general, las consecuencias pueden irse acumulando con el tiempo.[403] Varios estudios han confirmado que el aspecto de un niño puede predecir las expectativas de su profesor, lo que, a su vez, afecta a sus resultados académicos.[404] Y si te va algo mejor en la escuela, también podrías conseguir un trabajo mejor, cosa que, de nuevo, se ve reforzada por la opinión de las personas en función de tu aspecto. Por lo tanto, tendrás más probabilidad de conseguir un ascenso y ganar un salario mayor, lo que hará que los beneficios sean una bola de nieve. En un estudio de principios de la década de 1990, por ejemplo, se observó que, diez años después de graduarse, un estudiante de MBA atractivo ganaba alrededor de diez mil dólares más al año que la persona menos atractiva de la clase.[405]

Incluso algo tan supuestamente intrascendente como el tono de nuestra voz podría influir en nuestro éxito a largo plazo a través de las ventajas (o desventajas) acumuladas que aparecen por el efecto halo. En general, se considera que las personas con voces graves son más competentes. Cuando William Mayew, de la Universidad de Duke (Durham, Carolina del Norte), analizó grabaciones de setecientos noventa y dos CEOs de algunas de las empresas más grandes de Estados Unidos, descubrió que los que tenían voces más graves tendían a controlar las empresas más grandes. Si no intervenían otros factores, ganaban ciento ochenta y siete mil dólares más al año (James Skinner, el CEO de McDonald's, tenía una de las voces más graves de la muestra; sus ingresos anuales medios eran de 14,71 millones de dólares).[406] Ello también parecía influir en su permanencia en el cargo, es decir, el tiempo que se les permitía ocupar su puesto.

Resulta sorprendente (y aterrador) que unas diferencias tan superficiales puedan tener una influencia tan poderosa en las percepciones que tienen los demás de nosotros y, en consecuencia, en la trayectoria de nuestras vidas. Y hay muchas otras formas mucho más importantes en las que las expectativas basadas en estereotipos podrían estar moldeando las capacidades reales de las personas.

Por ejemplo, la neurocientífica británica Gina Rippon afirma que las expectativas de los adultos sobre los papeles de género empiezan a moldear la mente de los niños desde el momento en que nacen. Describe a los bebés como «esponjas sociales» y afirma que incluso señales sutiles de los padres, profesores o amigos podrían impulsar o reducir sus capacidades durante el crecimiento en distintos campos al reafirmar su confianza o crear un sentimiento de ansiedad.

Pongamos por caso que un familiar muestra una ligera sorpresa al ver a una niña jugar con unas piezas de Lego. Eso indicaría que es algo inesperado e indeseable (según la interpretación de la niña), así que quizás tienda a jugar menos con los Lego en el futuro. Este tiempo perdido jugando quizás parezca algo intrascendente, pero le habría ayudado a entrenar habilidades espaciales y de razonamiento no verbal, lo que significa que, cuando la niña crezca, tendrá una ligera desventaja en comparación con los niños de una edad similar a la suya.

Al mismo tiempo, en la escuela, un adulto podría plantar la semilla de la duda en la cabeza de la niña y que eso provoque que tenga un resultado peor en una prueba de prueba de matemáticas. Cuando se confirman sus temores, puede que a la niña le vaya peor el siguiente examen, con lo que cada vez tendrá menos entusiasmo por esa asignatura. Aquellas expectativas iniciales podrían perjudicar a su rendimiento inmediato y perturbar su aprendizaje a largo plazo hasta que (para esta niña, como mínimo) la idea de que «a las niñas no se les dan bien las matemáticas» se convierte en una profecía autocumplida.

Estos prejuicios podrían extenderse más allá de la educación hasta llegar al lugar de trabajo, haciendo que todo sea un poco más complicado de lo necesario y, con el tiempo, podrían conducir a la brecha de género en las carreras de ciencia, tecnología, ingeniería y matemáticas.

Algunas personas todavía niegan la importancia de las expectativas y defienden que las diferencias entre géneros son innatas. Estos escépticos señalan TAC cerebrales que por lo visto muestran algún tipo de diferencia anatómica entre la mente de niños y niñas y hombres y mujeres. Hay voces que dicen que los de sexo masculino tienen regiones cerebrales más grandes asociadas a las matemáticas o el razonamiento espacial, por ejemplo. Sin embargo, lejos de demostrar una diferencia heredada, la variación anatómica que muestran estos TAC cerebrales es un reflejo del sesgo de género de nuestra cultura. Es natural que el cerebro responda a su entorno y a las habilidades que nos han animado a practicar. Si eres un niño que juega con Lego, estás cambiando activamente las conexiones del cerebro. En consecuencia, estas supuestas diferencias son simplemente otro ejemplo de las formas en las que nuestras expectativas (y las de quienes nos rodean) pueden tener un efecto real y físico en nuestra biología.

Además de la evidente brecha de género en la aptitud para ciertos campos académicos, los efectos de las expectativas también agravan las consecuencias de la desigualdad económica. Ahora, existen pruebas contundentes de que los profesores sistemáticamente subestiman las capacidades de los niños que son más pobres. Esto es particularmente lamentable porque la investigación demuestra que los niños pertenecientes a la clase trabajadora también podrían beneficiarse al máximo de las expectativas positivas de los profesores, ya que el impulso a la capacidad cerebral les ayudaría a compensar la falta de recursos en casa.[407] Si tus circunstancias ya están en tu contra, necesitas cada gramo de confianza que puedas recibir.

Las consecuencias de las expectativas erróneas son un problema particularmente serio para las minorías étnicas (un hecho que Jacobson y Rosenthal habían destacado en su escrito original sobre el tema). Existen pruebas abundantes de que muchas personas (que no son manifiestamente racistas) tienen prejuicios implícitos basados en la etnicidad y que estos sesgos se pueden comunicar de forma inconsciente, lo que tiene importantes consecuencias para el ámbito académico y profesional. Demostrando este punto, un gran estudio de Estados Unidos hizo un seguimiento de una muestra diversa de más de ocho mil quinientos estudiantes desde la guardería hasta los catorce años, con una atención específica a sus resultados en matemáticas. El estudio, publicado en 2018, concluía que los efectos de las expectativas del profesor «son más fuertes para las niñas blancas y las niñas y niños pertenecientes a minorías que para los niños blancos».[408] A menudo, estas expectativas bajas pueden permear toda la cultura de una organización. Es más probable que el personal de las escuelas más pobres y con más diversidad étnica piense que estos estudiantes, como grupo, «son menos enseñables». Esta actitud posteriormente demostrará ser cierta gracias al comportamiento en sí de los profesores y a las propias circunstancias difíciles de los estudiantes.[409]

Hay voces que defienden que las minorías o los grupos desfavorecidos simplemente deberían esforzarse por ser asertivos y superar esas barreras, trabajando duro para desmentir los sesgos culturales predominantes. Pero eso es mucho pedir. Cuando las personas sienten que corren el riesgo de ajustarse a las expectativas negativas sobre su grupo, experimentan un tipo de ansiedad conocida como «amenaza del estereotipo», que perjudica su rendimiento. Reflexionar sobre ese dilema (incluso el mero hecho de mentalizarte para esforzarte más porque te han dicho algo como «tendrás que trabajar el doble de duro para conseguir la mitad») puede que solo aumente ese estrés.[410]

De pequeños, nos encantaba oír cuentos de hadas en los que un niño cualquiera era bendecido o maldecido por un hada madrina o una bruja. Sin embargo, la alarmante realidad es que muchos individuos están sujetos a las profecías de otras personas que solo se basan en su raza, género o aspecto de su cara; incluso los sesgos más sutiles tienen el poder de cambiar la trayectoria de toda nuestra vida. Si continuamos dejando que las bajas expectativas no se controlen, habrá muchas personas con talentos ocultos que nunca sentirán los ánimos que experimentaron Hawking, Winfrey o Angelou, con lo cual nunca tendrán a un profesor excepcional que saque a la luz a una persona magnífica. Y eso hará que el mundo sea más pobre.

¿Qué se puede hacer?

CÓMO REESCRIBIR EL GUION

Cuando Rosenthal y Jacobson publicaron su estudio por primera vez, hubo voces que suponían que estaban intentando borrar o, como mínimo, rebajar, otras fuentes potenciales de desigualdad. «Si miles y miles de niños no aprenden a leer, escribir, hablar y hacer cálculos, no se debe a las aulas atestadas, los efectos de la pobreza y las condiciones sociales, los programas y materiales educativos poco desarrollados y los profesores con una formación inadecuada», opinó con sarcasmo un columnista del *New York Times*. «No, los niños no aprenden porque los profesores tienen la expectativa de que no lo van a hacer».[411]

Fue una exageración injusta de las opiniones de Jacobson y Rosenthal, pero vale la pena tomarse en serio la importancia de los factores estructurales. Además de los efectos de las expectativas implícitas de las personas, muchas personas todavía tienen que enfrentarse al sexismo, racismo y clasismo manifiestos, por no hablar de las barreras institucionales que mantienen la desigualdad en Estados

Unidos, el Reino Unido y muchos otros países. Abordar los efectos de las expectativas no resolverá estos problemas por arte de magia, igual que no esperaríamos que un placebo curara milagrosamente una enfermedad terminal.

Sin embargo, reconocer este hecho no significa que debamos abandonar la posibilidad y la importancia del cambio psicológico. Cinco décadas después de aquel memorable experimento en la escuela Spruce Elementary, un creciente conjunto de investigaciones ha mostrado que profesores y líderes pueden cambiar la forma en la que comunican sus expectativas sobre otras personas. Puede que no sean la panacea, pero estas intervenciones serán un primer paso importante para maximizar el potencial de todo el mundo.

Christine Rubie-Davies, de la Universidad de Auckland (Nueva Zelanda), dirigió uno de los intentos más destacados de reescribir los guiones de los profesores sin caer en el engaño. Trabajando con Rosenthal, Rubie-Davies invitó a un grupo de noventa profesores de escuela primaria y secundaria a participar en un ensayo controlado aleatorio. Se dio a la mitad de los profesores sesiones de desarrollo profesional regular en las que se examinaban formas generales de mejorar la implicación y el logro de los estudiantes, mientras que los demás asistían a cuatro talleres destinados específicamente a la importancia de las profecías autocumplidas (tanto los talleres Pigmalión como los de desarrollo profesional estándar eran aproximadamente equivalentes en cuanto al tiempo y el esfuerzo requeridos).

En los talleres, Rubie-Davies primero educó a los profesores sobre el poder de los efectos de las expectativas y cómo podían afectar al rendimiento académico, junto a algunas estrategias para aumentar las expectativas de todos los estudiantes respecto a sí mismos. Estas técnicas incluían cosas como trabajar con cada estudiante para fijar objetivos claros, estableciendo medidas para asegurarse de que todos reciban un *feedback* de forma regular (y no solo los favoritos) y descubrir cómo fomentar la autonomía de los estudiantes, dejando claro a los alumnos que, a menudo, está en su mano resolver sus propios problemas.

Asimismo, se pidió a los profesores que se grabaran en el aula. Posteriormente, se analizaron aquellas grabaciones en los talleres. Los vídeos fueron la clave del éxito del ensayo porque permitieron que los profesores identificaran las muchas formas en las que sus expectativas bajas todavía podían «colarse» a través de gestos inconscientes, como el lenguaje corporal y el tono de voz. Tal y como había mostrado el trabajo anterior sobre el efecto Pigmalión, a menudo, no eran conscientes en absoluto de sus sesgos. «De repente, se dieron cuenta de que solo hacían preguntas sobre matemáticas a los chicos, o de que interactuaban sobre todo con los niños blancos», me dijo Rubie-Davies. «Se convirtió en una experiencia de aprendizaje realmente potente».

Los resultados fueron exactamente como se esperaba, condujeron a un veintiocho por ciento de mejora en los resultados de matemáticas de los estudiantes cuyos profesores habían ido a los talleres, en comparación con los estudiantes cuyos profesores habían realizado una formación de profesores estándar sin ninguna atención específica al efecto Pigmalión. [412] Es evidente que es posible cambiar la forma en la que alguien comunica sus expectativas sobre otras personas y empoderarlas para que crean más en sí mismas, y eso puede tener un impacto significativo en sus (o nuestras) vidas. [413]

Lo ideal sería que esta clase de intervenciones fuera común en todas las instituciones educativas y lugares de trabajo. Y quizás lo sean, cuando el concepto del efecto de las expectativas sea ampliamente conocido. Mientras tanto, como mínimo, podemos protegernos a nosotros mismos de las expectativas de los demás.

Como muchos de los efectos negativos están provocados por la ansiedad por los resultados, y por la expectativa impuesta de que, de alguna manera, no estamos a la altura de la tarea, podemos usar algunas de las técnicas de reevaluación del estrés comentadas en el capítulo siete para repensar los retos a los que nos enfrentamos. Aunque estos métodos estaban diseñados para todo tipo de ansiedades, la evidencia disponible sugiere que son especialmente efectivos para contrarrestar estereotipos negativos. Cuando se enseñaba a las niñas los beneficios potenciales de la sensación de ansiedad (para dar energía al cerebro y aumentar el rendimiento), tendían a lograr mejores notas en la prueba de matemáticas, por ejemplo. Y, lo que es más importante, la intervención aportaba más efectos cuando se había recordado explícitamente a las niñas la expectativa predominante de que les saldría peor el examen, lo que demuestra que la reevaluación del estrés había ayudado a neutralizar la amenaza del estereotipo.[414]

Otra opción es llevar a cabo un proceso denominado autoafirmación. Aunque el nombre suene poco atractivo, como un ejercicio de un manual *new age*, no dejes que eso te desanime. La autoafirmación, según definen los psicólogos experimentales, no es un acto de pensamiento ilusorio sino un método sencillo para neutralizar algunas de las dudas menos razonables que puede que albergues.[415]

En vez de atraer atención a la tarea en cuestión (algo que puede que solo active una reflexión negativa sobre sus dificultades esperadas), el objetivo es centrarnos en nuestras capacidades y valores generales, bastante desconectados del problema al que nos enfrentamos. Reconocer esas otras cualidades personales refuerza nuestra creencia en nuestros propios recursos, y, a la vez, nos recuerda que nuestra valía no depende del reto en cuestión. Además, al disminuir la ansiedad, se libera espacio de trabajo mental de pensamientos negativos que impedirían nuestro éxito, cosa que mejora nuestra memoria y concentración, y ayuda a fortalecer nuestra determinación de continuar ante retos difíciles. Se podría pensar que la autoafirmación refuerza las bases de nuestra valía personal de forma que nuestras ideas sobre nosotros mismos ya no se ven influidas tan fácilmente por las opiniones de los demás.

Pruébalo por ti mismo ahora y verás lo fácil que es. Primero, haz una lista de diez características (como sentido del humor, creatividad, independencia, habilidades sociales o habilidad atlética) que te preocupen personalmente. Ahora, coge la más importante y describe brevemente por qué importa, lo que incluye una descripción de un momento en el que esta demostrara ser especialmente importante en tu vida.

Es el tipo de ejercicio corto que puedes hacer en cualquier momento y en cualquier sitio, pero su simplicidad oculta su poder. En una de las primeras y más sorprendentes demostraciones, científicos de las universidades de Alberta y Arizona pidieron a los participantes que hicieran un test de conciencia espacial, en los que tenían que emparejar figuras que rotaban. Como se ha señalado anteriormente, se suele suponer que las habilidades espaciales son un punto débil de las mujeres (basta recordar todos los chistes sexistas sobre mujeres que leen mapas) y, gracias al efecto de las expectativas, a menudo esto se convierte en una verdadera profecía autocumplida.

Antes de la prueba, la mitad de los participantes tenían que hacer el breve ejercicio sobre autoafirmación, mientras que el grupo de control recibió la instrucción de escribir sobre las características de otra persona. Para comprobar si la autoafirmación podía ayudar incluso cuando las creencias negativas eran muy notables, los investigadores recordaron deliberadamente a los participantes el estereotipo sexista, diciendo: «Una cosa que miraremos es cómo los hombres y las mujeres difieren en sus resultados de la prueba y lo cierto que es el estereotipo o la creencia general acerca de que las mujeres tienen más dificultades con las tareas de rotación espacial».

Los efectos de la autoafirmación fueron destacables, y la intervención prácticamente cerró la brecha de género en los resultados de los participantes.[416]

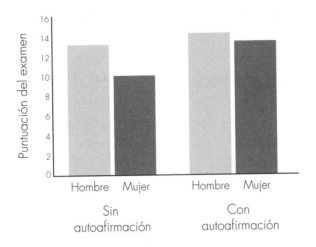

La autoafirmación reduce las diferencias de género
en el razonamiento espacial

Los investigadores observaron patrones muy similares respecto a las notas en matemáticas. En general, los hombres no necesitan que la confianza en sí mismos sea reforzada (con lo cual solo mostraron una mejora modesta); en cambio, las mujeres mostraron una mejora notable después de practicar la autoafirmación.

Si todavía no estás convencido, aquí tienes un gráfico equivalente para estudiantes que hacen un examen de introducción a la física de nivel universitario, otro campo en el que normalmente se espera que las mujeres obtengan un resultado inferior. A la izquierda está la condición de control. A la derecha están los resultados con un par de ejercicios de autoafirmación, al principio del trimestre y poco antes del examen parcial. Como puedes ver, la brecha de género se había cerrado desde alrededor del diez por ciento hasta solo un par de puntos. Confirmando sus efectos protectores, los investigadores observaron que los beneficios de la autoafirmación eran mayores para las mujeres que previamente habían creído en el estereotipo sexista; de alguna manera, la autoafirmación actuaba como antídoto ante las creencias negativas transmitidas por la sociedad.[417]

Además de reducir la brecha de género, la autoafirmación también puede remediar las expectativas negativas que se suelen asociar con circunstancias económicas más pobres. En un estudio del Reino Unido, se pidió a chicos de entre once y catorce años que escribieran un ensayo de autoafirmación en clase de lengua a principio del curso académico. Comparando los resultados de niños que recibían la comida escolar gratis con los de niños de hogares más acomodados, los investigadores observaron que aquel simple ejercicio redujo las diferencias de clase en un sesenta y dos por ciento. [418]

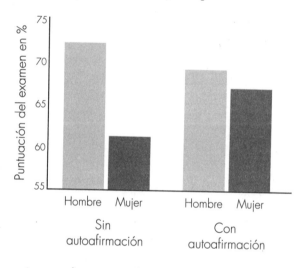

La autoafirmación reduce las diferencias de género
en los resultados de física

El descubrimiento más impresionante está relacionado con el logro académico de los estudiantes negros de Estados Unidos. Igual que los estudiantes del Reino Unido, los estudiantes negros de este estudio tenían que hacer una práctica de autoafirmación al principio del primer curso de escuela secundaria, con repeticiones extra durante los dos años siguientes. Pese a que cada sesión duraba solo unos quince minutos (el segmento de tiempo más breve del calendario escolar), los ejercicios de autoafirmación redujeron las diferencias raciales de las notas de los exámenes individuales en un cuarenta por ciento.[419] Algo aún más increíble fue que los efectos todavía podían observarse nueve años después de la intervención original. En general, el noventa y dos por ciento de los niños negros que habían realizado la autoafirmación acabaron yendo a la universidad, frente al setenta y ocho por ciento de los niños negros del grupo de control.[420]

Estos efectos considerables y a largo plazo sugieren que existe un círculo virtuoso del cambio. Reforzar sentimientos de valía personal frente a expectativas más negativas de otras personas fomenta el rendimiento de forma inmediata, cosa que después puede construir confianza personal para pruebas futuras. Con el tiempo, el mero hecho de valorar tus capacidades y valores te puede permitir rechazar del todo las profecías autocumplidas de la sociedad, creando una trayectoria radicalmente distinta a la prescrita.[421]

Hoy en día, la autoafirmación es una de las intervenciones de eficacia comprobada más fiable para combatir los efectos de los estereotipos negativos.[422] Si estamos buscando formas nuevas de reducir la desigualdad académica, realmente, su uso generalizado debería ser una obviedad.

* * *

Jacobson y Rosenthal concluyeron su estudio Pigmalión de la escuela Spruce Elementary con unas palabras de la obra de George Bernard Shaw, cuando Eliza Doolittle describe los efectos de las expectativas de los demás: «Verá usted, en realidad, más allá de las cosas que cualquiera puede adquirir (la ropa y la manera adecuada de hablar y todas esas cosas), lo que marca la diferencia de verdad entre una dama y una vendedora de flores no es cómo se comporta ella, sino cómo se la trata. Yo siempre seré una vendedora de flores para el profesor Higgins porque él siempre me ha tratado como a una vendedora de flores, y siempre lo hará; pero sé que puedo ser una dama para usted, porque usted siempre me ha

268 • SUPERA TUS EXPECTATIVAS
tratado como a una dama, y siempre lo hará» (incluso lo describen

tratado como a una dama, y siempre lo hará» (incluso lo describen como «el resumen de Shaw» del efecto).

El tono agridulce de las palabras de Eliza Doolittle no reflejaba el optimismo del texto de Jacobson y Rosenthal que, en aquel momento, rezumaba de entusiasmo por la posibilidad de que pronto pudiéramos mejorar las capacidades de los niños a través de una comprensión más profunda del efecto Pigmalión. Sin embargo, seis décadas después, todavía estamos en ese punto de partida.

Ese retraso es frustrante, pero no nos debería sorprender lo mucho que se ha tardado en llegar a este punto. Como hemos visto a lo largo de este libro, aceptar el efecto de las expectativas requiere que anulemos muchas de nuestras suposiciones sobre la mente, el cuerpo y la sociedad, y hacerlo requiere pruebas extraordinarias. Sin embargo, con el reciente resurgimiento del interés en el efecto de las expectativas, por fin tenemos el conocimiento y la comprensión para destapar nuestro potencial (y el de los demás) a través del poder extraordinario del fenómeno Pigmalión.

Si el mundo es un teatro, nuestros guiones a menudo los escriben las personas que nos rodean. En el pasado, puede que hayamos interpretado esos papeles sin saberlo, como miembros de un reparto involuntario. Pero no tiene por qué ser así. Al aprender a reconocer los guiones que nos han asignado, podemos decidir rechazar los relatos que no nos encajan, y crear nuestro propio destino.

Cómo pensar sobre... la inteligencia, el aprendizaje y la creatividad

- Intenta evaluar sinceramente tus propias capacidades y cuestiona si has internalizado las expectativas negativas que te rodean ¿De verdad hay una buena razón para pensar que eres inherentemente malo en matemáticas o plástica, por ejemplo? ¿O podrías tener la capacidad de mejorar?

- Tras identificar áreas de crecimiento en potencia, intenta comprobar si esas suposiciones negativas son ciertas buscando retos nuevos que te saquen de tu zona de confort intelectual o creativa.

- A través de este proceso, reconoce que cualquier momento de frustración es un signo de aprendizaje efectivo en sí y refleja la importancia de la tarea en cuestión. Este sencillo reencuadre ya aumentará tu rendimiento.

- Si te sientes especialmente ansioso o crees que puedes sufrir de una amenaza del estereotipo, intenta practicar la autoafirmación (páginas 263-266). Esto implica fijarse en muchas otras características o valores personales que te importan para tu identidad y las razones por las que son importantes para ti, como forma de neutralizar tus temores y expectativas negativas.

- Si eres profesor o jefe, intenta pensar en formas en las que tu propio comportamiento puede transmitir tus expectativas a otras personas, de manera verbal y no verbal. Puede que no seas consciente de tu lenguaje corporal o tu tono de voz, así que podría ser útil pedir a un observador externo que observe tus interacciones o grabarte interactuando con tus estudiantes o tus compañeros de trabajo.

10

LOS «SUPERENVEJECEDORES»

Por qué razón, en realidad, eres tan joven (o tan viejo) como te sientes

Durante más de una década, Paddy Jones ha estado impresionando al público de todo el mundo bailando salsa con ese estilo lleno de picardía. Se hizo famosa en el concurso de talentos español *Tú sí que vales* en 2009 y, desde entonces, ha logrado el éxito en el Reino Unido, a través de *Britain's Got Talent*; en Alemania, con *Das Super-talent*; en Argentina, en el programa de baile *Bailando*, y en Italia, donde actuó en el Festival de Música de San Remo en 2018 junto al grupo *Lo Stato Sociale*.[423]

Resulta que Paddy Jones tiene ochenta y tantos años, lo que la convierte en la bailarina de salsa acrobática más vieja del mundo, según el Libro Guinness de los Récords. Creció en el Reino Unido y era una bailarina entusiasta que había actuado profesionalmente antes de casarse con David a los veintidós años y tener cuatro hijos. Al jubilarse, la pareja se mudó a España y fue la tragedia de la muerte de su marido por un cáncer lo que la impulsó a tomar clases de baile. Tras probar toda clase de estilos latinoamericanos, pronto se enamoró de la salsa acrobática, durante la cual a menudo su pareja de baile, Nicko, la lanza por los aires. «No confieso mi edad porque no siento que tenga ochenta años ni me comporto de acuerdo con mi edad», dijo Jones a los medios de comunicación en 2014. Ha afirmado que solo dejará de bailar cuando Nicko (que tiene cuarenta años menos que ella) se canse.[424]

Hemos visto las muchas formas en las que nuestras expectativas pueden influir fuertemente en nuestro bienestar mental y físico, alternando nuestra percepción, nuestras respuestas biológicas a la dieta, el ejercicio y el estrés, y nuestras capacidades cognitivas. Y ahora quiero mostrarte cómo todos estos efectos de las expectativas podrían converger firmemente para cambiar la forma en la que envejecemos. El hecho de que tus creencias puedan añadir o restar años a tu vida, en mi opinión, es la consecuencia más sorprendente e importante de esta nueva comprensión de la máquina de predicción del cerebro, y la razón por la que creo que la conexión entre la mente y el cuerpo se debe de tomar tan en serio.

Antes de continuar, por favor, da respuestas sinceras a estas cuatro preguntas:

1. ¿Las cosas mejoran, empeoran o se quedan igual a medida que envejeces?
2. De cada una de estas parejas de palabras, ¿cuál asocias con la jubilación y lo que viene después: no incluido o incluido; incapaz o capaz; dependiente o independiente; ocioso u ocupado?
3. ¿Cuándo acaba la mediana edad y empieza la vejez?
4. Basándote puramente en tu experiencia subjetiva (y no en tu edad real, cronológica), ¿qué edad sientes que tienes hoy?

Como veremos, tus respuestas a estas preguntas y otras similares pueden ser igual de importantes (o más) para tu salud futura que tu estado de salud actual. De hecho, muchos científicos están llegando a la conclusión de que tus creencias sobre el proceso de envejecimiento pueden ser tan importantes para tu bienestar a largo plazo como tu edad real.[425] A través de múltiples caminos, tus expectativas fijan la velocidad de los relojes biológicos de tus células, y eso lo determina todo, desde dolores superficiales hasta tu riesgo de enfermedad cardíaca, demencia y muerte. Al parecer, la mentalidad joven de alguien como Paddy Jones es una especie de elixir de juventud.

SI PUDIERAS RETROCEDER EN EL TIEMPO...

La primera señal de que nuestros pensamientos y expectativas podrían acelerar o retrasar el proceso de envejecimiento proceden de un experimento notable llevado a cabo por la psicóloga Ellen Langer de la Universidad de Harvard.

Langer es conocida por ser una investigadora inconformista. Fue una de las primeras que examinó los beneficios del *mindfulness*, mucho antes de que el tema se convirtiera en un objeto de moda en los estudios científicos (también fue la investigadora que examinó de qué formas la expectativa puede influir en la vista. Consulta el capítulo uno). En 1979, Langer decidió investigar la conexión entre la mente y el cuerpo al pedir a un grupo de personas de setenta y ochenta años que fingieran que vivían en el año 1959 de nuevo.

Los participantes fueron reclutados a través de anuncios de periódicos locales. Primero, se les dieron varios test que normalmente se utilizan para diagnosticar problemas relacionados con la edad y, después, se les pedía que realizaran una prueba de memoria junto a otras tareas cognitivas (como encontrar la salida en laberintos con lápiz y papel), que estaban diseñadas para medir la velocidad del procesamiento del cerebro, que normalmente se supone que se reduce en la vejez. El equipo de Langer también comprobó la vista, el oído y la flexibilidad de las articulaciones de los sujetos.

A continuación, los investigadores fueron llevados a un retiro de una semana en un monasterio en Peterborough (*New Hampshire*), que se había redecorado como si se hubiera quedado atrapado a finales de la década de 1950. Todo, desde las revistas de la sala de estar hasta la música que sonaba en la radio (o las canciones de Perry Como, Nat King Cole y Rosemary Clooney) y las películas disponibles para ver (*Con faldas y a lo loco, Con la muerte en los talones, y Ben-Hur*), se eligió cuidadosamente para que tuviera rigor histórico. Para asegurarse de que el entorno cambiara la mentalidad de los participantes, los investigadores también les pidieron que escribieran una biografía de sí mismos para aquella era, en presente, y les dieron instrucciones explícitas para vivir como si fuera 1959, sin comentar nada que hubiera ocurrido después de aquel punto. Se animó a los participantes a hablar de la política y los acontecimientos deportivos de veinte años atrás. El objetivo era evocar a su yo más joven y en forma a través de todas aquellas asociaciones.

Para establecer una comparación, los investigadores realizaron un segundo retiro una semana después. Aunque factores como el decorado, la dieta y el contacto social se conservaron, se pidió a aquellos participantes que recordaran el pasado, sin actuar como si fueran más jóvenes. Cuando escribieron una biografía en la que describían su vida, lo hicieron en pasado, por ejemplo, en vez de en presente, una diferencia aparentemente pequeña que significaba que su mentalidad seguía centrada en su edad actual.

La mayoría de los participantes mostraron mejoras entre las pruebas de antes y después del retiro, pero fueron los miembros del primer grupo, los que se habían sumergido en el mundo de 1959, los que tuvieron mayores beneficios. El sesenta y tres por ciento de ellos mejoraron significativamente los test cognitivos, por ejemplo, en comparación con solo un cuarenta y cuatro por ciento de los del grupo de control. Su visión se hizo más nítida, sus articulaciones más flexibles, y sus manos más hábiles, ya que parte de la inflamación de su artritis retrocedió. El cambio incluso fue patente en su apariencia: al mejorar la postura, se hicieron más altos y caminaban con más facilidad. Langer hizo fotos a los participantes antes y después del retiro; los observadores a los que no se les informó del propósito del experimento señalaron que las segundas fotografías parecían considerablemente más jóvenes que las primeras. Era como si Langer hubiera retrasado el tiempo de verdad. [426]

Por tentadores que pudieran ser estos descubrimientos, el experimento de Langer sufrió de los mismos defectos que otros de los primeros estudios sobre la mentalidad (y mucha otra investigación psicológica de aquella era). La más seria era el tamaño de la muestra. Solo había ocho sujetos en el grupo inmersivo y ocho en el de control, algo que normalmente no se considera lo suficientemente grande para llegar a conclusiones generales sobre la población en conjunto. Las afirmaciones extraordinarias necesitan pruebas también extraordinarias, y la idea de que nuestra mentalidad pueda influir de alguna forma en nuestro envejecimiento físico resulta una teoría científica de lo más extraordinaria.

Becca Levy, de la Yale School of Public Health, es pionera en proporcionar las pruebas suficientes para respaldar esta afirmación. En uno de sus primeros (y más llamativos) estudios, examinó datos del estudio longitudinal de Ohio sobre envejecimiento y jubilación. Los creadores del estudio habían seleccionado a más de mil cien participantes, que habían cumplido cincuenta años el 1 de julio de 1975. Hicieron un seguimiento de su progreso en las décadas posteriores. También se había pedido a los participantes al inicio del estudio que evaluaran su acuerdo con afirmaciones como:

- Tengo la misma energía que el año pasado.
- A medida que envejeces, eres menos útil.
- Las cosas siguen empeorando a medida que me hago mayor.

A partir de estas valoraciones, el equipo de Levy dividió a los participantes en dos grupos (los que tenían una percepción positiva de su propio envejecimiento y los que la tenían negativa) y examinaron el riesgo de mortalidad en cada caso.

Levy descubrió que la persona media con una actitud más positiva respecto al envejecimiento vivía 22,6 años después del comienzo del estudio, mientras que la persona media con una idea más negativa del envejecimiento sobrevivía solo quince años, una diferencia de unos siete años y medio. Esta conexión seguía igual incluso cuando se tenían en cuenta otros factores de riesgo conocidos, como su estatus socioeconómico o la sensación de soledad. Las implicaciones del descubrimiento son tan llamativas hoy como lo fueron en 2002, cuando el estudio se publicó por primera vez. «Si se descubriera que un virus previamente sin identificar reducía la esperanza de vida en más de siete años, probablemente se dedicaría un esfuerzo considerable a identificar la causa y a implantar un remedio», escribieron Levy y su equipo en su estudio. «En este caso, una de las causas probables es conocida: la denigración de las personas mayores aprobada por la sociedad».[427]

Desde entonces, se han llevado a cabo estudios posteriores que reforzaban la relación entre las expectativas de la persona y su envejecimiento físico, mientras disminuían algunas de las explicaciones más obvias y menos interesantes. Podrías esperar que las actitudes de las personas reflejaran su declive en lugar de contribuir a su degeneración, por ejemplo. Sin embargo, eso no puede explicar del todo los resultados más llamativos. Levy observó el estudio del envejecimiento longitudinal de Baltimore, por ejemplo, que había hecho un seguimiento del progreso de cientos de personas desde finales de la década de 1950 hasta principios del siglo XXI. A partir de 1968, se preguntó a los participantes cuál era su actitud respecto a la vejez (como su nivel de acuerdo con la afirmación «los ancianos son inútiles»). Con una edad media de treinta y seis años, es poco probable que la mayoría de los participantes hubieran empezado a sufrir discapacidades serias relacionadas con la edad; era mucho más probable que sus opiniones sobre el envejecimiento procedieran de la cultura que les rodeaba que de alguna experiencia personal. Y Levy observó que aquellas opiniones podían predecir su riesgo futuro de enfermedades como anginas de pecho, insuficiencias cardíacas congestivas, infartos de miocardio e infartos cerebrales hasta

treinta y ocho años después, incluso cuando controló factores pre-
existentes como obesidad, hábitos de fumador o historial familiar de
enfermedad cardiovascular. [428]

Las actitudes positivas respecto al envejecimiento incluso parecen protegernos de ciertos tipos de demencia. Aunque las causas precisas de la enfermedad del Alzheimer todavía se investiguen,
conocemos muchos de los cambios neurológicos que acompañan a la
enfermedad, como la acumulación de una proteína denominada be-
ta-amiloide entre células. Mientras estas masas (llamadas placas) se
acumulan, destruyen las sinapsis que son esenciales para la señaliza-
ción del cerebro. Los pacientes con Alzheimer también desarrollan
ovillos de otra proteína, tau, dentro de las propias células cerebrales.
Ahora sabemos que ciertas variantes de genes (sobre todo *APOE* ε4)
pueden hacerte más vulnerable a la enfermedad. Sin embargo, esas
diferencias heredadas no sellan tu destino; muchas personas con
APOE ε4 nunca desarrollan demencia.

Para averiguar si tus actitudes respecto al envejecimiento podrían cambiar la probabilidad de verte afectado por la enfermedad,
Levy volvió a mirar los historiales médicos de las personas dentro de
los estudios de cohortes a largo plazo que habían medido la actitud
de las personas respecto al envejecimiento, uno de los cuales había
incluido por casualidad resonancias magnéticas nucleares con regularidad durante el estudio y autopsias del cerebro después de la
muerte. Descubrió que las expectativas de las personas se quedaban
inscritas en el cerebro, con una acumulación notablemente aumen-
tada de las placas beta-amiloides y los ovillos de proteína tau entre
quienes previamente habían mostrado una visión negativa respecto
al envejecimiento. Estas personas también mostraban un daño des-
tacable en el hipocampo, la región con forma de caballito de mar en
lo profundo del cerebro que es responsable de la formación de la
memoria. [429]

En un estudio de seguimiento se descubrió que los efectos de las
actitudes respecto al envejecimiento eran particularmente pronunciados

entre las personas que tenían mayor riesgo de variante ε4 del gen *APOE*. Para ellas, las expectativas positivas del envejecimiento redujeron a la mitad su riesgo de desarrollar demencia en comparación con las personas que llevaban la variante de riesgo elevado, lo que supuso que el envejecimiento iba acompañado con un declive mental y físico. De hecho, entre las personas con expectativas positivas del envejecimiento, la variante de riesgo elevado del gen apenas parecía aumentar el riesgo de demencia.[430]

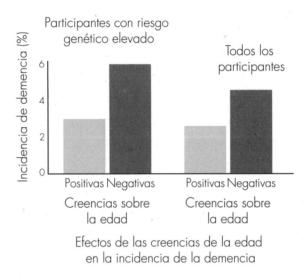

Efectos de las creencias de la edad
en la incidencia de la demencia

* * *

Sería difícil sobreestimar la importancia de estos descubrimientos. Se ha hablado mucho sobre factores de riesgo puramente biológicos que pueden acelerar la progresión de la enfermedad a medida que nos hacemos mayores. Sin embargo, según esta investigación, nuestros propios pensamientos son igual de potentes o incluso más. Por ejemplo, se piensa que un nivel elevado de colesterol en sangre reduce la esperanza de vida media hasta en cuatro años, mucho menos que la reducción de siete años y medio que provoca que veamos nuestra salud futura con malos ojos.[431]

Igual que cualquier riesgo médico, el peligro personal de una actitud negativa frente al envejecimiento para nosotros mismos dependerá de muchos factores distintos. Incluso la simple cuestión de cómo definimos «viejo» podría determinar el tamaño de los efectos, según un estudio seminal de funcionarios de Whitehall que trabajan para el gobierno británico.

Los estudios de Whitehall son famosos sobre todo por mostrar que el estatus social puede afectar a nuestra salud, lo que revela que las personas de los peldaños inferiores tienen una carga para la salud mucho mayor que quienes están en lo alto de la jerarquía competitiva. Sin embargo, a principios de la década de 1990 se pidió a los funcionarios que definieran cuándo acababa la mediana edad y cuándo empezaba la vejez. Y resultó que, cuanto antes veían el comienzo de la vejez, más probable era que experimentaran un deterioro de la salud a una edad más joven. Durante la década siguiente, las personas que pensaban que la vejez empezaba a los sesenta o antes tenían alrededor del cuarenta por ciento más de probabilidad de desarrollar una enfermedad cardíaca coronaria que quienes creían que la mediana edad acababa a los setenta años o más adelante.[432] Es decir, parece que puedes ser capaz de escapar de algunos de los efectos decidiendo que aún no has llegado al grupo de edad relevante.

Lo que nos lleva a la cuarta y última pregunta de la página 273, en la que te pedí que estimaras tu «edad subjetiva» (la edad que sientes que tienes frente a tu edad cronológica real). La idea de que eres «tan joven como te sientas» es un tópico, pero los estudios que examinan a miles de participantes han demostrado que las personas con una edad subjetiva más baja tienden a disfrutar de mayor salud física y mental.[433] ¿Cómo es posible? Una respuesta podría ser que una edad subjetiva más baja te hace pensar que eres la excepción al declive normal que esperas en otras personas. Esta creencia te permite conservar expectativas más positivas de tu salud a medida que pasan los años, protegiéndote de los efectos perjudiciales de los estereotipos negativos que normalmente son tan influyentes. [434]

Esencialmente, esto es lo que Langer intentaba lograr en su estudio tipo túnel del tiempo en 1979. En el monasterio, el montaje copiaba el decorado y la cultura de la última década de 1950, la investigadora esperaba hacer retroceder la edad subjetiva de los participantes veinte años. Al entrar en la casa, todavía se sentían como viejos de setenta u ochenta y pico años, con toda la carga percibida que ello conlleva. En cambio, al final, al irse del monasterio tenían un sentido de sí mismos revigorizado como personas de cincuenta y sesenta años, edades en las que tenían más energía y mayor sentido del propósito de su vida. Y, como mínimo para aquella pequeña muestra de participantes, parecía haber funcionado. Desde el punto de vista mental (y, hasta cierto punto menor pero igualmente significativo, físico) parecían haber retrasado el reloj de forma temporal.

TEORÍA DE LA PERSONIFICACIÓN DEL ESTEREOTIPO

¿De dónde proceden nuestras expectativas negativas? Y, ¿cómo tienen tanto poder en nuestro bienestar? Para responder a estas preguntas, tenemos que entender un proceso conocido como «personificación del estereotipo».

El escritor Martin Amis es un ejemplo útil. Si la bailarina Paddy Jones representa la aptitud óptima frente al envejecimiento, Amis nos ofrece justo lo contrario. En una entrevista de 2010, criticó el «tsunami de plata» de la población envejecida. «Habrá una población de personas muy viejas dementes, como una invasión de inmigrantes horribles, apestando restaurantes, cafeterías y tiendas», dijo. «Me imagino una especie de guerra civil entre los viejos y los jóvenes dentro de diez o quince años». Frívolamente, reclamó «cabinas de eutanasia» en cada esquina callejera y, en los festivales literarios, describió el proceso de envejecimiento como ser el protagonista de tu propia «película de terror de bajo presupuesto, guardando lo peor para el final».[435] Es difícil imaginar una visión más dura de los ancianos que creer que la muerte es preferible a envejecer de forma saludable.

Tal y como señalaron los críticos literarios en aquel momento, las novelas de Amis hacía tiempo que expresaban miedo y asco respecto al envejecimiento, ya que rebosaban estereotipos negativos sobre las generaciones más viejas (la edad de veinte años, afirmaba en su primera novela, representaba el fin de la juventud[436]). Y, cuando el propio Amis envejecía, a menudo estaba lleno de miedo por su propio futuro. «Tu juventud se evapora a los cuarenta y pocos cuando te miras en el espejo», contó a la revista *Smithsonian*. «Y después, fingir que no te vas a morir se convierte en un trabajo a tiempo completo».[437] A sus sesenta y tantos años, ya veía cómo disminuían sus propios talentos, describiendo la pérdida de «energía y musicalidad» en sus escritos. La catarata de creatividad que una vez había sentido se estaba secando.[438]

Según la investigación científica, la experiencia de Amis representa una trayectoria común. Cogemos nuestras opiniones negativas sobre los ancianos cuando somos jóvenes y las dirigimos inicialmente a otras personas. Pero, claro, en cierto punto, algo cambia en nuestra vida (llegamos a una edad clave, o nos jubilamos, o nos volvemos canosos, lo que nos lleva a darnos cuenta de que ahora los estereotipos hablan de nosotros). En este punto, empezamos a vivir una profecía autocumplida, ya hemos pasado a personificar los estereotipos, lo que precipita nuestro declive físico y cognitivo.[439]

Existen múltiples caminos simultáneos para la personificación del estereotipo, pero potencialmente interconectados. El primero es puramente psicológico. Consideremos la pérdida de memoria. Cuando les presentan estereotipos negativos, las personas mayores tienden a perder confianza en sus capacidades mentales y prefieren confiar en muletas artificiales (como listas de la compra o el GPS del coche) en lugar de fiar según qué cosas a la memoria. Sin embargo, la investigación

sugiere que a menudo pueden recordar mucho más de lo que sospe-
chan si se ven obligados a confiar solo en su memoria, y que realizar
un esfuerzo organizado coordinado para ejercitar la mente debería reducir ese declive.[440]

Los problemas de concentración pueden surgir de forma parecida a partir de las expectativas negativas; cuanto más tema alguien que
le distraigan y demostrar el estereotipo negativo, más difícil le resultará concentrarse. Para muchas personas, la reducción de la capacidad
de concentración es una ilusión que no refleja necesariamente una
realidad biológica.[441] Gerben Westerhof, de la Universidad de Twen-
te (Países Bajos), ha demostrado que algo tan intrascendente como
ver un anuncio de TV «edadista» (es decir, discriminatorio por razón
de edad) puede tener estos efectos en el pensamiento de las personas:
ver a un adulto mayor actuando de forma incompetente conduce a
los espectadores más mayores a sufrir de deterioro cognitivo. Estos
efectos de las expectativas puede que empiecen siendo temporales,
pero con el tiempo podrían llegar a estar arraigados, lo que conduciría a un declive más permanente.[442]

El segundo camino es de comportamiento y de motivación. Si
suponemos que nuestro cuerpo va a ponerse endeble y débil (y vemos nuestro entorno más intimidante de lo que es en realidad), el
ejercicio duro nos desanimará y quizás veamos que el ejercicio que
sí hacemos es mucho más agotador físicamente gracias a nuestras
expectativas negativas. Incluso los movimientos diarios (como el
paso al caminar) se hacen más lentos y menos energéticos cuando
una persona espera un fuerte declive.[443] Quizás esto explique por
qué Levy ha encontrado una potente correlación entre las actitudes
de las personas frente al envejecimiento y su riesgo de obesidad a
medida que envejecen.[444]

Tercero y, por último, tenemos la ruta psicosomática para con-
vertirnos en el estereotipo que tememos. Nuestras expectativas de
fragilidad pueden amplificar los dolores del cuerpo o aumentar sensaciones como náuseas y mareos (una respuesta nocebo que podría

contribuir a la percepción general de «no encontrarse bien» que señalan muchos ancianos).[445] A través de cambios en nuestra respiración y metabolismo, la actividad física puede llegar a ser más difícil (al fin y al cabo, hemos visto que las personas que ven con malos ojos su propia forma física tienden a tener más dificultades para hacer ejercicio y es menos probable que se beneficien de ello posteriormente).

Algo más importante es que nuestras expectativas negativas pueden provocar una respuesta al estrés poco sana. Recuerda que la máquina de predicción sopesa con cuidado nuestras capacidades para responder a una amenaza o reto nuevo, y usa estos cálculos para calibrar la liberación de hormonas como la adrenalina y el cortisol (que nos preparan para enfrentarnos a una amenaza inmediata a costa de la salud a largo plazo) y las DHEAS, que participan en el mantenimiento y la reparación de los tejidos, que se libera en mayores cantidades cuando vemos un acontecimiento como un reto positivo. La máquina de predicción también controla la respuesta cardiovascular, lo que determina si nuestros vasos sanguíneos se contraen (para evitar la pérdida de sangre frente a la amenaza) o se dilatan (para permitir que el cerebro y las extremidades se oxigenen, lo que nos permite ponernos a la altura del reto), tanto si tienes que conservar energía como si la puedes liberar de tus almacenes para enfrentarte a la situación. Si consideras que eres más débil, más negativo y más vulnerable debido a tu edad, es más probable que veas una dificultad como una amenaza negativa en vez de como un reto positivo, lo que da como resultado las respuestas de estrés más perjudiciales que podrían causar estragos en tu cuerpo con el tiempo.

Esto ha resultado evidente en algunos experimentos de laboratorio. Las personas mayores a las que se les han presentado estereotipos de edad negativos tienden a tener una presión arterial sistólica más elevada en respuesta a retos estresantes, mientras que los que han visto estereotipos positivos demuestran una reacción más tenue.[446] A largo plazo, Levy ha visto que los niveles de cortisol de las personas aumentan continuamente alrededor del cuarenta por ciento desde los cincuenta a los ochenta años, si tienen actitudes negativas respecto al envejecimiento. En cambio, quienes tienen una visión positiva muestran una reducción del diez por ciento del cortisol durante el mismo período mientras se asientan en la siguiente etapa de la vida. [447] Esa respuesta al estrés crónico puede activar una inflamación crónica, lo que a su vez causa un desgaste general en nuestros tejidos y se sabe que es un factor que contribuye a varias enfermedades como artritis, enfermedad cardíaca y Alzheimer. En efecto, en uno de los recientes estudios de Levy observaron que las actitudes negativas respecto al envejecimiento podrían predecir una mayor inflamación cuatro años después, lo que, a su vez, contribuyó a un aumento del riesgo de muerte durante los dos años siguientes. [448]

Las consecuencias de nuestras expectativas negativas incluso se pueden ver en el núcleo de las células, donde se almacena nuestro código genético. Nuestros genes están envueltos firmemente en los cromosomas de cada célula, que tienen unas tapas de protección diminutas, los telómeros, que mantienen el ADN estable e impiden que se abra y se dañe (por esta razón, a menudo se compara a los telómeros con los herretes, la punta de plástico que se pone en los cordones de los zapatos, una comparación que puede ser apropiada desde el punto de vista técnico, pero poco poética, teniendo en cuenta lo importante que son nuestros telómeros para nuestra supervivencia). En el nacimiento, nuestros telómeros son largos y fuertes, pero pueden desgastarse debido al estrés crónico y hacerse más cortos durante la vida. Los telómeros más cortos reducen la capacidad de la célula para replicarse sin errores; sin un telómero lo suficientemente largo, una célula puede ser directamente incapaz de dividirse. [449]

La longitud de nuestros telómeros puede variar de una persona a otra de la misma edad cronológica, en función de factores del estilo de vida como la inflamación y el estrés, y esto parece predecir la longevidad y el riesgo de enfermedad de la persona. La teoría de la personificación del estereotipo de Levy prediciría que las personas con expectativas negativas sobre el envejecimiento deberían tener telómeros más cortos, y así es. [450]

A través de cosas como el estrés y la inflamación, nuestras actitudes respecto al envejecimiento también pueden afectar a la expresión de los genes individuales situados dentro de esos cromosomas. Dentro de cada célula, tenemos pequeñas fijaciones al ADN que pueden encender o apagar un gen en concreto. Este encendido o apagado determina las proteínas que produce la célula y, en última instancia, cómo funciona. Ciertos patrones de activación o desactivación llegan a ser más predominantes a medida que envejecemos y pueden explicar muchos de los cambios asociados a la vejez, lo que incluye el aumento de la vulnerabilidad ante las enfermedades. Y lo que es más importante, las personas con actitudes negativas frente a la vejez demuestran más cambios relacionados con la edad, mientras que las personas con actitudes más positivas tienen un reloj epigenético más lento. [451]

Levy especula que esto podría explicar por qué las personas con una opinión positiva del envejecimiento parecen menos vulnerables a la demencia, aunque tengan la variante de alto riesgo del gen APOE. El peor estrés puede conducir a cambios epigenéticos que aumenten los efectos del gen en las personas con visiones negativas (lo que aumenta su vulnerabilidad a la enfermedad), mientras que puede estar atenuado en las personas que tienen expectativas más positivas del proceso de envejecimiento. [452]

Algunos de estos cambios puede que sean reversibles. [453] Sabemos que una encima llamada telomerasa puede ayudar a reparar las tapas de los extremos de nuestros cromosomas, y activar dicha encima parece revertir algunos de los efectos del envejecimiento prematuro. Quizás en el futuro encontraremos fármacos que impidan que las células se desgasten. De momento, lo que parece seguro es que, como mínimo, podemos ralentizar nuestro declive viviendo un

286 • SUPERA TUS EXPECTATIVAS

estilo de vida más saludable y cambiando nuestras expectativas sobre lo que la vejez significa.

¿ES LA EDAD SOLAMENTE UN NÚMERO?

Si queremos reevaluar los verdaderos límites de lo que supone la edad, vamos a empezar por conocer a más personas que, igual que Paddy Jones, han confundido a la sociedad que tiene expectativas prejuiciosas sobre lo que se puede lograr en una edad avanzada.

Veamos el caso de Take Hiromu Inada de Chiba (Japón). Empezó a nadar, correr y montar en bicicleta hace dieciocho años e hizo su primer triatlón un año más tarde. El deporte se convirtió en una especie de obsesión para él y acabó entrando en la Hawaii Ironman de Kailua-Kona, una competición de resistencia extrema que exige que los participantes naden 3,86 km, monten en bicicleta 180,25 km y, después, corran una maratón entera de 42 km. Para ser capaz de hacerlo, Inada ha desarrollado un horario de formación despiadado. Se despierta a las cuatro y media de la madrugada y va al gimnasio a las seis. Su entrenamiento suele continuar hasta después del atardecer y solo hace un día de fiesta a la semana.

En 2020, Inada había terminado la Ironman tres veces, con unos tiempos de finalización que rondaban las dieciséis horas y cincuenta minutos. El mero hecho de llegar a la meta de una Ironman ya es un logro notable para la mayor parte de las personas de cualquier edad. Sin embargo, Inada empezó a entrenar después de jubilarse de su trabajo como reportero de noticias a los sesenta y pico años. Acabó su primer triatlón de distancia olímpica unos años después y no empezó a competir en las Ironman hasta los ochenta y pocos años. Su último récord llegó en 2018, un poco más de un mes antes de cumplir ochenta y seis.

Tal y como predeciría el trabajo sobre envejecimiento subjetivo, Inada ha mantenido un aspecto juvenil, y no ve la edad como una barrera para conseguir logros extraordinarios. Afirma que incluso a los setenta años se sentía «muy joven» y que su entrenamiento le ha ayudado a prevenir su declive desde entonces.

Igual de impresionante es el corredor suizo Albert Stricker, que acabó una ultramaratón en Basilea (Suiza) a los noventa y cinco años de edad. Al igual que Inada, empezó a entrenar después de jubilarse, a los sesenta y cinco años y corrió su primera maratón completa a los noventa años. Su entrenamiento consiste en correr entre cinco y diez km cada día laborable. El objetivo, en la competición de Basilea, era correr lo máximo que pudiera durante doce horas seguidas; Stricker cubrió alrededor de cincuenta y tres kilómetros en total. Quizás pienses que este tipo de esfuerzo podría causar un daño corporal serio a alguien de esa edad, pero las pruebas médicas efectuadas por Beat Knechtle en el Instituto de atención primaria de la Universidad de Zurich revelaron que Stricker se había recuperado totalmente de la competición al cabo de cinco días.[454]

Es cierto que Jones, Inada y Stricker no harán sombra a la élite de atletas más jóvenes en cuanto a los récords; en igualdad de condiciones, las personas más jóvenes tendrán una ventaja física. Sin embargo, estas tres personas demuestran que se puede lograr un nivel extraordinariamente elevado de forma física (incluso de resistencia extrema) a una edad avanzada.

Según los análisis de Knechtle de corredores masculinos de ultramaratón, hay una reducción de alrededor del ocho por ciento en el rendimiento por cada década vivida.[455] E incluso este declive puede reducirse, ya que los atletas de más edad se hacen más competitivos y encuentran formas mejores de entrenar. Por ejemplo, en la década de 1980, las personas de entre sesenta y sesenta y cuatro años competían a una capacidad de alrededor del sesenta por ciento respecto a los menores de cuarenta años en la competición Ironman; ahora, lo hacen a más del setenta por ciento.[456] La verdad es que todavía no sabemos lo bien que podemos conservar nuestra forma física hasta la vejez ya que pocas personas han intentado llevar al

288 • SUPERA TUS EXPECTATIVAS

cuerpo hasta esos límites. Sin embargo, tenemos pruebas más que suficientes que muestran que nuestro potencial a medida que envejecemos es mucho mayor de lo que creemos habitualmente. Estos patrones coinciden con estudios sobre deportistas menos extremos que muestran que (cuando se tratan correctamente, y si adoptas el estilo de vida y la mentalidad adecuados), el cuerpo humano puede ser mucho más resiliente frente al paso del tiempo de lo que imaginamos la mayoría de nosotros.

Mientras evaluamos los efectos cognitivos del envejecimiento, deberíamos recordar los increíbles estallidos de creatividad mostrados por ciertos artistas al llegar a la edad de jubilación media. Veamos el caso de Penelope Fitzgerald. Tras haber tenido varios trabajos, incluido el de profesora, publicó la primera novela a los sesenta años y ganó el Premio Booker dos años más tarde. A los ochenta años, ganó el Premio del Círculo de Críticos Nacional del Libro de Estados Unidos por su última novela, *La flor azul*, un libro que a menudo se considera su obra maestra.[457] «Puedes ver que se convierte en mejor escritora a medida que envejece —escribió el crítico del *New Yorker* James Wood—, más seria y expansiva, más confiada y ágil».[458] Difícilmente es la sequía creativa que había descrito Martin Amis.

En las artes plásticas, Pablo Picasso y Henri Matisse encontraron una inspiración renovada hacia el final de su vida. Aproximadamente a los sesenta años, Picasso pivotó hacia la cerámica y creó más de tres mil quinientas obras que fusionaban pintura, grabado y escultura.[459] Por su parte, Matisse cogió tijeras y papel para producir sus sorprendentes recortes, que describió como «tallas en colores». Continúan siendo algunas de sus obras más celebradas.[460]

Vale la pena recordar todas estas historias extraordinarias porque el mero hecho de reconocer nuestra capacidad de controlar nuestro envejecimiento, a través de cambios de mentalidad o de estilo de vida, puede proporcionar una especie de antídoto frente a los estereotipos negativos del envejecimiento.

Veamos un estudio publicado en 2018 sobre personas de entre sesenta y noventa años efectuado por David Weiss de la Universidad de Columbia. Primero, hizo una prueba para descubrir si los participantes tenían visiones existencialistas como:

La edad biológica de una persona determina sus capacidades en gran medida.

O si consideraban que el envejecimiento era un proceso maleable, respaldando declaraciones como estas:

No importa en qué punto de la vida estés, siempre puedes influir en tu propio envejecimiento.

Cabe destacar que estas creencias por sí mismas no reflejan necesariamente una visión buena o mala del envejecimiento, sino simplemente si el proceso es controlable.

Tras haber realizado la encuesta, Weiss pidió a los participantes que hicieran un test formado por preguntas sobre demencia y discapacidad física, un ejercicio diseñado para evocar los estereotipos habituales sobre las personas mayores. Por último, les pidió que hicieran una prueba de memoria y midió su respuesta al estrés. Averiguó que las personas que ven el envejecimiento como una inevitabilidad biológica tenían más probabilidad de verse afectadas por los estereotipos negativos del test de demencia, mostrando mayor estrés y peores resultados en la prueba de memoria. Tiene lógica: si supones que no puedes controlar tu biología, los pensamientos de declive te van a dar mucho más miedo.

Las personas que sentían que tenían más control sobre su destino mostraron la respuesta totalmente opuesta, es decir, tendían a obtener mejores resultados en la prueba después de que se les hubieran presentado esos pensamientos de fragilidad y declive.[461] Sus sentimientos de empoderamiento les habían permitido demostrarse a sí mismos que eran excepciones a nuestras predicciones pesimistas respecto al envejecimiento y, en consecuencia, el reto de enfrentarse a esos estereotipos negativos había revitalizado su rendimiento.

No tienes por qué tener la ambición de ser un atleta de Ironman, una novelista premiada, ni un artista prolífico para comprender que el envejecimiento puede ser una perspectiva mucho más emocionante que la fatalidad y el pesimismo descritos por gente como Martin Amis; sus historias simplemente nos muestran los límites extraordinarios de la realidad. La forma que tenemos de envejecer está, en gran medida, en nuestras manos: cuanto más recordemos este hecho, más fácil nos resultará enfrentarnos a las expectativas negativas a las que nos empuja la sociedad y elegir nuestro propio camino. Tal y como dijo Hiromu Inada al *Japan Times* en 2019: «Espero que todo el mundo pueda ver que puede hacer las mismas cosas que la generación más joven y que se anime a hacerlo».[462]

ELIXIRES DE VIDA

Es necesario que se reconozcan cuanto antes y a gran escala estos efectos de las expectativas relacionados con la edad. En 2015, había alrededor de novecientos un millones de personas de sesenta años o mayores (el 12,3 por ciento de la población global). En 2030, ese número habrá aumentado hasta mil cuatrocientos millones (el 16,4 por ciento de la población global) y en 2050, llegará a los dos mil cien millones (el 21,3 por ciento de la población global).[463] Al ritmo actual de diagnósticos, ciento cincuenta y dos millones de dichas personas puede que tengan demencia a mediados de este siglo.[464]

Hoy en día, los médicos suelen hablar de la expectativa de vida saludable (los años vividos sin ninguna discapacidad ni enfermedad grave) frente a la esperanza de vida. La idea es que el verdadero objetivo es vivir una vida buena, sin enfermedad, en lugar de limitarse a extender el número de años que uno sobrevive.[465] Pero al aumentar nuestras expectativas sobre el proceso de envejecimiento, tenemos la increíble posibilidad de añadir años a ambas cosas. No es de extrañar que los científicos hayan estado investigando las mejores formas de aplicar esta investigación a gran escala.

Como parte de su continua investigación sobre los efectos del edadismo, Levy invitó a participantes ancianos (de entre sesenta y uno y noventa y nueve años) a jugar a un juego de ordenador sencillo, mientras en la pantalla aparecían brevemente palabras positivas relacionadas con la edad (como sabio, activo y creativo). Aunque los participantes podrían no haber percibido las palabras conscientemente, debieron haber absorbido el mensaje, ya que Levy descubrió que sus actitudes respecto al envejecimiento mejoraron significativamente a lo largo de las cuatro sesiones semanales. Y este nuevo optimismo se tradujo en una mejora notable de su bienestar físico: se movían más y su modo de andar y su postura empezaban a parecerse a los de una persona más joven. Por increíble que parezca, aquellos beneficios (obtenidos por mensajes implícitos) incluso superaron los resultados de una rutina de ejercicios físicos que fomentaba una actividad suave tres veces a la semana durante seis meses. [466]

El experimento de Levy fue una prueba de concepto importante para demostrar lo potentes que son las señales inconscientes para cambiar las expectativas y los beneficios que pueden aportar a una persona. Teniendo en cuenta estos resultados, algunos investigadores han especulado que se podrían añadir señales parecidas a ciertas películas o programas de TV, pese a que esos mensajes tuvieran que enfrentarse a cierto molestar de la gente ante la idea de manipulación subliminal. [467]

De momento, puede que sea más realista concentrarse en el cambio consciente, sin utilizar ninguna pista oculta. Las intervenciones más prometedoras combinan educación sobre estereotipos de envejecimiento con otras actividades, como ejercicio físico, lo que permite que las personas comprueben sus propias capacidades y consigan pruebas de primera mano de cómo sus expectativas pueden haber estado limitándoles la vida.

Los beneficios han sido notables. Los residentes más mayores de Los Ángeles, por ejemplo, recibieron lecciones semanales sobre el potencial físico del cuerpo y el cerebro durante el envejecimiento y sobre las formas en las que los estereotipos negativos pueden haberles impedido avanzar. Después, hacían una hora de clase de gimnasia para reforzar el aprendizaje. Al terminar estas clases, su movilidad había aumentado enormemente (de 24.749 a 30.707 pasos por semana, un aumento del veinticuatro por ciento, según las lecturas de sus podómetros). Y algo crucial es que los beneficios físicos parecían ir acompañados de cambios en su actitud respecto al envejecimiento. Cuanto más positivo era su pensamiento, más activos pasaban a ser. Los participantes también declaraban que sus funciones diarias iban mejor y que el dolor de enfermedades crónicas como la artritis se había reducido.[468]

Desde entonces, estos resultados han sido replicados muchas veces con muchas poblaciones. En algunos casos, se vio que la alteración de las expectativas duplicó la actividad física de los participantes mucho después de que hubiera acabado la intervención, con mejoras más allá de la rutina de ejercicios estándar que no se dirigía deliberadamente a las expectativas de los participantes sobre el envejecimiento.[469] Aunque sea difícil desacreditar las razones precisas para dicha mejora, parece probable que la intervención actuara sobre los tres elementos de la personificación del estereotipo: el psicológico, el de comportamiento y el psicosomático. Las expectativas positivas de los participantes redujeron el estrés relacionado con la edad y mejoraron cómo se sentían física y mentalmente lo que, a su vez, aumentó la probabilidad de que hicieran ejercicio.

Lo ideal es que estas intervenciones sean proporcionadas próximamente por los servicios de salud del mundo. Mientras tanto, todos podemos empezar a aplicar un poco de pensamiento crítico a nuestros propios pensamientos. Si crees que eres demasiado viejo para una actividad determinada, empieza a cuestionarte en qué te basas para tener esa expectativa. ¿Surge de una discapacidad física real que sientes en este momento? ¿O te han infectado los mensajes de otras personas? ¿Ha llegado el momento de salir de tu zona de confort y hacer una actividad nueva que antes te daba demasiado miedo? En referencia al declive cognitivo, actualmente existen pruebas de que aprender habilidades nuevas en la mediana edad y en la vejez puede ayudar a mantener la memoria y la concentración, y, sobre todo, a generar confianza en tus propias capacidades, lo que revierte parte de tus expectativas más negativas y despierta un círculo virtuoso. [470]

Cuando hablé con Paddy Jones, hizo hincapié en el papel que podría haber tenido la suerte en su buena salud. De todas formas, también está de acuerdo en que muchas personas tienen una visión innecesariamente pesimista de sus capacidades sobre lo que podrían ser sus años dorados y los anima a que cuestionen esa visión. Desde que alcanzó la fama, ha recibido muchos mensajes de las personas a las que ha inspirado a empezar actividades nuevas y espera que otras personas sigan su ejemplo. «Si sientes que hay algo que quieres hacer, y te inspira, ¡hazlo! Y si ves que no puedes hacerlo, busca algo que sí puedas lograr». Reevaluar tus actitudes respecto a la edad y el envejecimiento será especialmente importante cuando te enfrentes a un acontecimiento solemne en tu vida, como puede ser la jubilación. Paddy Jones y los atletas de ultra resistencia Hiromu Inada y Albert Stricker empezaron a practicar esos deportes después de acabar su carrera profesional previa. En un momento en el que muchas personas empiezan a pensar de forma más pesimista sobre su envejecimiento, han encontrado una forma de cuestionar esas actitudes y demostrar continuamente sus propias capacidades. Todos podríamos aprender de sus experiencias, tanto si nuestras ambiciones son grandes como si son modestas.

¿UNA SOCIEDAD SIN EDAD?

En noviembre de 2019, tuve la suerte de visitar la provincia de Nuoro en la costa este de Cerdeña. Sus montañas escarpadas se alzan vertiginosamente desde el mar Mediterráneo y sus doscientos mil habitantes viven en pueblos pequeños diseminados por los valles.[471] La cría de cabras y cerdos continúa siendo su principal forma de vida.

En el pasado, Nuoro tenía fama sobre todo por ser el lugar de nacimiento de la escritora ganadora del Nobel Grazia Deledda. Hoy en día, quizás se conozca más por tener una de las mayores concentraciones de centenarios del mundo. Cuando se ajustó respecto al tamaño de toda la población, se vio que tienen alrededor del triple de personas de más de cien años que el resto de Cerdeña, y diez veces más que las que tiene Estados Unidos.[472]

Hay muchas teorías científicas para su increíble longevidad. La población de Cerdeña ha estado aislada durante grandes períodos de la historia, lo que ha provocado que tenga un perfil genético único. Sin embargo, como ya hemos visto, nuestros genes no pueden sellar nuestro destino; en un estudio de 2018 se descubrió que solamente el siete por ciento de las diferencias pueden ser atribuidas a nuestros genes.[473] También hay que tener en cuenta la dieta, espartana pero nutritiva y alta en antioxidantes, que es conocida por prevenir el daño celular; y el ejercicio, ya que algunos agricultores continúan trabajando con setenta y ochenta y tantos años.

Teniendo en cuenta nuestro conocimiento sobre los efectos de las expectativas y su poder en nuestras vidas, no puedo evitar preguntarme si una gran parte de la increíble esperanza de vida de los sardos se debe a su cultura, que conserva un gran respeto por los miembros ancianos de la comunidad. Raffaele Sestu, médico del pequeño pueblo de Arzana, está convencido de esto último. Ha trabajado con decenas de centenarios en su consulta y afirma que la mayoría son tratados con reverencia, como cabezas de familia, hasta bien entrada la vejez. «Alguien que sabe que tiene una función, y que cree en él o ella, vive una vida mejor y fácilmente más de cien años», me dijo.[474]

Lamentablemente, esta actitud parece faltar en muchos países industrializados de América, Europa y Asia, donde cada vez menos personas viven en hogares intergeneracionales, y las personas mayores suelen ser tratadas como una carga y no como un miembro valioso de la familia.[475] Esta mentalidad es una desventaja para hijos, nietos y abuelos: varios estudios señalan que el contacto regular con los mayores puede hacer que los jóvenes desarrollen una visión más positiva del envejecimiento. A medida que esos niños lleguen a la edad adulta y a la mediana edad, esas experiencias les ayudarán a recordar cómo puede ser el envejecimiento saludable. En cambio, es más fácil que las personas que no han tenido ese contacto regular se vean influidas por los estereotipos edadistas de los medios de comunicación.[476] Cuando no vemos regularmente a personas de cierto grupo demográfico, puede resultar fácil ridiculizarlas o menospreciarlas. Es una triste ironía que nuestra atención médica haya sido capaz de aumentar la esperanza de vida, pero (debido a otros cambios sociales) hemos llegado a ver a esas personas resilientes que han vivido tanto tiempo como una molestia en lugar de como a personas que hay que querer y respetar.

Lugares como Nuoro, donde la edad se considera una fuerza, podrían ser mucho más escasos hoy de lo que fueron en el pasado, pero no tiene por qué ser así. A título personal, podríamos intentar construir puentes entre generaciones, entablando amistad con personas que son más mayores o más jóvenes que nosotros. Pero, como sociedad, tenemos que ir mucho más allá y luchar contra el edadismo igual que hacemos contra el racismo, la homofobia y otros tipos de prejuicios. Cada vez que, por pereza, usamos estereotipos discriminatorios debido a la edad, expandimos efectivamente un patógeno letal que, con el tiempo, llegará a herirnos tanto como los otros.

Cuando se trata de los efectos de las expectativas respecto al envejecimiento, todos tenemos la opción de perpetuar esas ideas tóxicas o de ayudar a cambiarlas. Y debemos actuar ahora; nuestra vida, y las de nuestros seres queridos, puede que literalmente dependan de ello.

Cómo pensar sobre... el envejecimiento

- En lugar de idealizar la juventud, concéntrate en todas las cosas que puedes obtener al vivir una vida más larga, como experiencia, conocimiento y mejora de la regulación emocional y la toma de decisiones.

- Recuerda que muchas de las cosas que asociamos normalmente con el envejecimiento (como la debilidad física) están en tu mano y se pueden mejorar con un estilo de vida más saludable.

- Evita atribuir enfermedad a tu edad, ya que esto reforzará la idea de un declive inevitable. Las personas con una visión positiva del envejecimiento tienden a recuperarse de la enfermedad más deprisa que las que tienen expectativas negativas.

- Busca modelos a seguir buenos como Paddy Jones o Hiromu Inada, que han cuestionado las expectativas de la sociedad.

- Sé consciente de los medios de comunicación que consumes. Hay muchas películas y series de TV que reforzarán estereotipos ofensivos sobre las personas mayores. Intenta ver historias o documentales que traten el envejecimiento con más más sensibilidad, o, al menos, sé más crítico con lo que ves.

- Si eres joven o de mediana edad, entabla amistad con personas de fuera de tu propio grupo de edad. La investigación muestra que el mero hecho de hacerlo ya mejora las expectativas sobre el envejecimiento.

EPÍLOGO

Volvamos a los Hmong de Estados Unidos y al síndrome de muerte nocturna súbita e imprevista a manos del *dab tsog*. Durante la década de 1980 (en el peor punto de la crisis) parecía increíble que creer en tu muerte inminente pudiera aumentar el riesgo real de morirte. Sin embargo, esa predicción dañina se ajusta perfectamente al reconocimiento moderno y reciente de los efectos de las expectativas y su poder, que ha emergido en el siglo XXI.

Inspirados por esta investigación, algunos médicos han empezado a tomar cartas en el asunto. Por ejemplo, el *Mercy Medical Center* de California trabaja activamente con chamanes para mejorar el tratamiento de la gran comunidad Hmong de esa zona.

Empezó con un único caso práctico, cuando un hombre Hmong parecía estar muriéndose por una gangrena intestinal. Ninguno de los tratamientos que le ofrecieron parecían actuar, pero algunas personas bienintencionadas de la comunidad pidieron al personal que permitieran que un chamán Hmong les ayudara. Al final, el hospital cedió y el chamán realizó sus rituales, que incluían colocar una espada encima de la puerta de la sala para ahuyentar a los malos espíritus. Pese a su pronóstico inicial, el hombre acabó recuperándose totalmente y volvió a ser un miembro activo de la comunidad Hmong local.

«Los médicos experimentan estos "milagros" de vez en cuando», explicó un portavoz del *Mercy Medical Center*. «Sin embargo, este caso les mostró el poder de estas ceremonias. La curación no radica solamente en la medicina, sino en las personas». Desde ese momento, el centro ha formado a ciento cuarenta chamanes junto a los médicos del hospital para que den apoyo a los procedimientos médicos estándar con sus rituales. Este programa ha aumentado el número de personas que buscan tratamiento en el hospital y —como mínimo, anecdóticamente— ha mejorado la forma en la que los pacientes responden al cuidado médico. [477]

* * *

Espero que después de leer este libro quede claro que todos estamos moldeados por nuestras creencias de esa manera. Aunque este tipo de casos puedan parecer milagrosos, son sorprendentemente habituales para personas de toda clase de fe, o para las que no profesan ninguna religión en absoluto.

Si vamos a someternos a una operación quirúrgica, a proteger nuestra salud y forma física, a enfrentarnos a un estrés prolongado o a trabajar bajo una presión enorme, nuestras expectativas moldearán nuestra respuesta psicológica y fisiológica a nuestras circunstancias. El cerebro ha evolucionado para hacer predicciones, recurriendo a nuestras experiencias previas, nuestras observaciones de otras personas y nuestras normas culturales; un proceso que es la base de nuestra propia percepción de la realidad, y prepara la mente y el cuerpo para enfrentarse a lo que vendrá. Ahora sabemos de qué formas podemos reevaluar esas expectativas para crear nuestras propias profecías autocumplidas.

A lo largo de estos capítulos, he intentado expresar claramente que, aunque cada vez se reconozcan más los efectos de las expectativas, sigue habiendo retos enormes en nuestra sociedad en su conjunto hoy en día y, sin duda, también en el futuro. No podemos limitarnos a desear que desaparezca la incertidumbre financiera o la injusticia social: los efectos de las expectativas no son la solución de todos los problemas a los que nos enfrentamos. Sin embargo, pueden ser una herramienta útil para construir nuestra propia resiliencia personal, y a veces, incluso puede que nos permitan prosperar pese a las dificultades, equipándonos con la fuerza para provocar un cambio real.

Lo ideal sería que la práctica de estas habilidades se convirtiera en un hábito. Así, cualquier cosa que hagamos y cualquier mensaje nuevo con el que topemos implicaría que investiguemos y planteemos un reencuadre para ver si, sin querer, estamos formando una profecía autocumplida negativa sin base racional. Sin duda, he visto que hacerlo ha cambiado mi propia vida, desde la primera vez que oí hablar de los orígenes nocebo de los efectos secundarios de mis antidepresivos. Conocer el efecto de las expectativas ha cambiado mi forma de comer y hacer ejercicio, mi actitud respecto a dormir y mis ideas sobre el envejecimiento. Escribí gran parte de este libro durante la pandemia del Covid-19, y creo que las técnicas explicadas aquí a menudo tuvieron un valor incalculable para ayudarme a sobrellevar la soledad y el estrés de los confinamientos continuos.

Espero que esta comprensión rompedora del cerebro sea igual de fructífera en tu propia vida. Puede que ya hayas visto algunos beneficios; el conocimiento es poder, y el mero hecho de leer sobre la ciencia del efecto de las expectativas y sus consecuencias puede cambiar tu mentalidad y tener un impacto mensurable en tu vida. En cambio, si crees que te cuesta aplicar ciertos elementos de esta investigación, podrías considerar las tres estrategias siguientes para salir de ese bloqueo poco a poco. Igual que todos los demás consejos de este libro, estas últimas técnicas están inspiradas en pruebas científicas sólidas y, juntas, abordarán los problemas más habituales.

Recuerda que tu mente es un «trabajo en curso»

Empecemos por la idea de la neuroplasticidad: la capacidad del cerebro de reconectar y cambiar. Esta capacidad en sí puede estar sujeta a un efecto de las expectativas.

En los primeros días de la neurociencia, se pensaba que el cerebro era una entidad estática. Aunque la mente de los niños pueda ser maleable (hasta cierto punto), la capacidad de cambio neural debía desaparecer después de la adolescencia, lo que hacía mucho más difícil alterar nuestras capacidades y rasgos de personalidad. «En el adulto, los circuitos nerviosos son algo fijo, cerrado e inmutable», escribió el fundador de la neurociencia moderna, Santiago Ramón y Cajal, en 1928.[478] Esto significaría malas noticias para deshacer tus hábitos de pensamiento existentes. Siempre que debato acerca de los efectos de las expectativas, algunos escépticos preguntan si estamos «diseñados» para ver el mundo de una forma determinada y si hay expectativas que simplemente estén demasiado arraigadas en nosotros para cambiar.

Afortunadamente, ahora sabemos que hay pocos motivos para ser tan pesimistas sobre nuestra capacidad para la autotransformación. A través de una investigación meticulosa, los neurocientíficos han demostrado que el cableado del cerebro cambia constantemente. Refuerza algunas conexiones y reduce otras, y a veces añade redes completamente nuevas en respuesta a tus circunstancias. Esas conexiones determinarán tus capacidades. En los casos más extremos, este proceso permite que personas que nacieron sordas o ciegas se adapten a implantes cocleares o de retina; aunque sus cerebros al principio no puedan dar sentido a la información nueva, enseguida hacen un recableado para construir sonidos e imágenes. Pero la denominada neuroplasticidad se da siempre que aprendemos una habilidad nueva. Incluso ciertos rasgos de personalidad, como el neuroticismo o la introversión, que en el pasado se creía que eran totalmente inamovibles, pueden cambiar a lo largo de la vida.

Independientemente de tu situación actual, tu cerebro puede ser mucho más maleable de lo que crees. Y hacer un cambio será mucho más fácil si tienes ciertas actitudes. Carol Dweck, de la Universidad de Stanford, ha descubierto que algunas personas creen que sus capacidades son fijas e inmutables: o se les da bien algo o no. Otras creen en su capacidad de mejora, sea cual sea su aptitud inicial. En general, las personas con mentalidad de crecimiento tienden a progresar más rápido que las personas con una mentalidad fija.

La mentalidad de crecimiento es bien conocida en educación, pero ahora se ha hecho evidente en la comprensión de que la maleabilidad inherente del cerebro puede tener consecuencias de gran alcance para muchos otros tipos de cambio personal. Por ejemplo, es más probable que las personas con ansiedad o depresión se beneficien de tratamientos como terapia cognitiva conductual si tienen mentalidad de crecimiento, que las personas que tienen una mentalidad fija.[479] Teniendo en cuenta este tipo de resultados, algunos investigadores están estudiando actualmente las intervenciones que fomentan la mentalidad de crecimiento en una serie de entornos. Han descubierto que el mero hecho de enseñar a las personas la capacidad del cerebro para cambiar puede mejorar su salud física y mental, ya que la persona se da cuenta de que no tiene por qué quedarse atascada en sus hábitos de pensamiento actuales.[480]

Si ves que estás estancado cuando intentas aplicar un efecto concreto de las expectativas, y te cuesta reencuadrar eventos de una forma más productiva o positiva, deberías intentar acordarte de la plasticidad del cerebro. En vez de suponer que estás destinado a caer en las mismas trampas una y otra vez, imagina que el cerebro se «recablea» mientras aprendes a ver el mundo de una forma nueva. Como es mucho más fácil creer en la mentalidad de crecimiento cuando ya has experimentado el cambio, puede que veas que te ayuda concentrarte en objetivos pequeños y alcanzables que puedan demostrar tu capacidad para la transformación personal antes de aumentar constantemente tus ambiciones. En este proceso, intenta considerar que los fracasos son una experiencia de aprendizaje útil.

Al fin y al cabo, has tenido toda una vida para construir tu visión actual del mundo, así que es natural que el cambio positivo tarde un poco. En palabras de un equipo de investigación que estudia la mentalidad de crecimiento: «¡El cerebro de todo el mundo es un trabajo en curso!».[481]

Toma una perspectiva externa

Aunque tengas una mentalidad de crecimiento, puede que a veces te resulte difícil aplicar un efecto de las expectativas en medio de un momento particularmente complicado. Reencuadrar tu dolor, ansiedad o fatiga puede parecer fácil en teoría. Sin embargo, en la práctica, es difícil de lograr cuando ya sientes malestar y te cuesta mantener la calma.

En estas situaciones, lo primero que hay que recordar es que no tienes que apartar esas sensaciones desagradables, una proeza que sería extraordinariamente difícil de conseguir y que sería contraproducente. Estos efectos de las expectativas funcionan ajustando tus suposiciones sobre el significado y las consecuencias de las sensaciones y no cambiando inmediatamente lo que sientes. Por ejemplo, puedes recordarte a ti mismo que tus síntomas físicos son una señal de que el cuerpo se está curando sin suprimir activamente la sensación real de dolor. Algo parecido es que puedes recordar el hecho de que la ansiedad es energizante mientras aún sientes estrés. En ambos casos, el cambio de pensamiento debería conducir a respuestas más sanas, sin tener que negar los sentimientos, ni tragártelos o cambiarlos.

Para que el proceso de reencuadre sea más fácil, también podrías intentar una técnica conocida como autodistanciamiento, desarrollada por Ethan Kross, un psicólogo de la Universidad de Michigan. Según la investigación de Kross, nuestras emociones a menudo son demasiado inmediatas para que pensemos objetivamente sobre nuestra situación; lo que hacen es arrastrarnos hasta una reflexión negativa, preocupándonos por los mismos pensamientos de temor o infelicidad que, a su vez, nos harán sentir peor y menos racionales. Sin embargo, al obligarnos a tomar una perspectiva externa de la situación, afirma que todos podemos poner fin a ese ciclo reflexivo negativo.

Hay muchas formas de tomar distancia. Puedes imaginarte que recuerdas el acontecimiento presente desde algún momento del futuro, meses o años después. O puedes imaginar que eres un observador que ve cómo se desarrolla la situación desde fuera de tu cuerpo. Personalmente, la técnica que veo más útil es imaginar que doy un consejo a un amigo que está en la misma situación.

Hoy en día, existen pruebas abundantes que muestran que estas estrategias de autodistanciamiento pueden aliviar poco a poco el dolor de una persona ante una serie de situaciones, lo que, a su vez, le permite reencuadrar la situación de una forma más constructiva. Por ejemplo, al enfrentarnos a un acontecimiento estresante como hablar en público, las personas que practican el autodistanciamiento es más probable que lo vean como un reto positivo y una oportunidad de demostrar lo que valen en lugar de considerarlo una amenaza potencial que podría conducir a la vergüenza y al fracaso.[482] Tal y como hemos visto, ese tipo de cambio mental impulsa al cuerpo hacia una respuesta al estrés más sana.[483]

Este ejemplo sobre hablar en público es solo uno de muchos en los que el autodistanciamiento ha demostrado que cambia un pensamiento de reflexión negativa a una reevaluación más constructiva de la situación concreta. Eso hace que sea una herramienta increíblemente útil para la transformación personal. Si estuviera intentando reencuadrar mi sentido del dolor de una enfermedad, por ejemplo, podría pensar cómo tranquilizaría a un amigo que está angustiado recordándole que hay una posibilidad muy real de recuperación y los beneficios de su tratamiento. Son pensamientos mucho más fáciles de expresar cuando te sientes un poco distanciado de la situación. Lo mismo sucede con mis pensamientos sobre el envejecimiento; es mucho menos probable que construya una visión lúgubre de mi propio futuro si me imagino que estoy hablando con alguien que si hablo conmigo mismo. En el primer caso, haría hincapié en todas las oportunidades que continúan habiendo ahí fuera.

Independientemente de los efectos de las expectativas que estés intentando aplicar, un momento breve de autodistanciamiento debería proporcionarte un marco mental más constructivo, de forma que puedas identificar más fácilmente tus ideas preconcebidas y ajustar tus creencias hacia formas de pensar más sanas.

Sé amable contigo mismo

Mi último consejo se refiere a tu sentido de la responsabilidad. El conocimiento de la máquina de predicción y de nuestro poder para moldear nuestras respuestas a los acontecimientos con técnicas como el reencuadre pueden ser impresionantes. Sin embargo, también existe el peligro de que esa conciencia pueda hacernos sentir arrepentimiento o culpabilidad. Podrías pensar que, si los nervios se apoderaron de ti durante un discurso, es culpa tuya por ver el estrés como algo debilitante. Si estás cansado y no te ves capaz de trabajar una hora más, ¡es porque tienes la mentalidad equivocada respecto a la fuerza de voluntad! Si no estás tan en forma como antes ¡es porque piensas en ti mismo como en un viejo!

Estos sentimientos podrían no estar lejos de mis propias opiniones o de las de los científicos que exploran los efectos de las expectativas, y extender estas ideas sería el peor resultado, tal y como yo lo veo. Como cualquier herramienta, las estrategias descritas en este libro se adaptarán mejor a unas personas que a otras y serán más aplicables a ciertas situaciones que a otras. Si ves que una técnica concreta no te funciona, pasa página. Quizás puedas probarla más adelante (si te sientes preparado). Lo último que debes hacer es castigarte o imaginar que tu incapacidad para cambiar de mentalidad es una señal de fracaso personal.

Psicólogos de todo el mundo están empezando a comprender que una actitud de autoperdón es crucial para cualquier transformación personal. Esta mentalidad implica reconocer y aceptar el gran número de factores que podrían contribuir a tus dificultades y reconocer el hecho de que muchas otras personas compartirán tus dificultades; no estás solo con esos problemas.

El autoperdón, en sí mismo, es bueno para nuestra salud mental y física. Pero igual de importante es que nos da una sensación de seguridad que hace que sea mucho más fácil forjar hábitos nuevos y efectuar un cambio positivo en nuestra vida. Y eso incluye el uso de técnicas de reevaluación que hemos visto a lo largo de este libro.[484] La cuestión es reconocer tu potencial para la mejora, sin ser demasiado crítico contigo mismo (actuando como si estuvieras dando consejos a alguien de tu familia).

Todos deberíamos adoptar una actitud de autoperdón siempre que aplicamos un efecto de las expectativas. El hecho de haber tenido creencias perjudiciales o poco sanas no debería avergonzarnos. Sin duda, habrá ocasiones en las que nos cueste cambiar de mentalidad. Como cualquier otra habilidad, se necesita práctica para que se produzca un cambio permanente.

Sea lo que sea que esperes lograr con el efecto de las expectativas, intenta mantener una mentalidad abierta cuando pruebes las distintas técnicas, olvida los posibles errores y celebra cualquier éxito. Si piensas que eres capaz de realizar una transformación personal (y estás dispuesto a perdonar tus errores), puedes hacer que eso sea tu profecía autocumplida.

Shakespeare fue quien mejor lo expresó hace más de cuatrocientos años, cuando Hamlet declaró que «no hay nada bueno ni malo, es el pensamiento lo que lo hace así». Y, si somos conscientes de ello, todos podemos tomar las riendas de nuestro propio destino.

AGRADECIMIENTOS

El efecto de las expectativas ha crecido gracias a la generosidad de muchas personas. En primer lugar, gracias a mi agente, Carrie Plitt, por su entusiasmo con mi idea inicial, su *feedback* astuto y diplomático durante las distintas repeticiones, y por su pasión a lo largo del desarrollo del libro. También estoy en deuda con el resto del equipo de *Felicity Bryan Associates* y Zoe Pagnamenta de Nueva York por encontrar un hogar para el libro en Estados Unidos.

Estoy enormemente agradecido a mis dos editores, Simon Thorogood de *Canongate* y Conor Mintzer de Henry Holt, por su sabiduría y amabilidad. Ha sido un placer trabajar con vosotros. Gracias también a mis correctoras, Debs Warner y Helen Carr, por salvarme de numerosos infortunios, y a los equipos de producción, marketing, publicidad y ventas de Canongate y Holt, sobre todo a Vicki Rutherford, Catryn Silbersack y Lucy Zhou.

Estaré eternamente en deuda con los científicos cuyo trabajo he citado. Gracias especialmente a todos los investigadores que dedicaron su tiempo a hablar conmigo sobre su trabajo acerca de la mentalidad y la expectativa. En orden alfabético: Moshe Bar, Andy Clark, Luana Colloca, Alia Crum, Grace Giles, Suzanne Higgs, Jeremy Jamieson, Veronika Job, Johannes Laferton, Kari Leibowitz, Becca Levy, Iris Mauss, Timothy Noakes, Keith Petrie, Christine Rubie-Davies, Anil Seth y Jon Stone. Gracias también a Paddy Jones por contarme la historia de su vida.

Mi idea inicial para *El efecto de las expectativas* procede de un artículo encargado por Kate Douglas para *New Scientist*. Gracias por aceptar mi idea, dar forma a la historia y poner las cosas en marcha. Richard Fisher proporcionó un *feedback* temprano sobre algunos capítulos particularmente difíciles —tus comentarios me ayudaron a ver el bosque y no los árboles. Y mis conversaciones habituales con Melissa Hogenboom me dieron el ánimo perfecto cuando me sentía frustrado o desmotivado e hicieron que el proceso de escribir fuera mucho menos solitario.

Gracias a mis amigos y colegas Sally Adee, Lindsay Baker, Amy Charles, Eileen y Peter Davies, Kerry Daynes, Stephen Dowling, Natasha y Sam Fenwick, Philippa Fogarty, Simon Frantz, Alison George, Zaria Gorvett, Richard Gray, Christian Jarrett, Catherine de Lange, Rebecca Laurence, Fiona Macdonald, Damiano Mirigliano, Will Park, Emma y Sam Partington, Jo Perry, Mithu Storoni, Neil y Lauren Sullivan, Ian Tucker, Meredith Turits, Gaia Vince, James Wallman, Richard Webb y Clare Wilson.

Debo más de lo que puedo describir a mis padres, Margaret y Albert. Gracias sobre todo a Robert Davies por tu apoyo en cada paso de este camino y de todas las demás facetas de mi vida. No podría haber escrito este libro sin ti.

Créditos fotográficos

p. 25 Ilusión de vaca. De McCrone, J, *The Ape That Spoke: Language and the Evolution of the Human Mind*, William Morrow & Company, Nueva York, 1991.

p. 26 Perro, alto contraste, ilegible. Cortesía de Nava Rubin. De: Ludmer, R., Dudai, Y. y Rubin, N. (2011). *Uncovering camouflage: amygdala activation predicts long-term memory of induced perceptual insight. Neuron*, 69(5), 1002-14.

p. 27 Pato/conejo. De *Fliegende Blätter*, 23 de octubre de 1892.

p. 46 Perro, escala de grises estándar. Cortesía de Nava Rubin. De: Ludmer, R., Dudai, Y. y Rubin, N. (2011). *Uncovering camouflage: amygdala activation predicts long-term memory of induced perceptual insight. Neuron*, 69(5), 1002-14.

p. 149 Cambio en la fuerza del brazo. Basado en: Yao, W. X., Ranganathan, V. K., Allexandre, D., Siemionow, V. y Yue, G. H. (2013). *Kinesthetic imagery training of forceful muscle contractions increases brain signal and muscle strength. Frontiers in Human Neuroscience*, 7, 561.

p. 164 Hambre después de barrita de chocolate «sabrosa» y «saludable». Basada en: Finkelstein, S. R. y Fishbach, A. (2010). *When healthy food makes you hungry. Journal of Consumer Research*, 37(3), 357-67.

p. 265 La autoafirmación reduce la diferencia de género en el razonamiento espacial. Basado en: Martens, A., Johns, M., Greenberg, J. y Schimel, J. (2006). *Combating stereotype threat: The effect of self-affirmation on women's intellectual performance. Journal of Experimental Social Psychology*, 42(2), 236-43.

p. 266 La autoafirmación reduce la diferencia de género en el rendimiento físico. Basado en: Miyake, A., Kost-Smith, L.E., Finkelstein, N.D., Pollock, S.J., Cohen, G.L. e Ito, T.A. (2010). *Reducing the gender achievement gap in college science: A classroom study of values affirmation. Science*, 330(6008), 1234-7.

p. 278 Efectos de las creencias de la edad en la incidencia de demencia. Basado en: Levy, B.R., Slade, M.D., Pietrzak, R.H. y Ferrucci, L. (2018). *Positive age beliefs protect against dementia even among elders with high-risk gene. PLoS One*, 13(2), e0191004.

Notas

INTRODUCCIÓN

1. Crum, A.J. y Langer, E.J. (2007). Mind-set matters: Exercise and the placebo effect. Psychological Science, 18(2), 165-71.

2. Sharpless, B.A. y Barber, J.P. (2011). Lifetime prevalence rates of sleep paralysis: a systematic review. Sleep Medicine Reviews, 15(5), 311-15.

3. Para ver un debate fascinante y profundo sobre los múltiples factores que contribuyeron a las muertes Hmong en Estados Unidos, consulta: Adler, S.R., Sleep Paralysis: Night-mares, Nocebos, and the Mind-Body Connection, Rutgers University Press, New Brunswick, NJ, 2011.

4. Zheng, J., Zheng, D., Su, T. y Cheng, J. (2018). Sudden unexplained nocturnal death syndrome: The hundred years' enigma. Journal of the American Heart Association, 7(5), e007837.

5. Alia Crum describió las implicaciones de la mentalidad en el Foro Económico Mundial en enero de 2018: https://sparq.stanford.edu/sparq-health-director-crum-discusses-mindsets-world-economic-forum-video.

Capítulo 1. La máquina de predicción

6. Estas descripciones de los ataques con dron se basan en Shackle, S. (2020). The mystery of the Gatwick drone, Guardian, 1 de diciembre. https://www.theguardian.com/uk-news/2020/dec/01/the-mystery-of-the-gatwick-drone. Consulta también: Jarvis, J. (2018). Gatwick drone latest. Evening Standard, 23 de diciembre. https://www.standard.co.uk/news/uk/ Gatwick-drone-latest-police-say-it-is-a-possibility-there-was-never-a-drone-a4024626.html.

7. El término «máquina de predicción» fue introducido por el profesor Andy Clark en su libro Surfing Uncertainty: Prediction, Action, and the Embodied Mind, Oxford University Press, Oxford, 2016. Otros autores se refieren a esto como «motor de predicción», pero por claridad y uniformidad, usaré el término de Clark a lo largo del libro.

8. von Helmholtz, H., Treatise on Physiological Optics, vol. 3, ed. James P.C. Southall, 1-37, Optical Society of America, Birmingham, AL, 1925. «A menudo puede resultar bastante difícil decir qué parte de nuestras percepciones (Anschauungen) derivadas del sentido de la vista se debe directamente a la sensación, y qué parte, en cambio, se debe a la experiencia y la preparación». Consulta también: Meyering, T.C. (1989). Helmholtz's Theory of Unconscious Inferences. Historical Roots of Cognitive Science, 181-208. doi:10.1007/978-94-009-2423-9_10.

9. Foa, M., Georges Seurat: The Art of Vision, 21, Yale University Press, New Haven, CT, 2015.

10. Para ver un debate profundo de la codificación predictiva y sus muchas implicaciones, consulta Clark, A., Surfing Uncertainty: Prediction, Action, and the Embodied Mind, Oxford University Press, Oxford, 2016; Hohwy, J.,The Predictive Mind, Oxford University Press, Oxford, 2013. Consulta también: De Lange, F.P., Heilbron, M. y Kok, P. (2018). How do expectations shape perception? Trends in Cognitive Sciences, 22(9), 764-79; O'Callaghan, C., Kveraga, K., Shine, J.M., Adams Jr, R.B. y Bar, M. (2017). Predictions penetrate perception: Converging insights from brain, behaviour and disorder. Consciousness and Cognition, 47, 63-74.

11. Barrett, L.F., La vida secreta del cerebro: Cómo se construyen las emociones, 60, Paidós Ibérica, Barcelona, 2018.

12. Fenske, M.J., Aminoff, E., Gronau, N. y Bar, M. (2006). Top-down facilitation of visual object recognition: Object-based and context-based contributions, Progress in Brain Research, 155, 3-21.

13. Bar, M., Kassam, K.S., Ghuman, A.S., Boshyan, J., Schmid, A.M., Dale, A.M.,... y Halgren, E. (2006). Top-down facilitation of visual recognition. Proceedings of the National Academy of Sciences, 103(2), 449-54.

14. Madrigal, A. (2014). Things you cannot unsee. Atlantic, 5 de mayo, https://www.theatlantic.com/technology/archive/2014/05/10-things-you-cant-unsee-and-what-that-says-about-your-brain/361335.

15. Brugger, P. y Brugger, S. (1993). The Easter bunny in October: Is it disguised as a duck? Perceptual and Motor Skills, 76(2), 577-8. Consulta lo siguiente para un debate de la interpretación de este trabajo a la luz de las teorías modernas del procesamiento predictivo: Series, P. y Seitz, A. (2013). Learning what to expect (in visual perception). Frontiers in Human Neuroscience, 7, 668.

16. Liu, J., Li, J., Feng, L., Li, L., Tian, J. y Lee, K. (2014). Seeing Jesus in toast: Neural and behavioral correlates of face pareidolia. Cortex, 53, 60-77. Consulta también: Aru, J., Tulver, K. y Bachmann, T. (2018). It's all in your head: Expectations create illusory perception in a dual-task setup. Consciousness and Cognition, 65, 197-208; Barik, K., Jones, R., Bhattacharya, J. y Saha, G., Investigating the influence of prior expectation in face pareidolia using spatial pattern. En Machine Intelligence and Signal Analysis, 437-51, Springer, Singapur, 2019.

17. Merckelbach, H. y van de Ven, V. (2001). Another White Christmas: fantasy proneness and reports of 'hallucinatory experiences' in undergraduate students. Journal of Behavior Therapy and Experimental Psychiatry, 32(3), 137-44; Crowe, S.F., Barot, J., Caldow, S., d'Aspromonte, J., Dell'Orso, J., Di Clemente, A. ... y

Sapega, S. (2011). The effect of caffeine and stress on auditory hallucinations in a non-clinical sample, Personality and Individual Differences, 50(5), 626-30.

18. Como se ha apuntado más arriba, cuando tenemos alucinaciones, la actividad cerebral es muy similar a las respuestas ante imágenes físicas reales. Summerfield, C., Egner, T., Mangels, J. y Hirsch, J. (2006). Mistaking a house for a face: Neural correlates of misperception in healthy humans. Cerebral Cortex, 16(4), 500-8.

19. Estos detalles proceden de Huntford, R., El último lugar de la tierra: La carrera de Scott y Amundsen hacia el Polo Sur, 567, Península, Barcelona, 2002.

20. Hartley-Parkinson, R. (2019). Mum claims she can see Jesus in flames of Notre Dame Cathedral. Metro, 17 de abril. https://metro.co.uk/2019/04/17/mum-claims-can-see-jesus-flames-notre-dame-cathedral-9225760.

21. Dunning, D. y Balcetis, E. (2013). Wishful seeing: How preferences shape visual perception. Current Directions in Psychological Science, 22(1), 33-7. Consulta también: Balcetis, E. (2014). Wishful seeing, Psychologist, 27(1), 22-25. https://thepsychologist.bps.org.uk/volume-27/january-2014/wishful–seeing.

22. Greene, B. (2017). How does consciousness happen? https://blog.ted.com/how-does-consciousness-happen-anil-seth-speaks-at-ted2017.

23. https://rarediseases.org/rare-diseases/fnd/

24. Este estudio de caso se describe en detalle en el trabajo siguiente: Yeo, J.M., Carson, A. y Stone, J. (2019). Seeing again: treatment of functional visual loss, Practical Neurology, 19(2), 168-72. Un inmenso agradecimiento a Jon Stone por la aclaración de varios detalles.

25. Para una descripción de este tipo de proceso, consulta: Pezzulo, G. (2014). Why do you fear the bogeyman? An embodied predictive coding model of perceptual inference. Cognitive, Affective, and Behavioral Neuroscience, 14(3), 902-11.

26. Teachman, B.A., Stefanucci, J.K., Clerkin, E.M., Cody, M.W., y Proffitt, D.R. (2008). A new mode of fear expression: Perceptual bias in height fear. Emotion, 8(2), 296.

27. Vasey, M.W., Vilensky, M.R., Heath, J.H., Harbaugh, C.N., Buffington, A.G. y Fazio, R.H. (2012). It was as big as my head, I swear! Biased spider size estimation in spider phobia. Journal of Anxiety Disorders, 26(1), 20-4; Basanovic, J., Dean, L., Riskind, J.H. y MacLeod, C. (2019). High spider-fearful and low spider-fearful individuals differentially perceive the speed of approaching, but not receding, spider stimuli. Cognitive Therapy and Research, 43(2), 514-21.

28. Jolij, J. y Meurs, M. (2011). Music alters visual perception. PLoS One, 6(4), e18861. Consulta también: Siegel, E.H., Wormwood, J.B., Quigley, K.S. y Barrett, L.F. (2018). Seeing what you feel: Affect drives visual perception of structurally neutral faces. Psychological Science, 29(4), 496-503; Wormwood, J.B., Siegel, E.H., Kopec, J., Quigley, K.S., y Barrett, L.F. (2019), You are what I feel: A test of the affective realism hypothesis. Emotion, 19(5), 788-98. «Los descubrimientos actuales concuerdan con un trabajo empírico reciente que demuestra que el estado afectivo de una persona puede influir en cómo de negativa o positiva ve una cara objetiva neutra, que ve de una forma muy literal (Siegel et al., 2018): las caras neutras se percibían como más sonrientes cuando se presentaban simultáneamente con estímulos positivos suprimidos afectivamente y se consideraban más ceñudas cuando se presentaban al mismo tiempo que estímulos negativos suprimidos afectivamente». Otten, M., Seth, A.K. y Pinto, Y. (2017). A social Bayesian brain: How social knowledge can shape visual perception. Brain and Cognition, 112, 69-77. O'Callaghan, C., Kveraga, K., Shine, J.M., Adams Jr, R.B. y Bar, M. (2016). Convergent evidence for top-down effects from the 'predictive brain'. Behavioral and Brain Sciences, 39, e254.

29. Bangee, M., Harris, R.A., Bridges, N., Rotenberg, K.J. y Qualter, P. (2014). Loneliness and attention to social threat in young adults: Findings from an eye tracker study. Personality and Individual Differences, 63, 16-23.

30. Prinstein, M., The Popularity Illusion, edición kindle, ubicación 2110, Ebury, Londres, 2018.

31. Consulta los siguientes trabajos para ver un resumen de estos efectos perceptuales, sus implicaciones en problemas como la ansiedad y la depresión y el tratamiento potencial: Herz, N., Baror, S. y Bar, M. (2020). Overarching states of mind. Trends in Cognitive Sciences, 24(3), 184-99; Kube, T., Schwarting, R., Rozenkrantz, L., Glombiewski, J.A. y Rief, W. (2020). Distorted cognitive processes in major depression: A predictive processing perspective. Biological Psychiatry, 87(5), 388-98; Sussman, T.J., Jin, J. y Mohanty, A. (2016). Top-down and bottom-up factors in threat-related perception and attention in anxiety. Biological Psychology, 121, 160-72.

32. Shiban, Y., Fruth, M.B., Pauli, P., Kinateder, M., Reichenberger, J. y Muhlberger, A. (2016). Treatment effect on biases in size estimation in spider phobia. Biological Psychology, 121, 146-52.

33. Dennis, T.A. y O'Toole, L.J. (2014). Mental health on the go: Effects of a gamified attention-bias modification mobile application in trait-anxious adults. Clinical Psychological Science, 2(5), 576-90; Mogg, K. y Bradley, B.P. (2016). Anxiety and attention to threat: Cognitive mechanisms and treatment with attention bias modification. Behaviour Research and Therapy, 87, 76-108; Kress, L. y Aue, T. (2019). Learning to look at the bright side of life: Attention bias modification training enhances optimism bias. Frontiers in Human Neuroscience, 13, 222; Kuckertz, J.M., Schofield, C.A., Clerkin, E.M., Primack, J., Boettcher, H., Weisberg, R.B.,... y Beard, C. (2019). Attentional bias modification for social anxiety disorder: What do patients think and why does it matter? Behavioural and Cognitive Psychotherapy, 47(1), 16-38; Abado, E., Aue, T. y Okon-Singer, H. (2020). The missing pieces of the puzzle: A review on the interactive nature of a-priori expectancies and attention bias toward threat. Brain Sciences, 10(10), 745; Jones, E.B., y Sharpe, L. (2017). Cognitive bias modification: A review of meta-analyses. Journal of Affective Disorders, 223, 175-83; Gober, C. D., Lazarov, A. y Bar-Haim, Y. (2021). From cognitive targets to symptom reduction: overview of attention and interpretation bias modification research. Evidence-Based Mental Health, 24(1), 42-6.

34. Para una descripción exhaustiva de los efectos de las expectativas gustativas y su relación con la codificación predictiva, consulta: Piqueras-Fiszman, B. y Spence,

C. (2015). Sensory expectations based on product-extrinsic food cues: An interdisciplinary review of the empirical evidence and theoretical accounts. Food Quality and Preference, 40, 165-79.

35. Spence, C. y Piqueras-Fiszman, B., The Perfect Meal: The Multisensory Science of Food and Dining, John Wiley and Sons, Chichester, 2014.

36. Lee, L., Frederick, S. y Ariely, D. (2006). Try it, you'll like it: The influence of expectation, consumption, and revelation on preferences for beer. Psychological Science, 17(12), 1054-8.

37. Plassmann, H., O'Doherty, J., Shiv, B. y Rangel, A. (2008). Marketing actions can modulate neural representations of experienced pleasantness. Proceedings of the National Academy of Sciences, 105(3), 1050-4.

38. Clark, A, Surfing Uncertainty: Prediction, Action, and the Embodied Mind, 55-6, Oxford University Press, Oxford, 2016.

39. Grabenhorst, F., Rolls, E.T. y Bilderbeck, A. (2007). How cognition modulates affective responses to taste and flavor: Top-down influences on the orbitofrontal and pregenual cingulate cortices. Cerebral Cortex, 18(7), 1549-59.

40. Herz, R.S. y von Clef, J. (2001). The influence of verbal labeling on the perception of odors: Evidence for olfactory illusions? Perception, 30(3), 381-91.

41. Fuller, T. (2013). A love letter to a smelly fruit. New York Times, 3 de diciembre. https://www.nytimes.com/2013/12/08/travel/a-love-letter-to-a-smelly-fruit.html.

42. Amar, M., Ariely, D., Bar-Hillel, M., Carmon, Z. y Ofir, C. (2011). Brand Names Act Like Marketing Placebos. Disponible en: http://www.ratio.huji.ac.il/sites/default/files/publications/dp566.pdf.

43. Langer, E., Djikic, M., Pirson, M., Madenci, A. y Donohue, R. (2010). Believing is seeing: Using mindlessness (mindfully) to improve visual acuity. Psychological Science, 21(5), 661-6. Consulta también: Pirson, M., Ie, A. y Langer, E. (2012). Seeing what we know, knowing what we see: Challenging the limits of visual acuity. Journal of Adult Development, 19(2), 59-65. Algunos defienden que las diferencias en la agudeza visual son meramente «imaginadas». Para un elegante experimento que demuestra que el procesamiento de arriba a abajo puede producir una visión más nítida objetivamente, consulta: Lupyan, G. (2017). Objective effects of knowledge on visual perception. Journal of Experimental Psychology: Human Perception and Performance, 43(4), 794.

Capítulo 2. Un fraude piadoso

44. Blease, C., Annoni, M. y Hutchinson, P. (2018). Introducción de los editores al apartado especial sobre el significado de la respuesta y el efecto placebo. Perspectives in Biology and Medicine, 61(3), 349-52. Consulta también: carta de Thomas Jefferson a Caspar Wistar, 21 de junio de 1807. Disponible en: http://memory.loc.gov/service/mss/mtj/mtj1/038/038_0687_0692.pdf.

45. Raglin, J., Szabo, A., Lindheimer, J.B. y Beedie, C. (2020). Understanding placebo and nocebo effects in the context of sport: A psychological perspective. European Journal of Sport Science, 1-9; Aronson, J. (1999). Please, please me. BMJ, 318(7185), 716; Kaptchuk, T.J. (1998). Powerful placebo: The dark side of the randomised controlled trial. The Lancet, 351(9117), 1722-5; De Craen, A.J., Kaptchuk, T.J., Tijssen, J.G. y Kleijnen, J. (1999). Placebos and placebo effects in medicine: historical overview. Journal of the Royal Society of Medicine, 92(10), 511-15.

46. Se puede encontrar información detallada sobre los experimentos de la guerra de Beecher y su influencia general en medicina aquí: Beecher, H.K. (1946). Pain in men wounded in battle. Annals of Surgery, 123(1), 96; Benedetti, F. (2016). Beecher as clinical investigator: Pain and the placebo effect. Perspectives in Biology and Medicine, 59(1), 37-45; Gross, L. (2017). Putting placebos to the test. PLoS Biology, 15(2), e2001998; Evans, D. (2004). Placebo. Londres: HarperCollins; Best, M., y Neuhauser, D. (2010). Henry K. Beecher: Pain, belief and truth at the bedside. The powerful placebo, ethical research and anaesthesia safety. BMJ Quality and Safety, 19(5), 466-8.

47. Colloca, L., The placebo effect in pain therapies, Annual Review of Pharmacology and Toxicology 59 (2019), 191-211.

48. https://www.apdaparkinson.org/article/the-placebo-effect-in-clinical-trials-in-parkinsons-disease.

49. Lidstone, S.C., Schulzer, M., Dinelle, K., Mak, E., Sossi, V., Ruth, T.J.,... y Stoessl, A.J. (2010). Effects of expectation on placebo-induced dopamine release in Parkinson disease. Archives of General Psychiatry, 67(8), 857-65; Quattrone, A., Barbagallo, G., Cerasa, A. y Stoessl, A.J. (2018). Neurobiology of placebo effect in Parkinson's disease: What we have learned and where we are going. Movement Disorders, 33(8), 1213-27.

50. Vits, S., Cesko, E., Benson, S., Rueckert, A., Hillen, U., Schadendorf, D. y Schedlowski, M. (2013). Cognitive factors mediate placebo responses in patients with house dust mite allergy. PLoS One, 8(11), e79576. Cabe señalar que varios factores pueden influir en las respuestas placebo aquí, como las creencias existentes del paciente y la actitud del médico. Consulta Howe, L.C., Goyer, J.P. y Crum, A.J. (2017). Harnessing the placebo effect: Exploring the influence of physician characteristics on placebo response. Health Psychology, 36(11), 1074; Leibowitz, K.A., Hardebeck, E.J., Goyer, J.P. y Crum, A.J. (2019). The role of patient beliefs in open-label placebo effects. Health Psychology, 38(7), 613; Darragh, M., Chang, J.W., Booth, R.J. y Consedine, N.S. (2015). The placebo effect in inflammatory skin reactions: The influence of verbal suggestion on itch and weal size. Journal of Psychosomatic Research, 78(5), 489-94; Pfaar, O., Agache, I., Bergmann, K.C., Bindslev-Jensen, C., Bousquet, J., Creticos, P.S.,... y Frew, A.J. (2021). Placebo effects in allergen immunotherapy: An EAACI Task Force Position Paper. Allergy, 76(3), 629-47.

51. Kemeny, M.E., Rosenwasser, L.J., Panettieri, R.A., Rose, R.M., Berg-Smith, S.M. y Kline, J.N. (2007). Placebo response in asthma: A robust and objective phenomenon. Journal of Allergy and Clinical Immunology, 119(6), 1375-81. Los placebos parecen tener grandes efectos en el malestar subjetivo de los pacientes, pero las diferencias también se pueden percibir en mediciones objetivas de su respiración. Consulta Luc, F., Prieur, E., Whitmore, G.A., Gibson, P.G., Vandemheen, K.L. y Aaron, S.D. (2019). Placebo effects in clinical trials evaluating patients with uncontrolled persistent asthma. Annals of the American Thoracic Society, 16(9), 1124-30.

52. Al-Lamee, R., Thompson, D., Dehbi, H.M., Sen, S., Tang, K., Davies, J.,… y Nijjer, S.S. (2018). Percutaneous coronary intervention in stable angina (ORBITA): A double-blind, randomised controlled trial. The Lancet, 391(10115), 31-40.

53. Horwitz, R.I., Viscoli, C.M., Donaldson, R.M., Murray, C.J., Ransohoff, D.F., Berkman, L.,… y Sindelar, J. (1990). Treatment adherence and risk of death after a myocardial infarction. The Lancet, 336(8714), 542-5; para ver un debate al respecto, consulta: Brown, W.A. (1998). Harnessing the placebo effect. Hospital Practice, 33(7), 107-16.

54. Consulta, por ejemplo: Simpson, S.H., Eurich, D.T., Majumdar, S.R., Padwal, R.S., Tsuyuki, R.T., Varney, J. y Johnson, J.A. (2006). A meta-analysis of the association between adherence to drug therapy and mortality. BMJ, 333(7557), 15; Pressman, A., Avins, A.L., Neuhaus, J., Ackerson, L. y Rudd, P. (2012). Adherence to placebo and mortality in the Beta Blocker Evaluation of Survival Trial (BEST). Contemporary Clinical Trials, 33(3), 492-8.

55. Este argumento ha sido propuesto por numerosos científicos. Consulta: Moerman, D.E., Meaning, Medicine, and the 'Placebo Effect', 116-21, Cambridge University Press, Cambridge, 2002; Chewning, B. (2006). The healthy adherer and the placebo effect. BMJ, 333(7557), 18; Wilson, I.B. (2010). Adherence, placebo effects, and mortality. Journal of General Internal Medicine, 25(12), 1270-2; Yue, Z., Cai, C., Ai-Fang, Y., Feng-Min, T., Li, C. y Bin, W. (2014). The effect of placebo adherence on reducing cardiovascular mortality: A meta-analysis. Clinical Research in Cardiology, 103(3), 229-35.

56. Los tres párrafos precedentes sintetizan varias explicaciones para el efecto placebo, entre las que se incluyen: Petrie, K.J. y Rief, W. (2019). Psychobiological mechanisms of placebo and nocebo effects: Pathways to improve treatments and reduce side effects. Annual Review of Psychology, 70, 599-625; Colloca, L. y Barsky, A.J. (2020). Placebo and nocebo effects. New England Journal of Medicine, 382(6), 554-61; Colagiuri, B., Schenk, L.A., Kessler, M.D., Dorsey, S.G. y Colloca, L. (2015). The placebo effect: From concepts to genes. Neuroscience, 307, 171-90; Ongaro, G. y Kaptchuk, T.J. (2019). Symptom perception, placebo effects, and the Bayesian brain. Pain, 160(1), 1; Koban, L., Jepma, M., Lopez-Sola, M. y Wager, T.D. (2019). Different brain networks mediate the effects of social and conditioned expectations on pain. Nature Communications, 10(1), 1-13; Miller, F.G., Colloca, L. y Kaptchuk, T.J. (2009). The placebo effect: Illness and interpersonal healing. Perspectives in Biology and Medicine, 52(4), 518; Trimmer, P.C., Marshall, J.A., Fromhage, L., McNamara, J.M. y Houston, A.I. (2013). Understanding the placebo effect from an evolutionary perspective. Evolution and Human Behavior, 34(1), 8-15; Meissner, K. (2011). The placebo effect and the autonomic nervous system: Evidence for an intimate relationship. Philosophical Transactions of the Royal Society B: Biological Sciences, 366(1572), 1808-17.

57. Crum, A.J., Phillips, D.J., Goyer, J.P., Akinola, M. y Higgins, E.T. (2016). Transforming water: Social influence moderates psychological, physiological, and functional response to a placebo product. PLoS One, 11(11), e0167121. Consulta también: https://sparq.stanford.edu/director-crum-publishes-intriguing-study-placebo-effects.

58. Ho, J.T., Krummenacher, P., Lesur, M.R. y Lenggenhager, B. (2020). Real bodies not required? Placebo analgesia and pain perception in immersive virtual and augmented reality. bioRxiv. https://www.biorxiv.org/content/10.1101/2020.12.18.423276v1.abstract.

59. Buckalew, L.W. y Ross, S. (1981). Relationship of perceptual characteristics to efficacy of placebos. Psychological Reports, 49(3), 955-61.

60. Faasse, K. y Martin, L.R. (2018). The power of labeling in nocebo effects. International Review of Neurobiology, 139, 379-406.

61. Faasse, K., Martin, L.R., Grey, A., Gamble, G. y Petrie, K.J. (2016). Impact of brand or generic labeling on medication effectiveness and side effects. Health Psychology, 35(2), 187.

62. Walach, H. y Jonas, W.B. (2004). Placebo research: The evidence base for harnessing self-healing capacities. Journal of Alternative and Complementary Medicine, 10 (Supplement 1), S-103.

63. Howe, L.C., Goyer, J.P. y Crum, A.J. (2017). Harnessing the placebo effect: Exploring the influence of physician characteristics on placebo response. Health Psychology, 36(11), 1074.

64. Howick, J., Bishop, F.L., Heneghan, C., Wolstenholme, J., Stevens, S., Hobbs, F.R. y Lewith, G. (2013). Placebo use in the United Kingdom: Results from a national survey of primary care practitioners. PLoS One, 8(3), e58247.

65. Silberman, S. (2009). Placebos are getting more effective. Drug makers are desperate to know why. Wired Magazine, 17, 1-8.

66. Walsh, B.T., Seidman, S.N., Sysko, R. y Gould, M. (2002). Placebo response in studies of major depression: variable, substantial and growing. JAMA, 287(14), 1840-7; Dunlop, B.W., Thase, M.E., Wun, C.C., Fayyad, R., Guico-Pabia, C.J., Musgnung, J. y Ninan, P.T. (2012). A meta-analysis of factors impacting detection of antidepressant efficacy in clinical trials: The importance of academic sites. Neuropsychopharmacology, 37(13), 2830-6.

67. Tuttle, A.H., Tohyama, S., Ramsay, T., Kimmelman, J., Schweinhardt, P., Bennett, G.J. y Mogil, J.S. (2015). Increasing placebo responses over time in US clinical trials of neuropathic pain. Pain, 156(12), 2616-26. Para un análisis de los datos estadísticos, consulta Marchant, J. (2015). Strong placebo response thwarts painkiller trials. Nature News. https://www.nature.com/news/strong-placebo-response-thwarts-painkiller-trials.18511?WT.mc_id=TWT_NatureNews.

68. Bennett, G.J. (2018). Does the word 'placebo' evoke a placebo response? Pain, 159(10), 1928-31.

69. Beecher, H.K. (1955). The powerful placebo. Journal of the American Medical Association, 159(17), 1602-6. (El énfasis dentro de la cita es mío.)

70. Para ver pruebas de que una explicación puede intensificar los efectos de placebos open label, consulta: Locher, C., Nascimento, A.F., Kirsch, I., Kossowsky, J., Meyer, A. y Gaab, J. (2017). Is the rationale more important than deception? A randomized controlled trial of open-label placebo analgesia. Pain, 158(12), 2320-8; Wei, H., Zhou, L., Zhang, H., Chen, J., Lu, X. y Hu, L. (2018). The influence of expectation on nondeceptive placebo and nocebo effects. Pain Research and Management. doi: 10.1155/2018/8459429.

71. Carvalho, C., Caetano, J.M., Cunha, L., Rebouta, P., Kaptchuk, T.J. y Kirsch, I. (2016). Open-label placebo treatment in chronic low back pain: A randomized controlled trial. Pain, 157(12), 2766.

72. Carvalho, C., Pais, M., Cunha, L., Rebouta, P., Kaptchuk, T.J. y Kirsch, I. (2020). Open-label placebo for chronic low back pain: A 5-year follow-up. Pain, 162(5), 1521-7.

73. Kaptchuk, T. J. y Miller, F. G. (2018). Open label placebo: can honestly prescribed placebos evoke meaningful therapeutic benefits? BMJ (Clinical research ed.), 363, k3889. doi: 10.1136/bmj.k3889.

74. Schaefer, M., Sahin, T. y Berstecher, B. (2018). Why do open-label placebos work? A randomized controlled trial of an open-label placebo induction with and without extended information about the placebo effect in allergic rhinitis. PLoS One, 13(3), e0192758.

75. Bernstein, M.H., Magill, M., Beaudoin, F.L., Becker, S.J. y Rich, J.D. (2018). Harnessing the placebo effect: A promising method for curbing the opioid crisis? Addiction, 113(11), 2144-5.

76. Centros para el Control y la Prevención de Enfermedades, Recursos y análisis de datos sobre opioides, https://www.cdc.gov/drugoverdose/data/analysis.html.

77. Morales-Quezada, L., Mesia-Toledo, I., Estudillo-Guerra, A., O'Connor, K.C., Schneider, J.C., Sohn, D.J.,... y Zafonte, R. (2020). Conditioning open-label placebo: A pilot pharmacobehavioral approach for opioid dose reduction and pain control. Pain Reports, 5(4). Consulta también: Flowers, K.M., Patton, M.E., Hruschak, V.J., Fields, K.G., Schwartz, E., Zeballos, J., ... y Schreiber, K.L. (2021). Conditioned open-label placebo for opioid reduction after spine surgery: a randomised controlled trial. Pain, 162(6), 1828-1839.

78. Laferton, J.A., Mora, M.S., Auer, C.J., Moosdorf, R. y Rief, W. (2013). Enhancing the efficacy of heart surgery by optimizing patients' preoperative expectations: Study protocol of a randomized controlled trial. American Heart Journal, 165(1), 1-7. Consulta lo siguiente para una descripción elaborada de la teoría que hay detrás de este tipo de intervenciones: Doering, B.K., Glombiewski, J.A. y Rief, W. (2018). Expectation-focused psychotherapy to improve clinical outcomes. International Review of Neurobiology, 138, 257-70.

79. Auer, C.J., Laferton, J.A., Shedden-Mora, M.C., Salzmann, S., Moosdorf, R. y Rief, W. (2017). Optimizing preoperative expectations leads to a shorter length of hospital stay in CABG patients: Further results of the randomized controlled PSY-HEART trial. Journal of Psychosomatic Research, 97, 82-9.

80. Rief, W., Shedden-Mora, M.C., Laferton, J.A., Auer, C., Petrie, K.J., Salzmann, S., ... y Moosdorf, R. (2017). Preoperative optimization of patient expectations improves long-term outcome in heart surgery patients: Results of the randomized controlled PSY-HEART trial. BMC Medicine, 15(1), 1-13.

81. Para ver más pruebas del potencial sobre cómo las expectativas de las personas moldean el éxito de los procedimientos quirúrgicos, consulta: Auer, C.J., Glombiewski, J.A., Doering, B.K., Winkler, A., Laferton, J.A., Broadbent, E. y Rief, W. (2016). Patients' expectations predict surgery outcomes: A meta-analysis. International Journal of Behavioral Medicine, 23(1), 49-62; Kube, T., Glombiewski, J.A. y Rief, W. (2018). Using different expectation mechanisms to optimize treatment of patients with medical conditions: A systematic review. Psychosomatic Medicine, 80(6), 535-43; Van Der Meij, E., Anema, J.R., Leclercq, W.K., Bongers, M.Y., Consten, E.C., Koops, S.E.S., ... y Huirne, J.A. (2018). Personalised perioperative care by e-health after intermediate-grade abdominal surgery: A multicentre, single-blind, randomised, placebo-controlled trial. The Lancet, 392(10141), 51-9; Laferton, J.A., Oeltjen, L., Neubauer, K., Ebert, D.D. y Munder, T. (2020). The effects of patients' expectations on surgery outcome in total hip and knee arthroplasty: A prognostic factor meta-analysis. Health Psychology Review, 1-17.

82. Akroyd, A., Gunn, K.N., Rankin, S., Douglas, M., Kleinstauber, M., Rief, W. y Petrie, K.J. (2020). Optimizing patient expectations to improve therapeutic response to medical treatment: A randomized controlled trial of iron infusion therapy. British Journal of Health Psychology, 25(3), 639-51.

83. Leibowitz, K.A., Hardebeck, E.J., Goyer, J.P. y Crum, A.J. (2018). Physician assurance reduces patient symptoms in US adults: An experimental study. Journal of General Internal Medicine, 33(12), 2051-2.

84. Rakel, D., Barrett, B., Zhang, Z., Hoeft, T., Chewning, B., Marchand, L. y Scheder, J. (2011). Perception of empathy in the therapeutic encounter: Effects on the common cold. Patient Education and Counseling, 85(3), 390-7.

Capítulo 3. No hacer daño

85. Rose, R., Living Magic: The Realities Underlying the Psychical Practices and Beliefs of Australian Aborigines, 28-47, Rand McNally, Nueva York, 1956.

86. Consulta también: Cannon, W.B. (1942). 'Voodoo' death. American Anthropologist, 44(2), 169-81; Benson, H. (1997). The nocebo effect: History and physiology. Preventive Medicine, 26(5), 612-15; Byard, R. (1988). Traditional medicine of aboriginal Australia. CMAJ: Canadian Medical Association Journal, 139(8), 792. Para ver un debate sobre explicaciones alternativas de estas muertes: Lester, D. (2009). Voodoo death. OMEGA: Journal of Death and Dying, 59(1), 1-18.

87. Para ver un resumen de teorías médicas de muerte vudú, consulta: Samuels, M.A. (2007). 'Voodoo' death revisited: The modern lessons of neurocardiology. Cleveland Clinic Journal of Medicine, 74(Suppl 1), S8-S16; Morse, D.R., Martin, J. y Moshonov, J. (1991). Psychosomatically induced death relative to stress, hypnosis, mind control, and voodoo: Review and possible mechanisms. Stress Medicine, 7(4), 213-32.

88. Meador, C.K. (1992). Hex death: Voodoo magic or persuasion? Southern Medical Journal, 85(3), 244-7.

89. Milton, G.W., (1973). Self-willed death or the bone-pointing syndrome. The Lancet, 301(7817), 1435-6. For many similar accounts, see: Benson, H. (1997). The nocebo effect: History and physiology. Preventive Medicine, 26(5), 612-15.

90. La conexión posible entre el efecto nocebo y la muerte vudú se reconoce ampliamente. Consulta, por ejemplo: Edwards, I.R., Graedon, J. y Graedon, T. (2010). Placebo harm. Drug Safety, 33(6), 439-41; Benedetti, F. (2013). Placebo and the new physiology of the doctor-patient relationship. Physiological Reviews, 93(3), 1207-46; Cheyne, J.A. y Pennycook, G. (2013). Sleep paralysis postepisode distress: Modeling potential effects of episode characteristics, general psychological distress, beliefs, and cognitive style. Clinical Psychological Science, 1(2), 135-48.

91. Mackenzie, J.N. (1886). The production of the so-called 'rose cold' by means of an artificial rose, with remarks and historical notes. American Journal of the Medical Sciences, 91(181), 45. Aunque se base en una única anécdota, la investigación moderna muestra que la mera expectativa de tener un ataque de alergia al polen puede provocar síntomas en quienes los sufren: Besedovsky, L., Benischke, M., Fischer, J., Yazdi, A.S. y Born, J. (2020). Human sleep consolidates allergic responses conditioned to the environmental context of an allergen exposure. Proceedings of the National Academy of Sciences, 117(20), 10983-8. Consulta también: Jewett, D.L., Fein, G. y Greenberg, M.H. (1990). A double-blind study of symptom provocation to determine food sensitivity. New England Journal of Medicine, 323(7), 429-33.

92. Beecher, H.K. (1955). The powerful placebo. Journal of the American Medical Association, 159(17), 1602-6.

93. Howick, J., Webster, R., Kirby, N. y Hood, K. (2018). Rapid overview of systematic reviews of nocebo effects reported by patients taking placebos in clinical trials. Trials, 19(1), 1-8. Consulta también: Mahr, A., Golmard, C., Pham, E., Iordache, L., Deville, L. y Faure, P. (2017). Types, frequencies, and burden of nonspecific adverse events of drugs: Analysis of randomized placebo-controlled clinical trials. Pharmacoepidemiology and Drug Safety, 26(7), 731-41.

94. https://www.nhs.uk/medicines/finasteride.

95. Mondaini, N., Gontero, P., Giubilei, G., Lombardi, G., Cai, T., Gavazzi, A. y Bartoletti, R. (2007). Finasteride 5 mg and sexual side effects: How many of these are related to a nocebo phenomenon? Journal of Sexual Medicine, 4(6), 1708-12.

96. Myers, M.G., Cairns, J.A. y Singer, J. (1987). The consent form as a possible cause of side effects. Clinical Pharmacology and Therapeutics, 42(3), 250-3.

97. Varelmann, D., Pancaro, C., Cappiello, E.C. y Camann, W.R. (2010). Nocebo-induced hyperalgesia during local anesthetic injection. Anesthesia and Analgesia, 110(3), 868-70.

98. Tinnermann, A., Geuter, S., Sprenger, C., Finsterbusch, J. y Buchel, C. (2017).

Interactions between brain and spinal cord mediate value effects in nocebo hyperalgesia. Science, 358(6359), 105-8.

99. Aslaksen, P.M., Zwarg, M.L., Eilertsen, H.-I. H., Gorecka, M.M., y Bjorkedal, E. (2015). Opposite effects of the same drug. Pain, 156(1), 39-46; Flaten, M.A., Simonsen, T. y Olsen, H. (1999). Drug-related Information generates placebo and nocebo responses that modify the drug response. Psychosomatic Medicine, 61(2), 250-5.

100. Scott, D.J., Stohler, C.S., Egnatuk, C.M., Wang, H., Koeppe, R.A. y Zubieta, J.K. (2008). Placebo and nocebo effects are defined by opposite opioid and dopaminergic responses. Archives of General Psychiatry, 65(2), 220-31.

101. Enck, P., Benedetti, F. y Schedlowski, M. (2008). New insights into the placebo and nocebo responses. Neuron, 59(2), 195-206.

102. Planès, S., Villier, C. y Mallaret, M. (2016). The nocebo effect of drugs. Pharmacology Research and Perspectives, 4(2), e00208; Liccardi, G., Senna, G., Russo, M., Bonadonna, P., Crivellaro, M., Dama, A., ... y Passalacqua, G. (2004). Evaluation of the nocebo effect during oral challenge in patients with adverse drug reactions. Journal of Investigational Allergology and Clinical Immunology 14(2), 104-7.

103. Faasse, K., Cundy, T., Gamble, G. y Petrie, K.J. (2013). The effect of an apparent change to a branded or generic medication on drug effectiveness and side effects. Psychosomatic Medicine, 75(1), 90-6.

104. Faasse, K., Cundy, T. y Petrie, K.J. (2009). Thyroxine: Anatomy of a health scare. BMJ, 339. Consulta también: Faasse, K., Cundy, T., Gamble, G. y Petrie, K.J. (2013). The effect of an apparent change to a branded or generic medication on drug effectiveness and side effects. Psychosomatic Medicine, 75(1), 90-6; MacKrill, K. y Petrie, K.J. (2018). What is associated with increased side effects and lower perceived efficacy following switching to a generic medicine? A New Zealand cross-sectional patient survey. BMJ Open, 8(10), e023667. Para ver un análisis completo, consulta: Faasse, K. y Martin, L.R. (2018). The power of labeling in nocebo effects. International Review of Neurobiology, 139, 379-406.

105. Blasini, M., Corsi, N., Klinger, R. y Colloca, L. (2017). Nocebo and pain: An overview of the psychoneurobiological mechanisms. Pain Reports, 2(2).

106. Sciama, Y. (2017). France brings back a phased-out drug after patients rebel against its replacement. Science, 27 de septiembre. https://www.sciencemag.org/news/2017/09/france-brings-back-phased-out-drug-after-patients-rebel-against-its-replacement.

107. Rippon, G., El género y nuestros cerebros, 29, Galaxia Gutenberg, Barcelona, 2020; Ruble, D.N. (1977). Premenstrual symptoms: A reinterpretation. Science, 197(4300), 291-2.

108. Horing, B., Weimer, K., Schrade, D., Muth, E.R., Scisco, J.L., Enck, P. y Klosterhalfen, S. (2013). Reduction of motion sickness with an enhanced placebo instruction: An experimental study with healthy participants. Psychosomatic Medicine, 75(5), 497-504; Eden, D. y Zuk, Y. (1995). Seasickness as a self-fulfilling prophecy: Raising self-efficacy to boost performance at sea. Journal of

Applied Psychology, 80(5), 628.

109. Ferrari, R., Obelieniene, D., Darlington, P., Gervais, R. y Green, P. (2002). Laypersons' expectation of the sequelae of whiplash injury: A cross-cultural comparative study between Canada and Lithuania. Medical Science Monitor, 8(11), CR728-CR734; Buchbinder, R. y Jolley, D. (2005). Effects of a media campaign on back beliefs is sustained three years after its cessation. Spine, 30(11), 1323-30; Polich, G., Iaccarino, M.A., Kaptchuk, T.J., Morales-Quezada, L. y Zafonte, R. (2020). Nocebo effects in concussion: Is all that is told beneficial? American Journal of Physical Medicine and Rehabilitation, 99(1), 71-80.

110. Whittaker, R., Kemp, S. y House, A. (2007). Illness perceptions and outcome in mild head injury: a longitudinal study. Journal of Neurology, Neurosurgery and Psychiatry, 78(6), 644-6. Consulta también: Hou, R., Moss-Morris, R., Peveler, R., Mogg, K., Bradley, B.P. y Belli, A. (2012). When a minor head injury results in enduring symptoms: A prospective investigation of risk factors for postconcussional syndrome after mild traumatic brain injury. Journal of Neurology, Neurosurgery and Psychiatry, 83(2), 217-23.

111. Polich, G., Iaccarino, M.A., Kaptchuk, T.J., Morales-Quezada, L. y Zafonte, R. (2020). Nocebo effects in concussion: Is all that is told beneficial? American Journal of Physical Medicine and Rehabilitation, 99(1), 71-80.

112. Reeves, R.R., Ladner, M.E., Hart, R.H. y Burke, R.S. (2007). Nocebo effects with antidepressant clinical drug trial placebos. General Hospital Psychiatry, 29(3), 275-7.

113. Usichenko, T.I., Hacker, H. y Hesse, T. (2016). Nocebo effect of informed consent: Circulatory collapse before elective caesarean section. International Journal of Obstetric Anesthesia, 27, 95-6.

114. Samuels, M.A. (2007). Voodoo death revisited: The modern lessons of neurocardiology. Cleveland Clinic Journal of Medicine, 74 (Suppl 1), S8-S16. Consulta también: Amanzio, M., Howick, J., Bartoli, M., Cipriani, G.E. y Kong, J. (2020). How do nocebo phenomena provide a theoretical framework for the COVID-19 pandemic? Frontiers in Psychology, 1, 589884. doi: 10.3389/fpsyg.2020.589884.

115. Eaker, E.D., Pinsky, J. y Castelli, W.P. (1992). Myocardial infarction and coronary death among women: Psychosocial predictors from a 20-year follow-up of women in the Framingham Study. American Journal of Epidemiology, 135(8), 854-64. Consulta también: Olshansky, B. (2007). Placebo and nocebo in cardiovascular health: Implications for healthcare, research, and the doctor-patient relationship. Journal of the American College of Cardiology, 49(4), 415-21.

116. Barefoot, J.C., Brummett, B.H., Williams, R.B., Siegler, I.C., Helms, M.J., Boyle, S.H., ... y Mark, D.B. (2011). Recovery expectations and long-term prognosis of patients with coronary heart disease. Archives of Internal Medicine, 171(10), 929-35.

117. Carey, I.M., Shah, S.M., DeWilde, S., Harris, T., Victor, C.R. y Cook, D.G. (2014). Increased risk of acute cardiovascular events after partner bereavement: A matched cohort study. JAMA Internal Medicine, 174(4), 598-605.

118. Shimizu, M. y Pelham, B.W. (2008). Postponing a date with the grim reaper: Ceremonial events and mortality. Basic and Applied Social Psychology, 30(1), 36-45; Wilches-Gutierrez, J.L., Arenas-Monreal, L., Paulo-Maya, A., Pelaez-Ballestas, I. e Idrovo, A.J. (2012). A 'beautiful death': Mortality, death, and holidays in a Mexican municipality. Social Science and Medicine, 74(5), 775-82; Ajdacic-Gross, V., Knopfli, D., Landolt, K., Gostynski, M., Engelter, S.T., Lyrer, P.A., … y Rossler, W. (2012). Death has a preference for birthdays: An analysis of death time series. Annals of Epidemiology, 22(8), 603-6; Kelly, G.E. y Kelleher, C.C. (2018). Happy birthday? An observational study. Journal of Epidemioliogy and Community Health, 72(12), 1168-72. Consulta también: Phillips, D.P. y Feldman, K.A. (1973). A dip in deaths before ceremonial occasions: Some new relationships between social integration and mortality. American Sociological Review, 678-96; Byers, B., Zeller, R.A. y Byers, P.Y. (1991). Birthdate and mortality: An evaluation of the death-dip/death-rise phenomenon. Sociological Focus, 24(1), 13-28; Phillips, D.P., Van Voorhees, C.A. y Ruth, T.E. (1992). The birthday: Lifeline or deadline? Psychosomatic Medicine, 54(5), 532-42.

119. National Constitution Center (2021). Three presidents die on July 4th: Just a coincidence? https://constitutioncenter.org/blog/three-presidents-die-on-july-4th-just-a-coincidence.

120. Para ver un amplio debate sobre todos estos fenómenos, consulta: Ray, O. (2004). How the mind hurts and heals the body. American Psychologist, 59(1), 29.

121. Pan, Y., Kinitz, T., Stapic, M. y Nestoriuc, Y. (2019). Minimizing drug adverse events by informing about the nocebo effect: An experimental study. Frontiers in Psychiatry, 10, 504.

122. Howick, J. (2020). Unethical informed consent caused by overlooking poorly measured nocebo effects. Journal of Medical Ethics. doi: 10.1136/medethics-690DDD_tx.indd 2019-105903. Consulta también: Colloca, L. (2017). Tell me the truth and I will not be harmed: Informed consents and nocebo effects. American Journal of Bioethics, 17(6), 46-8.

123. Faasse, K., Huynh, A., Pearson, S., Geers, A.L., Helfer, S.G. y Colagiuri, B. (2019). The influence of side effect information framing on nocebo effects. Annals of Behavioral Medicine, 53(7), 621-9.

124. James, L.K. y Till, S.J. (2016). Potential mechanisms for IgG4 inhibition of immediate hypersensitivity reactions. Current Allergy and Asthma Reports, 16(3), 1-7; Couzin-Frankel, J. (2018). A revolutionary treatment for allergies to peanuts and other foods is going mainstream. Science, 18 de octubre. https://www.sciencemag.org/news/2018/10/revolutionary-treatment-allergies-peanuts-and-other-foods-going-mainstream-do-benefits.

125. Howe, L.C., Leibowitz, K.A., Perry, M.A., Bitler, J.M., Block, W., Kaptchuk, T.J., … y Crum, A.J. (2019). Changing patient mindsets about non-life-threatening symptoms during oral immunotherapy: A randomized clinical trial. Journal of Allergy and Clinical Immunology: In Practice, 7(5), 1550-9; Una mentalidad positiva sobre los efectos secundarios del tratamiento contra la alergia a los cacahuetes mejora los resultados. https://med.stanford.edu/news/all-news/2019/02/positive-mindset-about-side-effects-of-peanut-allergy-treatment.html. Consulta lo siguiente para ver un debate más amplio sobre los efectos de la mentalidad y su potencial terapéutico: Leibowitz, K.A., Howe, L.C. y Crum, A.J. (2021). Changing mindsets about side effects. BMJ Open, 11(2), e040134.

126. Para ver pruebas sobre los efectos catastróficos de prescribir opioides contra el dolor, consulta King, C.D., Goodin, B., Kindler, L.L., Caudle, R.M., Edwards, R.R., Gravenstein, N., ... y Fillingim, R.B. (2013). Reduction of conditioned pain modulation in humans by naltrexone: An exploratory study of the effects of pain catastrophizing. Journal of Behavioral Medicine, 36(3), 315-27; Vogtle, E., Barke, A. y Kroner-Herwig, B. (2013). Nocebo hyperalgesia induced by social observational learning. Pain, 154(8), 1427-33.

127. Granot, M. y Ferber, S.G. (2005). The roles of pain catastrophizing and anxiety in the prediction of postoperative pain intensity: A prospective study. Clinical Journal of Pain, 21(5), 439-45; Witvrouw, E., Pattyn, E., Almqvist, K.F., Crombez, G., Accoe, C., Cambier, D. y Verdonk, R. (2009). Catastrophic thinking about pain as a predictor of length of hospital stay after total knee arthroplasty: A prospective study. Knee Surgery, Sports Traumatology, Arthroscopy, 17(10), 1189-94

128. Drahovzal, D.N., Stewart, S.H. y Sullivan, M.J. (2006). Tendency to catastrophize somatic sensations: Pain catastrophizing and anxiety sensitivity in predicting headache. Cognitive Behaviour Therapy, 35(4), 226-35; Mortazavi Nasiri, F.S., Pakdaman, S., Dehghani, M. y Togha, M. (2017). The relationship between pain catastrophizing and headache-related disability: The mediating role of pain intensity. Japanese Psychological Research, 59(4), 266-74; Martinez-Calderon, J., Jensen, M.P., Morales-Asencio, J.M. y Luque-Suarez, A. (2019). Pain catastrophizing and function in individuals with chronic musculoskeletal pain. Clinical Journal of Pain, 35(3), 279-293.

129. Darnall, B.D. y Colloca, L. (2018). Optimizing placebo and minimizing nocebo to reduce pain, catastrophizing, and opioid use: A review of the science and an evidence-informed clinical toolkit. International Review of Neurobiology, 139, 129-57.

130. Darnall, B.D. y Colloca, L. (2018). Optimizing placebo and minimizing nocebo to reduce pain, catastrophizing, and opioid use: A review of the science and an evidence-informed clinical toolkit. International Review of Neurobiology, 139, 129-57.

131. Seng, E.K. (2018). Using cognitive behavioral therapy techniques to treat migraine. Journal of Health Service Psychology, 44(2), 68-73.

132. Ehde, D.M. y Jensen, M.P. (2004). Feasibility of a cognitive restructuring intervention for treatment of chronic pain in persons with disabilities. Rehabilitation Psychology, 49(3), 254.

133. Lumley, M.A. y Schubiner, H. (2019). Psychological therapy for centralized pain: An integrative assessment and treatment model. Psychosomatic Medicine, 81(2), 114-24.

134. Lumley, M.A. y Schubiner, H. (2019). Psychological therapy for centralized pain: An integrative assessment and treatment model. Psychosomatic Medicine, 81(2), 114-24. Similar results can be found for people with auto-immune disorders: Karademas, E.C., Dimitraki, G., Papastefanakis, E., Ktistaki, G., Repa,

A., Gergianaki, I., ... y Simos, P. (2018). Emotion regulation contributes to the well-being of patients with autoimmune diseases through illness-related emotions: A prospective study. Journal of Health Psychology, 1359105318787010; Nahman-Averbuch, H., Schneider, V.J., Chamberlin, L.A., Van Diest, A.M.K., Peugh, J.L., Lee, G.R., ...y King, C.D. (2021), Identification of neural and psychophysical predictors of headache reduction after cognitive behavioral therapy in adolescents with migraine. Pain, 162(2), 372-81.

135. Adamczyk, A.K., Ligeza, T.S. y Wyczesany, M. (2020). The dynamics of pain reappraisal: The joint contribution of cognitive change and mental load. Cognitive, Affective, and Behavioral Neuroscience, 1-18.

136. De Peuter, S., Lemaigre, V., Van Diest, I. y Van den Bergh, O. (2008). Illness-specific catastrophic thinking and over-perception in asthma. Health Psychology, 27(1), 93.

137. Brown, R.L., Shahane, A.D., Chen, M.A. y Fagundes, C.P. (2020). Cognitive reappraisal and nasal cytokine production following experimental rhinovirus infection. Brain, Behavior, and Immunity-Health, 1, 100012.

138. Dekker, R.L., Moser, D.K., Peden, A.R. y Lennie, T.A. (2012). Cognitive therapy improves three-month outcomes in hospitalized patients with heart failure. Journal of Cardiac Failure, 18(1), 10-20. See also Norlund, F., Olsson, E.M., Pingel, R., Held, C., Svardsudd, K., Gulliksson, M. y Burell, G. (2017). Psychological mediators related to clinical outcome in cognitive behavioural therapy for coronary heart disease: A sub-analysis from the SUPRIM trial. European Journal of Preventive Cardiology, 24(9), 917-925. Consulta lo siguiente para ver los mecanismos fisiológicos y de comportamiento propuestos: Celano, C.M., Villegas, A.C., Albanese, A.M., Gaggin, H.K. y Huffman, J.C. (2018). Depression and anxiety in heart failure: A review. Harvard Review of Psychiatry, 26(4), 175.

Capítulo 4. Los orígenes de la histeria de masas

139. Escola encerra devido a alergis. CM, 18 de mayo de 2006. https://www.cmjornal.pt/portugal/detalhe/escola-encerra-devido-a-alergias; Televirus volta a atacar. CM, 18 de mayo de 2006. https://www.cmjornal.pt/portugal/detalhe/televirus-volta-a-atacar.

140. Bartholomew, R.E., Wessely, S. y Rubin, G.J. (2012). Mass psychogenic illness and the social network: Is it changing the pattern of outbreaks? Journal of the Royal Society of Medicine, 105(12), 509-12.

141. Kilner, J.M., Friston, K.J. y Frith, C.D. (2007). Predictive coding: An account of the mirror neuron system. Cognitive Processing, 8(3), 159-66.

142. Consulta Di Pellegrino, G., Fadiga, L., Fogassi, L., Gallese, V. y Rizzolatti, G. (1992). Understanding motor events: A neurophysiological study. Experimental Brain Research, 91(1), 176-80; Lametti, D. (2009). Mirroring behavior. Scientific American, 9 June. https://www.scientificamerican.com/article/mirroring-behavior; Rizzolatti, G., Fogassi, L. y Gallese, V. (2006). Mirrors in the mind. Scientific American, 295(5), 54-61; and Blakeslee, S. (2006). Cells that read minds. New

York Times, 10 de enero. https://www.nytimes.com/2006/01/10/science/cells-that-read-minds.html.

143. Bentivoglio, L. (2012). Rizzolati: 'Ecco perche i sentimenti sono contagiosi'. La Repubblica, 27 de agosto. https://parma.repubblica.it/cronaca/2012/08/27/news/rizzolatti_ecco_perch_i_sentimenti_sono_contagiosi–41547512.

144. Bastiaansen, J.A., Thioux, M. y Keysers, C. (2009). Evidence for mirror systems in emotions. Philosophical Transactions of the Royal Society B: Biological Sciences, 364(1528), 2391-404.

145. Gran parte de la investigación comentada en este apartado se cubre en el siguiente trabajo de revisión: Hatfield, E., Carpenter, M. y Rapson, R.L. (2014). Emotional contagion as a precursor to collective emotions. Collective Emotions, 108-22. Para ver más detalles, consulta: Laird, J.D., Alibozak, T., Davainis, D., Deignan, K., Fontanella, K., Hong, J., ... y Pacheco, C. (1994). Individual differences in the effects of spontaneous mimicry on emotional contagion. Motivation and Emotion, 18(3), 231-47; Carsten, T., Desmet, C., Krebs, R.M., and Brass, M. (2018). Pupillary contagion is independent of the emotional expression of the face. Emotion, 19(8), 1343-52.

146. Likowski, K.U., Muhlberger, A., Gerdes, A., Wieser, M.J., Pauli, P. y Weyers, P. (2012). Facial mimicry and the mirror neuron system: Simultaneous acquisition of facial electromyography and functional magnetic resonance imaging. Frontiers in Human Neuroscience, 6, 214.

147. Neal, D.T. y Chartrand, T.L. (2011). Embodied emotion perception: Amplifying and dampening facial feedback modulates emotion perception accuracy. Social Psychological and Personality Science, 2(6), 673-8. Para ver una réplica reciente, consulta: Borgomaneri, S., Bolloni, C., Sessa, P. y Avenanti, A. (2020). Blocking facial mimicry affects recognition of facial and body expressions. PLoS One, 15(2), e0229364. Consulta también el siguiente metaanálisis, que confirma el sutil efecto del feedback facial en las emociones de los participantes: Coles, N.A., Larsen, J.T. y Lench, H.C. (2019). A meta-analysis of the facial feedback literature: Effects of facial feedback on emotional experience are small and variable. Psychological Bulletin, 145(6), 610.

148. Havas, D.A., Glenberg, A.M. y Rinck, M. (2007). Emotion simulation during language comprehension. Psychonomic Bulletin and Review, 14(3), 436-41; Foroni, F. y Semin, G.R. (2009). Language that puts you in touch with your bodily feelings: The multimodal responsiveness of affective expressions. Psychological Science, 20(8), 974-80.

149. Rizzolatti, G., Fogassi, L. y Gallese, V. (2006). Mirrors in the mind. Scientific American, 295(5), 54-61.

150. Christakis, N.A. y Fowler, J.H., Conectados: El sorprendente poder de las redes sociales y cómo nos afectan, 50-2, Taurus, Barcelona, 2009.

151. Faasse, K. y Petrie, K.J. (2016). From me to you: The effect of social modeling on treatment outcomes. Current Directions in Psychological Science, 25(6), 438-43.

152. Mazzoni G., Foan L., Hyland M.E., Kirsch I. (2010). The effects of observation and gender on psychogenic symptoms. Health Psychology 29, 181-5; Lorber, W., Mazzoni, G. y Kirsch, I. (2007). Illness by suggestion: Expectancy, modeling, and gender in the production of psychosomatic symptoms. Annals of Behavioral Medicine, 33(1), 112-16.

153. Broderick, J.E., Kaplan-Liss, E. y Bass, E. (2011). Experimental induction of psychogenic illness in the context of a medical event and media exposure. American Journal of Disaster Medicine, 6(3), 163.

154. Ditto, B., Byrne, N., Holly, C. y Balegh, S. (2014). Social contagion of vasovagal reactions in the blood collection clinic: A possible example of mass psychogenic illness. Health Psychology, 33(7), 639.

155. Faasse, K., Yeom, B., Parkes, B., Kearney, J. y Petrie, K.J. (2018). The influence of social modeling, gender, and empathy on treatment side effects. Annals of Behavioral Medicine, 52(7), 560-70.

156. Colloca, L. y Benedetti, F. (2009). Placebo analgesia induced by social observational learning. Pain, 144(1-2), 28-34; Swider, K. y Babel, P. (2013). The effect of the sex of a model on nocebo hyperalgesia induced by social observational learning. Pain, 154(8), 1312-17.

157. Benedetti, F., Durando, J. y Vighetti, S. (2014). Nocebo and placebo modulation of hypobaric hypoxia headache involves the cyclooxygenase-prostaglandins pathway. Pain, 155(5), 921-8.

158. Caporael, L.R. (1976). Ergotism: The Satan loosed in Salem? Science, 192 (4234), 21-6.

159. Hatfield, E., Carpenter, M. y Rapson, R.L. (2014). Emotional contagion as a precursor to collective emotions. Collective Emotions, 108-22. Ciertos detalles (como la ubicación real de la fábrica) proceden de Baloh, R.W. y Bartholomew, R.E., A short history of spider, insect and worm scares. En Havana Syndrome: Mass Psychogenic Illness and the Real Story Behind the Embassy Mystery and Hysteria, 151-66. Copernicus, Cham, 2020.

160. Baloh, R.W. y Bartholomew, R.E., A short history of spider, insect, and worm scares. En Havana Syndrome, 151-66, Copernicus, Cham, 2020.

161. Talbot, M. (2002). Hysteria hysteria. New York Times Magazine. 2 de junio. https://www.nytimes.com/2002/06/02/magazine/hysteria-hysteria.html.

162. Koran, L. y Oppmann, P. (2018). US embassy in Cuba to reduce staff indefinitely after 'health attacks'. CNN, 2 de marzo. https://edition.cnn.com/2018/03/02/politics/us-embassy-cuba-staff-reductions-attacks/index.html.

163. Consulta el trabajo de Baloh y Bartholomew Havana Syndrome (Cham) para ver una descripción de sus orígenes psicogénicos. Consulta también: Stone, R. (2018). Sonic attack or mass paranoia. Science, doi:10.1126/science.aau5386; Hitt, J. (2019). The real story behind the Havana embassy mystery. Vanity Fair, 6 de enero. https://www.vanityfair.com/news/2019/01/the-real-story-behind-the-havana-embassy-mystery; Leighton, T.G. (2018). Ultrasound in air - Guidelines, applications, public exposures, and claims of attacks in Cuba and China. Journal of the Acoustical Society of America, 144(4), 2473-89; Bartholomew, R.E. y Baloh, R.W. (2020). Challenging the diagnosis of 'Havana Syndrome' as a novel clinical entity. Journal of the Royal Society of Medicine, 113(1), 7-11. La posibilidad de que el contagio psicogénico ampliara y prolongara los síntomas se debate en: National Academies of Sciences, Engineering, and Medicine(2020). An Assessment of Illness in US Government Employees and Their Families at Overseas Embassies. Aunque este informe indica la posibilidad de un arma real, otros científicos no están convencidos: consulta Vergano, D. (2020). Scientists are slamming a report saying microwave attacks could have caused 'Havana syndrome' in US diplomats. BuzzFeed, 7 de diciembre. https://www. buzzfeednews.com/article/danvergano/microwave-attacks-havana-syndrome-diplomats.

164. Entous, A. y Anderson, J.L. (2018). The mystery of the Havana syndrome. New Yorker, 9 de noviembre. https://www.newyorker.com/magazine/2018/11/19/the-mystery-of-the-havana-syndrome.

165. Citado en Baloh, R.W. y Bartholomew, R.E., Havana Syndrome: Mass Psychogenic Illness and the Real Story Behind the Embassy Mystery and Hysteria, 21, Copernicus, Cham, 2020.

166. The telephone as a cause of ear troubles (1889). British Medical Journal, 2(1499), 671-72.

167. Rubin, G.J., Burns, M. y Wessely, S. (2014). Possible psychological mechanisms for 'wind turbine syndrome': On the windmills of your mind. Noise and Health, 16(69), 116.

168. Andrianome, S., De Seze, R., Braun, A. y Selmaoui, B. (2018). Descriptive self-reporting survey of people with idiopathic environmental intolerance attributed to el ectromagnetic fields (IEI-EMF): Similarities and comparisons with previous studies. Journal of Public Health, 26(4), 461-73.

169. Rubin, G.J., Hahn, G., Everitt, B.S., Cleare, A.J. y Wessely, S. (2006). Are some people sensitive to mobile phone signals? Within participants double blind randomised provocation study. British Medical Journal, 332(7546), 886-91.

170. Verrender, A., Loughran, S.P., Dalecki, A., Freudenstein, F. y Croft, R.J. (2018). Can explicit suggestions about the harmfulness of EMF exposure exacerbate a nocebo response in healthy controls? Environmental Research, 166, 409-17.

171. Nyhan, B. y Reifler, J. (2015). Does correcting myths about the flu vaccine work? An experimental evaluation of the effects of corrective information. Vaccine, 33(3), 459-64.

172. Nichol, K.L., Margolis, K.L., Lind, A., Murdoch, M., McFadden, R., Hauge, M., ... y Drake, M. (1996). Side effects associated with influenza vaccination in healthy working adults: A randomized, placebo-controlled trial. Archives of Internal Medicine, 156(14), 1546-50; Organización Mundial de la Salud(2012). Information sheet: observed rate of vaccine reactions: influenza vaccine. https://www.who.int/vaccine_safety/initiative/tools/Influenza_Vaccine_rates_information_sheet.pdf?ua=1.

173. Centros para el Control y la Prevención de Enfermedades. Misconceptions about seasonal flu and flu vaccines. https://www.cdc.gov/flu/prevent/misconceptions.htm.

174. Organización Mundial de la Salud(2012). Information sheet: observed rate of vaccine reactions: influenza vaccine. https://www.who.int/vaccine_safety/initiative/tools/Influenza_Vaccine_rates_information_sheet.pdf?ua=1; Tosh, P.K., Boyce, T.G. y Poland, G.A. (2008). Flu myths: Dispelling the myths associated with live attenuated influenza vaccine. Mayo Clinic Proceedings 83(1), 77-84.

175. Huang, W.T., Hsu, C.C., Lee, P.I. y Chuang, J.H. (2010). Mass psychogenic illness in nationwide in-school vaccination for pandemic influenza A (H1N1) 2009, Taiwán, noviembre de 2009 - enero de 2010. Eurosurveillance, 15(21), 19575.

176. Simas, C., Munoz, N., Arregoces, L. y Larson, H.J. (2019). HPV vaccine confidence and cases of mass psychogenic illness following immunization in Carmen de Bolivar, Colombia. Human Vaccines and Immunotherapeutics, 15(1), 163-6.

177. Matthews, A., Herrett, E., Gasparrini, A., Van Staa, T., Goldacre, B., Smeeth, L. y Bhaskaran, K. (2016). Impact of statin-related media coverage on use of statins: Interrupted time series analysis with UK primary care data. BMJ, 353, i3283. doi: 10.1136/bmj.i3283.

178. Consulta, por ejemplo, Rogers, L. (2015). Crippled by statins. Daily Mail, 3 de noviembre. https://www.dailymail.co.uk/health/article-3300937/Crippled-statins-Cholesterol-busting-drugs-left-David-wheelchair-doctors-insisted-taking-them.html.

179. Finegold, J.A., Manisty, C.H., Goldacre, B., Barron, A.J. y Francis, D.P. (2014). What proportion of symptomatic side effects in patients taking statins are genuinely caused by the drug? Systematic review of randomized placebo-controlled trials to aid individual patient choice. European Journal of Preventive Cardiology, 21(4), 464-74.

180. Newman, C.B., Preiss, D., Tobert, J.A., Jacobson, T.A., Page, R.L., Goldstein, L.B., ... y Duell, P.B. (2019). Statin safety and associated adverse events: A scientific statement from the American Heart Association. Arteriosclerosis, Thrombosis, and Vascular Biology, 39(2), e38-e81.

181. Khan, S., Holbrook, A. y Shah, B.R. (2018). Does Googling lead to statin intolerance? International Journal of Cardiology, 262, 25-7.

182. Singh, P., Arora, A., Strand, T.A., Leffler, D.A., Catassi, C., Green, P.H., ...y Makharia, G.K. (2018). Global prevalence of celiac disease: Systematic review and meta-analysis. Clinical Gastroenterology and Hepatology, 16(6), 823-36.

183. https://www.nhs.uk/conditions/coeliac–disease.

184. Cianferoni, A. (2016). Wheat allergy: Diagnosis and management. Journal of Asthma and Allergy, 9, 13.

185. Servick, K. (2018). The war on gluten. Science. https://www.sciencemag.org/news/2018/05/whats-really-behind-gluten-sensitivity.

186. Molina-Infante, J. y Carroccio, A. (2017). Suspected nonceliac gluten sensitivity confirmed in few patients after gluten challenge in double-blind, placebo-controlled trials. Clinical Gastroenterology and Hepatology, 15(3), 339-48. Consulta lo siguiente para ver un metaanálisis que muestra un gran efecto nocebo: Lionetti, E., Pulvirenti, A., Vallorani, M., Catassi, G., Verma, A.K., Gatti, S. y Catassi, C. (2017). Re-challenge studies in non-celiac gluten sensitivity: A systematic review and meta-analysis. Frontiers in Physiology, 8, 621. El papel de la expectativa en la sensibilidad al gluten se describe aquí: Petrie, K.J. y Rief, W. (2019). Psychobiological mechanisms of placebo and nocebo effects: Pathways to improve treatments and reduce side effects. Annual Review of Psychology, 70, 599-625.

El siguiente link contiene la interpretación de la British Nutrition Foundation del estudio: https://www.nutrition.org.uk/bnfevents/events/252-nutritionscience/researchspotlight/1043-2017issue3.html.

187. Croall, I.D., Trott, N., Rej, A., Aziz, I., O'Brien, D.J., George, H.A., ... y Hadjivassiliou, M. (2019). A population survey of dietary attitudes towards gluten. Nutrients, 11(6), 1276.

188. Unalp-Arida, A., Ruhl, C.E., Brantner, T.L., Everhart, J.E. y Murray, J.A. (2017). Less hidden celiac disease but increased gluten avoidance without a diagnosis in the United States: Findings from the National Health and Nutrition Examination Surveys from 2009 to 2014. Mayo Clinic Proceedings 92(1), 30-8; Cabrera-Chavez, F., Dezar, G.V., Islas-Zamorano, A.P., Espinoza-Alderete, J.G., Vergara-Jimenez, M.J., Magana-Ordorica, D., and Ontiveros, N. (2017). Prevalence of self-reported gluten sensitivity and adherence to a gluten-free diet in Argentinian adult population. Nutrients, 9(1), 81.

189. Crichton, F., Dodd, G., Schmid, G., Gamble, G. y Petrie, K.J. (2014). Can expectations produce symptoms from infrasound associated with wind turbines? Health Psychology, 33(4), 360; Crichton, F., Chapman, S., Cundy, T. y Petrie, K.J. (2014). The link between health complaints and wind turbines: Support for the nocebo expectations hypothesis. Frontiers in Public Health, 2, 220.

190. Crichton, F. y Petrie, K.J. (2015). Health complaints and wind turbines: The efficacy of explaining the nocebo response to reduce symptom reporting. Environmental Research, 140, 449-55.

191. También puede ayudar el reencuadre. Consulta, por ejemplo: Mao, A., Barnes, K., Sharpe, L., Geers, A.L., Helfer, S.G., Faasse, K. y Colagiuri, B. (2021). Using positive attribute framing to attenuate nocebo side effects: A cybersickness study. Annals of Behavioral Medicine. doi: 10.1093/abm/kaaa115.

Capítulo 5. Más rápido, más fuerte, más en forma

192. Voet, W., Breaking the Chain, 104, Yellow Jersey, Londres, 2001.

193. Bannister, R., Twin Tracks: The Autobiography, edición Kindle, ubicación 828, Robson Press, Londres, 2014.

194. https://www.olympicchannel.com/en/stories/features/detail/eliud-kipchoge-marathon-olympics-world-record.

195. Gonzalez, R. (2019). How Eliud Kipchoge pulled off his epic, sub-2-hour marathon. Wired, 14 de octubre. https://www.wired.com/story/how-eliud-kipchoge-pulled-off-his-epic-sub-2-hour-marathon.

196. Giulio, C.D., Daniele, F. y Tipton, C.M. (2006). Angelo Mosso and muscular fatigue: 116 years after the first Congress of Physiologists: IUPS commemoration. Advances in Physiology Education, 30(2), 51-7.

197. Noakes, T.D.O. (2012). Fatigue is a brain-derived emotion that regulates the exercise behavior to ensure the protection of whole body homeostasis. Frontiers in Physiology, 3, 82.

198. Cairns, S. P. (2006). Lactic acid and exercise performance. Sports Medicine, 36(4), 279-91. Consulta también: https://www.livescience.com/lactic-acid.html.

199. Corbett, J., Barwood, M.J., Ouzounoglou, A., Thelwell, R. y Dicks, M. (2012). Influence of competition on performance and pacing during cycling exercise. Medicine and Science in Sports and Exercise, 44(3), 509-15.

200. Marcora, S.M., Staiano, W. y Manning, V. (2009). Mental fatigue impairs physical performance in humans. Journal of Applied Physiology, 106(3), 857-64.

201. Para ver un debate amplio sobre el modelo tradicional de fatiga y la necesidad de separar el sentido psicológico del esfuerzo de los cambios fisiológicos, consulte: Noakes T.D. (2012). The Central Governor Model in 2012: Eight new papers deepen our understanding of the regulation of human exercise performance. British Journal of Sports Medicine 46, 1-3. Ha habido controversia sobre la formulación exacta de la teoría psicobiológica de la fatiga, aunque la descripción del texto describe los rasgos comunes. Consulta Venhorst, A., Micklewright, D. y Noakes, T.D. (2018). Towards a three-dimensional framework of centrally regulated and goal-directed exercise behaviour: A narrative review. British Journal of Sports Medicine, 52(15), 957-66.

202. Para ver pruebas directas de esta parte del proceso, consulta Piedimonte, A., Benedetti, F. y Carlino, E. (2015). Placebo-induced decrease in fatigue: Evidence for a central action on the preparatory phase of movement. European Journal of Neuroscience, 41(4), 492-7.

203. Morton, R.H. (2009). Deception by manipulating the clock calibration influences cycle ergometer endurance time in males. Journal of Science and Medicine in Sport, 12, 332-7.

204. Stone, M., Thomas, K., Wilkinson, M., Jones, A., St Clair Gibson, A. y Thompson, K. (2012). Effects of deception on exercise performance: Implications for determinants of fatigue in humans. Medicine and Science in Sports and Exercise, 44(3), 534-41.

205. Castle, P.C., Maxwell, N., Allchorn, A., Mauger, A.R. y White, D.K. (2012). Deception of ambient and body core temperature improves self paced cycling in hot, humid conditions. European Journal of Applied Physiology, 112(1), 377-85.

206. Iodice, P., Porciello, G., Bufalari, I., Barca, L. y Pezzulo, G. (2019). An interoceptive illusion of effort induced by false heart-rate feedback. Proceedings of the National Academy of Sciences, 116(28), 13897-902.

207. McMorris, T., Barwood, M. y Corbett, J. (2018). Central fatigue theory and endurance exercise: Toward an interoceptive model. Neuroscience and Biobehavioral Reviews, 93, 93-107; Holgado, D. y Sanabria, D. (2020). Does self-paced exercise depend on executive processing? A narrative review of the current evidence. International Review of Sport and Exercise Psychology, 1-24; Hyland-Monks, R., Cronin, L., McNaughton, L. y Marchant, D. (2018). The role of executive function in the self-regulation of endurance performance: A critical review. Progress in Brain Research, 240, 353-70.

208. Broelz, E.K., Wolf, S., Schneeweiss, P., Niess, A.M., Enck, P. y Weimer, K. (2018). Increasing effort without noticing: A randomized controlled pilot study about the ergogenic placebo effect in endurance athletes and the role of supplement salience. PLoS One, 13(6), e0198388.

209. Pollo, A., Carlino, E. y Benedetti, F. (2008). The top-down influence of ergogenic placebos on muscle work and fatigue. European Journal of Neuroscience, 28(2), 379-88.

210. Hurst, P., Schipof-Godart, L., Szabo, A., Raglin, J., Hettinga, F., Roelands, B., ... y Beedie, C. (2020). The placebo and nocebo effect on sports performance: A systematic review. European Journal of Sport Science, 20(3), 279-92.

211. Ibidem.

212: Montes, J., Wulf, G. y Navalta, J.W. (2018). Maximal aerobic capacity can be increased by enhancing performers' expectancies. Journal of Sports Medicine and Physical Fitness, 58(5), 744-9.

213. Stoate, I., Wulf, G. y Lewthwaite, R. (2012). Enhanced expectancies improve movement efficiency in runners. Journal of Sports Sciences, 30(8), 815-23.

214. Turnwald, B.P., Goyer, J.P., Boles, D.Z., Silder, A., Delp, S.L. y Crum, A.J. (2019). Learning one's genetic risk changes physiology independent of actual genetic risk. Nature Human Behaviour, 3(1), 48-56.

215. Saito, T., Barreto, G., Saunders, B. y Gualano, B. (2020). Is open-label placebo a new ergogenic aid? A commentary on existing studies and guidelines for future research. Sports Medicine, 50(7), 1231-2. Consulta también: Broelz, E.K., Wolf, S., Schneeweiss, P., Niess, A.M., Enck, P. y Weimer, K. (2018). Increasing effort without noticing: A randomized controlled pilot study about the ergogenic placebo effect in endurance athletes and the role of supplement salience. PLoS One, 13(6), e0198388.

216. Giles, G.E., Cantelon, J.A., Eddy, M.D., Brunye, T.T., Urry, H.L., Taylor, H.A., ... y Kanarek, R.B. (2018). Cognitive reappraisal reduces perceived exertion during endurance exercise. Motivation and Emotion, 42(4), 482-96. Parte de estos consejos se basan en una entrevista con Giles y en mi propia experiencia de practicar la reevaluación cognitiva. Para ver otro ejemplo de dicha reevaluación, consulta: Arthur, T.G., Wilson, M.R., Moore, L.J., Wylie, L.J. y Vine, S.J. (2019). Examining the effect of challenge and threat states on endurance exercise capabilities. Psychology of Sport and Exercise, 44, 51-9. Asimismo, consulta la siguiente referencia para ver un debate sobre la inteligencia emocional y su relación con la base psicológica de la fatiga: Rubaltelli, E., Agnoli, S. y Leo, I. (2018). Emotional intelligence impact on half marathon finish times. Personality and Individual Differences, 128, 107-12.

217. Orvidas, K., Burnette, J.L. y Russell, V.M. (2018). Mindsets applied to fitness: Growth beliefs predict exercise efficacy, value and frequency. Psychology of Sport and Exercise, 36, 156-61.

218. Morris, J.N., Heady, J.A., Raffle, P.A.B., Roberts, C.G. y Parks, J.W. (1953). Coronary heart-disease and physical activity of work. The Lancet, 262(6796), 1111-20; Kuper, S. (2009). The man who invented exercise. Financial Times, 12 de septiembre. https://www.ft.com/content/e6ff90ea-9da2-11de-9f4a-00144feabdc0; Paffenbarger Jr, R.S., Blair, S.N. y Lee, I.M. (2001). A history of physical activity, cardiovascular health and longevity: The scientific contributions of Jeremy N. Morris, DSc, DPH, FRCP. International Journal of Epidemiology, 30(5), 1184-92.

219. Fuente: https://sites.google.com/site/compendiumofphysicalactivities/home. Consulta también: Wilson, C. (2010). The truth about exercise. New Scientist, 205(2742), 34-7.

220. Patterson, R., Webb, E., Millett, C. y Laverty, A.A. (2018). Physical activity accrued as part of public transport use in England. Journal of Public Health.

221. Crum, A.J. y Langer, E.J. (2007). Mind-set matters: Exercise and the placebo effect. Psychological Science, 18(2), 165-71.

222. Zahrt, O.H. y Crum, A.J. (2017). Perceived physical activity and mortality: Evidence from three nationally representative US samples. Health Psychology, 36(11), 1017. A similar study, looking at people's health complaints: Baceviciene, M., Jankauskiene, R. y Emeljanovas, A. (2019). Self-perception of physical activity and fitness is related to lower psychosomatic health symptoms in adolescents with unhealthy lifestyles. BMC Public Health, 19(1), 980.

223. Lindheimer, J.B., O'Connor, P.J. y Dishman, R.K. (2015). Quantifying the placebo effect in psychological outcomes of exercise training: A meta-analysis of randomized trials. Sports Medicine, 45(5), 693-711; Jones, M.D., Valenzuela, T., Booth, J., Taylor, J.L. y Barry, B.K. (2017). Explicit education about exercise-induced hypoalgesia influences pain responses to acute exercise in healthy adults: A randomized controlled trial. Journal of Pain, 18(11), 1409-16; Vaegter, H.B., Thinggaard, P., Madsen, C.H., Hasenbring, M. y Thorlund, J.B. (2020). Power of words: Influence of preexercise information on hypoalgesia after exercise-randomized controlled trial. Medicine and Science in Sports and Exercise, 52(11), 2373-9.

224. Zahrt, O.H. y Crum, A.J. (2019). Effects of physical activity recommendations on mindset, behavior and perceived health. Preventive Medicine Reports, 101027.

225. Wen, C.P., Wai, J.P.M., Tsai, M.K., Yang, Y.C., Cheng, T.Y.D., Lee, M.C., ... y Wu, X. (2011). Minimum amount of physical activity for reduced mortality and extended life expectancy: A prospective cohort study. The Lancet, 378(9798), 1244-53. Consulta también: Curfman, G. (2015). Exercise: You may need less than you think. https://www.health.harvard.edu/blog/how-much-exercise-do-you-really-need-less-than-you-think-201512088770.

226. Prichard, I., Kavanagh, E., Mulgrew, K.E., Lim, M.S. y Tiggemann, M. (2020). The effect of Instagram #fitspiration images on young women's mood, body image, and exercise behaviour. Body Image, 33, 1-6. Consulta también: Robinson, L., Prichard, I., Nikolaidis, A., Drummond, C., Drummond, M. y Tiggemann, M. (2017). Idealised media images: The effect of fitspiration imagery on body satisfaction and exercise behaviour. Body Image, 22, 65-71.

227. Phelps, M. con Abrahamson, A., Sin límites: Cómo superar los obstáculos y lograr tus sueños, 8, Temas de hoy, Madrid, 2009. Citado en: Moran, A., Campbell, M., Holmes, P., and MacIntyre, T. (2012). Mental imagery, action observation and skill learning. Skill Acquisition in Sport: Research, Theory and Practice, 94.

228. Moran, A., Campbell, M., Holmes, P. y MacIntyre, T. (2012). Mental imagery, action observation and skill learning. Skill Acquisition in Sport: Research, Theory and Practice, 94. Consulta también: Slimani, M., Tod, D., Chaabene, H., Miarka, B. y Chamari, K. (2016). Effects of mental imagery on muscular strength in healthy and patient participants: A systematic review. Journal of Sports Science and Medicine, 15(3), 434.

229. Yao, W.X., Ranganathan, V.K., Allexandre, D., Siemionow, V. y Yue, G.H. (2013). Kinesthetic imagery training of forceful muscle contractions increases brain signal and muscle strength. Frontiers in Human Neuroscience, 7, 561. Consulta la referencia siguiente para ver una comparación de entreno físico y mental y de varias combinaciones de ambos estilos de entreno: Reiser, M., Busch, D. y Munzert, J. (2011). Strength gains by motor imagery with different ratios of physical to mental practice. Frontiers in Psychology, 2, 194.

230. Aunque haya sido la perspectiva durante muchas décadas, las últimas pruebas sugieren que el tamaño de nuestros músculos y la fuerza muscular son independientes en gran medida. Loenneke, J.P., Buckner, S.L., Dankel, S.J. y Abe, T. (2019). Exercise-induced changes in muscle size do not contribute to exercise-induced changes in muscle strength. Sports medicine, 49(7), 987-91.

231. Ridderinkhof, K.R. y Brass, M. (2015). How kinesthetic motor imagery works: A predictive-processing theory of visualization in sports and motor expertise. Journal of Physiology - Paris, 109(1-3), 53-63. Consulta la referencia siguiente para ver un debate sobre su relación con el modelo psicobiológico del ejercicio: Slimani, M., Tod, D., Chaabene, H., Miarka, B. y Chamari, K. (2016). Effects of mental imagery on muscular strength in healthy and patient participants: A systematic review. Journal of Sports Science and Medicine, 15(3), 434.

232. Lebon, F., Collet, C. y Guillot, A. (2010). Benefits of motor imagery training on muscle strength. Journal of Strength and Conditioning Research, 24(6), 1680-7.

233. Clark, B.C., Mahato, N.K., Nakazawa, M., Law, T.D. y Thomas, J.S. (2014). The power of the mind: The cortex as a critical determinant of muscle strength/weakness. Journal of Neurophysiology, 112(12), 3219-26.

234. Consulta, por ejemplo: Najafabadi, M.G., Memari, A.H., Kordi, R., Shayestehfar, M. y Eshghi, M.A. (2017). Mental training can improve physical activity behavior in adolescent girls. Journal of Sport and Health Science, 6(3), 327-32; Cooke, L.M., Duncan, L.R., Deck, S.J., Hall, C.R. y Rodgers, W.M. (2020). An examination of changes in exercise identity during a mental imagery intervention for female exercise initiates. International Journal of Sport and Exercise Psychology, 18(4), 534-50; Robin, N., Toussaint, L., Coudevylle, G.R., Ruart, S., Hue, O. y Sinnapah, S. (2018). Text messages promoting mental imagery increase self-reported physical activity in older adults: A randomized controlled study. Journal of Aging and Physical Activity, 26(3), 462-70.

235. Newcomb, A. (2012). Super strength: Daughter rescues dad trapped under car. ABC News, 1 de agosto. https://abcnews.go.com/US/superhero-woman-lifts-car-off-dad/story?id=16907591#.UMay9Hfeba4. Consulta también: Hadhazy, A. (2016). How it's possible for an ordinary person to lift a car. BBC Future, 2 de mayo. https://www.bbc.com/future/article/20160501-how-its-possible-for-an-ordinary-person-to-lift-a-car.

236. Oregon man pinned under 3,000-pound tractor saved by teen daughters. Fox News, 11 de abril de 2013. https://www.foxnews.com/us/oregon-man-pinned-under-3000-pound-tractor-saved-by-teen-daughters; Septuagenarian superhero? Man lifts car off son-in-law. NPR, 22 de julio de 2013. https://www.npr.org/2013/07/22/204444515/septuagenarian-superhero-man-lifts-car-off-son-in-law.

237. Liptak, A. (2015). The Incredible Hulk was inspired by a woman saving her baby. Gizmodo, 30 de agosto. https://io9.gizmodo.com/the-incredible-hulk-was-inspired-by-a-woman-saving-her-1727562968.

238. Evans, D.R., Boggero, I.A. y Segerstrom, S.C. (2016). The nature of self-regulatory fatigue and «ego depletion»: Lessons from physical fatigue. Personality and Social Psychology Review, 20(4), 291-310.

Capítulo 6. La paradoja de la comida

239. Contenido calórico: tostada de aguacate (501 kcal); smoothie (209 kcal); ensalada de atún niçoise (455 kcal); zumo de naranja (105 kcal); pollo y espárragos a la brasa (480 kcal); barrita de cereales, frutas y frutos secos (279 kcal). Fuentes: www.bbcgoodfood.com, www.pret.co.uk.

240. Contenido calórico: cruasán (291 kcal); chocolate caliente (260 kcal); espaguetis a la puttanesca (495 kcal); macedonia (111 kcal); tarta de pescado (455 kcal); ensalada (20 kcal); mini donuts (110 kcal). Fuentes: www.pret.co.uk, www.bbcgoodfood.com, www.sainsburys.co.uk.

241. En la parte que sigue sobre la vida de Henry Molaison, estoy en deduda con Corkin, S., Permanent Present Tense, Penguin, Londres, 2014.

242. Ibidem, 210.

243. Para ver descripciones de este experimento y sus implicaciones para el rol de la memoria en el apetito, consulta Rozin, P., Dow, S., Moscovitch, M. y Rajaram, S. (1998). What causes humans to begin and end a meal? A role for memory for what has been eaten, as evidenced by a study of multiple meal eating in amnesic patients. Psychological Science, 9(5), 392-6; and Higgs, S. (2005). Memory and its role in appetite regulation. Physiology and Behavior, 85(1), 67-72.

244. Berthoud, H.R. (2008). Vagal and hormonal gut-brain communication: From satiation to satisfaction. Neurogastroenterology and Motility, 20, 64-72.

245. Desai, A.J., Dong, M., Harikumar, K.G. y Miller, L.J. (2016). Cholecystokinin-induced satiety, a key gut servomechanism that is affected by the membrane microenvironment of this receptor. International Journal of Obesity Supplements, 6(1), S22-S27.

246. Martin, A.A., Davidson, T.L. y McCrory, M.A. (2018). Deficits in episodic memory are related to uncontrolled eating in a sample of healthy adults. Appetite, 124, 33-42.

247. Higgs, S. (2002). Memory for recent eating and its influence on subsequent food intake. Appetite, 39(2), 159-66. Higgs has also found that the effect of memory depends on someone's overall level of inhibition. Consulta Higgs, S., Williamson, A.C. y Attwood, A.S. (2008). Recall of recent lunch and its effect on subsequent snack intake. Physiology and Behavior, 94(3), 454-62.

248. Brunstrom, J.M., Burn, J.F., Sell, N.R., Collingwood, J.M., Rogers, P.J., Wilkinson, L.L., ... y Ferriday, D. (2012). Episodic memory and appetite regulation in humans. PLoS One, 7(12), e50707.

249. Brown, S.D., Duncan, J., Crabtree, D., Powell, D., Hudson, M. y Allan, J.L. (2020). We are what we (think we) eat: The effect of expected satiety on subsequent calorie consumption. Appetite, 104717.

250. Higgs, S. y Woodward, M. (2009). Television watching during lunch increases afternoon snack intake of young women. Appetite, 52(1), 39-43; Higgs, S. (2015). Manipulations of attention during eating and their effects on later snack intake. Appetite, 92, 287-94. Consulta la referencia siguiente para ver una revisión de estos descubrimientos: Higgs, S. y Spetter, M.S. (2018). Cognitive control of eating: The role of memory in appetite and weight gain. Current Obesity Reports, 7(1), 50-9.

251. Brunstrom, J.M., Brown, S., Hinton, E.C., Rogers, P.J. y Fay, S.H. (2011). 'Expected satiety' changes hunger and fullness in the inter-meal interval. Appetite, 56(2), 310-15.

252. Vadiveloo, M., Morwitz, V. y Chandon, P. (2013). The interplay of health claims and taste importance on food consumption and self-reported satiety. Appetite, 71, 349-56.

253. Finkelstein, S.R. y Fishbach, A. (2010). When healthy food makes you hungry. Journal of Consumer Research, 37(3), 357-67.

254. Abizaid, A. y Horvath, T.L. (2012). Ghrelin and the central regulation of feeding and energy balance. Indian Journal of Endocrinology and Metabolism, 16 (Supl. 3), S617.

255. Crum, A.J., Corbin, W.R., Brownell, K.D. y Salovey, P. (2011). Mind over milkshakes: Mindsets, not just nutrients, determine ghrelin response. Health Psychology, 30(4), 424. Consulta la referencia siguiente para ver comentarios de iguales sobre los resultados y sus implicaciones potenciales para la gestión del peso: Tomiyama, A.J. y Mann, T. (2011). Comentario sobre Crum, Corbin, Brownell y Salovey (2011). Health Psychology, 30(4), 430-1.

256. Hablé con Alia Crum para el siguiente artículo: Robson, D. (2018). Mind over matter. New Scientist, 239(3192), 28-32.

257. Veldhuizen, M.G., Nachtigal, D.J., Flammer, L.J., de Araujo, I.E. y Small, D.M. (2013). Verbal descriptors influence hypothalamic response to low-calorie drinks. Molecular Metabolism, 2(3), 270-80.

258. Cassady, B.A., Considine, R.V. y Mattes, R.D. (2012). Beverage consumption, appetite, and energy intake: What did you expect? American Journal of Clinical Nutrition, 95(3), 587-93.

259. Yeomans, M.R., Re, R., Wickham, M., Lundholm, H. y Chambers, L. (2016). Beyond expectations: The physiological basis of sensory enhancement of satiety. International Journal of Obesity, 40(11), 1693-8; Zhu, Y., Hsu, W.H. y Hollis, J.H. (2013). The impact of food viscosity on eating rate, subjective appetite, glycemic response and gastric emptying rate. PloS One, 8(6), e67482.

260. Hallberg, L., Bjorn-Rasmussen, E., Rossander, L. y Suwanik, R. (1977). Iron absorption from Southeast Asian diets. II. Role of various factors that might explain low absorption. American Journal of Clinical Nutrition, 30(4), 539-48.

261. Bjorn-Rasmussen, E., Hallberg, L., Magnusson, B., Rossander, L., Svanberg, B. y Arvidsson, B. (1976). Measurement of iron absorption from composite meals. American Journal of Clinical Nutrition, 29(7), 772-8; Hallberg, L., Bjorn-Rasmussen, E., Rossander, L. y Suwanik, R. (1977). Iron absorption from Southeast Asian diets. II. Role of various factors that might explain low absorption. American Journal of Clinical Nutrition, 30(4), 539-48. For a more recent analysis of these results, see: Satter, E. (2007). Eating competence: Definition and evidence for the Satter Eating Competence model. Journal of Nutrition Education and Behavior, 39(5), S142-S153.

262. Todes, D.P. (2014). Ivan Pavlov in 22 surprising facts. https://blog.oup. com/2014/11/ivan-pavlov-surprising-facts.

263. Jonas, W.B., Crawford, C., Colloca, L., Kaptchuk, T.J., Moseley, B., Miller, F.G., ... y Meissner, K. (2015). To what extent are surgery and invasive procedures effective beyond a placebo response? A systematic review with meta-analysis of randomised, sham-controlled trials. BMJ Open, 5(12),e009655.

264. https://www.who.int/news-room/fact-sheets/detail/obesity-and-overweight.

265. Carels, R.A., Harper, J. y Konrad, K. (2006). Qualitative perceptions and caloric estimations of healthy and unhealthy foods by behavioral weight-loss participants. Appetite, 46(2), 199-206.

266. Suher, J., Raghunathan, R. y Hoyer, W.D. (2016). Eating healthy or feeling empty? How the 'healthy = less filling' intuition influences satiety. Journal of the Association for Consumer Research, 1(1), 26-40.

267. Briers, B., Huh, Y.E., Chan, E. y Mukhopadhyay, A. (2020). The unhealthy = tasty belief is associated with BMI through reduced consumption of vegetables: a cross-national and mediational analysis. Appetite, 150, 104639. Consulta también: Cooremans, K., Geuens, M. y Pandelaere, M. (2017). Cross-national investigation of the drivers of obesity: Re-assessment of past findings and avenues for the future. Appetite, 114, 360-7.

268. Raghunathan, R., Naylor, R.W. y Hoyer, W.D. (2006). The unhealthy = tasty intuition and its effects on taste inferences, enjoyment, and choice of food products. Journal of Marketing, 70(4), 170-84.

269. Turnwald, B.P., Jurafsky, D., Conner, A. y Crum, A.J. (2017). Reading between the menu lines: Are restaurants' descriptions of 'healthy' foods unappealing? Health Psychology, 36(11), 1034.

270. Turnwald, B.P., Boles, D.Z. y Crum, A.J. (2017). Association between indulgent descriptions and vegetable consumption: Twisted carrots and dynamite beets. JAMA Internal Medicine, 177(8), 1216-18; Turnwald, B.P., Bertoldo, J.D., Perry, M.A., Policastro, P., Timmons, M., Bosso, C., ...y Gardner, C.D. (2019). Increasing vegetable intake by emphasizing tasty and enjoyable attributes: A randomized controlled multisite intervention for taste-focused labeling. Psychological Science, 30(11), 1603-15.

271. Fay, S.H., Hinton, E.C., Rogers, P.J. y Brunstrom, J.M. (2011). Product labelling can confer sustained increases in expected and actual satiety. Appetite, 57(2), 557.

272. Cheon, B.K. y Hong, Y.Y. (2017). Mere experience of low subjective socioeconomic status stimulates appetite and food intake. Proceedings of the National Academy of Sciences, 114(1), 72-7.

273. Sim, A.Y., Lim, E.X., Leow, M.K. y Cheon, B.K. (2018). Low subjective socioeconomic status stimulates orexigenic hormone ghrelin: A randomised trial. Psychoneuroendocrinology, 89, 103-12.

274. Brunstrom, J.M., Brown, S., Hinton, E.C., Rogers, P.J. y Fay, S.H. (2011). 'Expected satiety' changes hunger and fullness in the inter-meal interval. Appetite, 56(2), 310-15.

275. https://www.health.harvard.edu/staying-healthy/the-hidden-dangers-of-protein-powders.

276. Mandel, N. y Brannon, D. (2017). Sugar, perceived healthfulness, and satiety: When does a sugary preload lead people to eat more? Appetite, 114, 338-49.

277. Yeomans, M.R. (2015). Cued satiety: How consumer expectations modify responses to ingested nutrients. Nutrition Bulletin, 40(2), 100-3.

278. Kuijer, R.G. y Boyce, J.A. (2014). Chocolate cake. Guilt or celebration? Associations with healthy eating attitudes, perceived behavioural control, intentions and weight loss. Appetite, 74, 48-54.

279. Cornil, Y. y Chandon, P. (2016). Pleasure as a substitute for size: How multisensory imagery can make people happier with smaller food portions. Journal of Marketing Research, 53(5), 847-64. El siguiente trabajo descubrió un efecto similar con los textos de comida: cuanto más rica era la descripción de un pastel, menos cantidad querían comer las personas y más satisfechas se sentían después de comerlo: Policastro, P., Harris, C. y Chapman, G. (2019). Tasting with your eyes: Sensory description substitutes for portion size. Appetite, 139, 42-9.

280. Morewedge, C.K., Huh, Y.E. y Vosgerau, J. (2010). Thought for food: Imagined consumption reduces actual consumption. Science, 330(6010), 1530-3.

281. Hay pruebas incluso de que la anticipación de la comida puede alterar la supresión de la grelina después de comer: Ott, V., Friedrich, M., Zemlin, J., Lehnert, H., Schultes, B., Born, J. y Hallschmid, M. (2012). Meal anticipation potentiates postprandial ghrelin suppression in humans. Psychoneuroendocrinology, 37(7), 1096-1100.

282. Bosworth, M.L., Ferriday, D., Lai, S.H.S., Godinot, N., Martin, N., Martin, A.A., ... y Brunstrom, J.M. (2016). Eating slowly increases satiety and promotes memory of a larger portion size during the inter-meal interval. Appetite, 100(101), 225.

283. Raghunathan, R., Naylor, R.W. y Hoyer, W.D. (2006). The unhealthy = tasty intuition and its effects on taste inferences, enjoyment and choice of food products. Journal of Marketing, 70(4), 170-84.

284. Briers, B., Huh, Y.E., Chan, E. y Mukhopadhyay, A. (2020). The unhealthy = tasty belief is associated with BMI through reduced consumption of vegetables: A cross-national and mediational analysis. Appetite, 150, 104639.

285. Werle, C.O., Trendel, O. y Ardito, G. (2013). Unhealthy food is not tastier for everybody: The 'healthy = tasty' French intuition. Food Quality and Preference, 28(1), 116-21.

286. Rozin, P., Kabnick, K., Pete, E., Fischler, C. y Shields, C. (2003). The ecology of eating: Smaller portion sizes in France than in the United States help explain the French paradox. Psychological Science, 14(5), 450-4.

287. Organización Mundial de la Salud (2014). Global Status Report on Noncommunicable Diseases 2014.

288. Rozin, P., Fischler, C., Imada, S., Sarubin, A. y Wrzesniewski, A. (1999). Attitudes to food and the role of food in life in the USA, Japan, Flemish Belgium and France: Possible implications for the diet-health debate. Appetite, 33(2), 163-80.

Capítulo 7. Cómo hacer que el estrés no nos estrese

289. Increase of heart-disease. British Medical Journal 1(586) (1872), 317.

290. Theodore Seward starts 'Don't Worry' clubs. The Gazette (York, PA), 17 de enero de 1898, 3; Don't Worry circles, New York Times, 19 de diciembre de 1897, 7.

291. Seward, T. (1898). The Don't Worry Movement: A Wave of Spiritual Emancipation (self-published).

292. James, W., Las variedades de la experiencia religiosa, 94, Península, Barcelona, 2002.

293. James, W., Pragmatism, and Other Essays, 237, Washington Square Press, Nueva York, 1983.

294. Wallis, C., Mehrtens, R. y Thompson, D. (1983). Stress: Can we cope? Time, 121(23), 48-54.

295. https://www.merriam-webster.com/dictionary/stressed-out.

296. https://www.health.harvard.edu/staying-healthy/understanding-the-stress-response.
Consulta también: Burrows, V.L. (2015). The medicalization of stress: Hans Selye and the transformation of the postwar medical marketplace. Tesis de doctorado no publicada, City University of New York. https://academicworks.cuny.edu/gc_etds/877.

297. Los párrafos anteriores se basan en: Jackson, M. (2014). Stress, Shock, and Adaptation in the Twentieth Century, esp. cap. 1. Rochester, NY: University of Rochester Press; Burrows, V.L. (2015). The medicalization of stress: Hans Selye and the transformation of the postwar medical marketplace. Tesis de doctorado no publicada, City University of New York. Consulta la referencia siguiente para una descripción moderna de los cambios fisiológicos y mentales causados por la amenaza: Mendes, W.B. y Park, J. (2014). Neurobiological concomitants of motivational states. Advances in Motivation Science 1, 233-70.

298. Jamieson, J.P., Peters, B.J., Greenwood, E.J. y Altose, A.J. (2016). Reappraising stress arousal improves performance and reduces evaluation anxiety in classroom exam situations. Social Psychological and Personality Science, 7(6), 579-87.

299. Jamieson, J.P., Mendes, W.B., Blackstock, E. y Schmader, T. (2010). Turning the knots in your stomach into bows: Reappraising arousal improves performance on the GRE. Journal of Experimental Social Psychology, 46(1), 208-12.

300. Jamieson, J.P., Nock, M.K. y Mendes, W.B. (2012). Mind over matter: Reappraising arousal improves cardiovascular and cognitive responses to stress. Journal of Experimental Psychology: General, 141(3), 417. Interpretación adicional (además de información sobre la recuperación): Jamieson, J.P., Mendes, W.B. y Nock, M.K. (2013). Improving acute stress responses: The power of reappraisal. Current Directions in Psychological Science, 22(1), 51-6. Consulta también: Mendes, W.B. y Park, J. (2014). Neurobiological concomitants of motivational states. Advances in Motivation Science, 1, 233-70; Trotman, G.P., Williams, S.E., Quinton, M.L. y van Zanten, J.J.V. (2018). Challenge and threat states: Examining cardiovascular, cognitive and affective responses to two distinct laboratory stress tasks. International Journal of Psychophysiology, 126, 42-51.

301. Consulta la referencia siguiente para un análisis detallado de evaluaciones de estrés, respuestas cardiovasculares y la conexión con el rendimiento: Behnke, M. y Kaczmarek, L.D. (2018). Successful performance and cardiovascular markers of challenge and threat: A meta-analysis. International Journal of Psychophysiology, 130, 73-7.

302. Crum, A.J., Salovey, P. y Achor, S. (2013). Rethinking stress: The role of mindsets in determining the stress response. Journal of Personality and Social Psychology, 104(4), 716.

303. Crum, A.J., Akinola, M., Martin, A. y Fath, S. (2017). The role of stress mindset in shaping cognitive, emotional, and physiological responses to challenging and threatening stress. Anxiety, Stress, and Coping, 30(4), 379-95; John-Henderson, N.A., Rheinschmidt, M.L. y Mendoza-Denton, R. (2015). Cytokine responses and math performance: The role of stereotype threat and anxiety reappraisals. Journal of Experimental Social Psychology, 56, 203-6.

304. Consulta la referencia siguiente para ver una descripción general de las diferencias entre los estados de «amenaza» y «reto»: Blascovich, J. y Mendes, W.B. (2010). Social psychophysiology and embodiment. En S.T. Fiske, D.T. Gilbert y G. Lindzey (eds), The Handbook of Social Psychology, 5ª edición, 194-227, Wiley, Nueva York.

305. Crum, A.J., Akinola, M., Martin, A. y Fath, S. (2017). The role of stress mindset in shaping cognitive, emotional, and physiological responses to challenging and threatening stress. Anxiety, Stress, and Coping, 30(4), 379-95.

306. Akinola, M., Fridman, I., Mor, S., Morris, M.W. y Crum, A.J. (2016). Adaptive appraisals of anxiety moderate the association between cortisol reactivity and performance in salary negotiations. PLOS One, 11(12), e0167977.

307. Smith, E.N., Young, M.D. y Crum, A.J. (2020). Stress, mindsets, and success in Navy SEALs special warfare training. Frontiers in Psychology, 10, 2962.

308. Beltzer, M.L., Nock, M.K., Peters, B.J. y Jamieson, J.P. (2014). Rethinking butterflies: The affective, physiological, and performance effects of reappraising arousal during social evaluation. Emotion, 14(4), 761.

309. Strack, J., Lopes, P.N. y Esteves, F. (2015). Will you thrive under pressure or burn out? Linking anxiety motivation and emotional exhaustion. Cognition and Emotion, 29(4), 578-91. Para ver más ejemplos, consulta: Kim, J., Shin, Y., Tsukayama, E. y Park, D. (2020). Stress mindset predicts job turnover among preschool teachers. Journal of School Psychology, 78, 13-22; Keech, J.J., Cole, K.L., Hagger, M.S. y Hamilton, K. (2020). The association between stress mindset and physical and psychological wellbeing: Testing a stress beliefs model in police officers. Psychology and Health, 35(11), 1306-25; Casper, A., Sonnentag, S. y Tremmel, S. (2017). Mindset matters: The role of employees' stress mindset for day-specific reactions to workload anticipation. European Journal of Work and Organizational Psychology, 26(6), 798-810.

310. Keller, A., Litzelman, K., Wisk, L.E., Maddox, T., Cheng, E.R., Creswell, P.D. y Witt, W.P. (2012). Does the perception that stress affects health matter? The association with health and mortality. Health Psychology, 31(5), 677. Consulta la referencia siguiente para ver una réplica casi exacta de este resultado: Nabi, H., Kivimaki, M., Batty, G.D., Shipley, M.J., Britton, A., Brunner, E.J., ... y Singh-Manoux, A. (2013). Increased risk of coronary heart disease among individuals reporting adverse impact of stress on their health: The Whitehall II prospective cohort study. European Heart Journal, 34(34), 2697-705.

311. Szabo, A. y Kocsis, A. (2017). Psychological effects of deep-breathing: The impact of expectancy-priming. Psychology, Health and Medicine, 22(5), 564-9; Cregg, D.R. y Cheavens, J.S. (2020). Gratitude interventions: Effective self-help?

A meta-analysis of the impact on symptoms of depression and anxiety. Journal of Happiness Studies, 1-33.

312. Brady, S.T., Hard, B.M. y Gross, J.J. (2018). Reappraising test anxiety increases academic performance of first-year college students. Journal of Educational Psychology, 110(3), 395.

313. Los consejos de este apartado se basan en el siguiente trabajo: Keech, J.J., Hagger, M.S. y Hamilton, K. (2019). Changing stress mindsets with a novel imagery intervention: A randomized controlled trial. Emotion. 21(1), 123-136. Consulta también estos recursos: http://socialstresslab.wixsite.com/urochester/research; https://mbl.stanford.edu/interventions/rethink-stress.

314. Jentsch, V.L. y Wolf, O.T. (2020). The impact of emotion regulation on cardiovascular, neuroendocrine and psychological stress responses. Biological Psychology, 107893.

315. King, B.J., Pressure is Privilege, 102-3, LifeTime, Nueva York, 2008.

316. Entrevisté a Mauss para el artículo siguiente: Robson, D. (2018). Why the quickest route to happiness may be to do nothing. BBC Future, 18 de diciembre. https://www.bbc.com/future/article/20181218-whats-the-quickest-way-to-happiness-do-nothing.

317. Mauss, I.B., Tamir, M., Anderson, C.L. y Savino, N.S. (2011). Can seeking happiness make people unhappy? Paradoxical effects of valuing happiness. Emotion, 11(4), 807. Para una revisión de investigación adicional, consulta: Gruber, J., Mauss, I.B. y Tamir, M. (2011), A dark side of happiness? How, when, and why happiness is not always good. Perspectives on Psychological Science, 6(3), 222-33.

318. McGuirk, L., Kuppens, P., Kingston, R. y Bastian, B. (2018). Does a culture of happiness increase rumination over failure? Emotion, 18(5), 755.

319. Ford, B.Q., Lam, P., John, O.P. y Mauss, I.B. (2018). The psychological health benefits of accepting negative emotions and thoughts: Laboratory, diary, and longitudinal evidence. Journal of Personality and Social Psychology, 115(6), 1075. Consulta también: Shallcross, A.J., Troy, A.S., Boland, M. y Mauss, I.B. (2010). Let it be: Accepting negative emotional experiences predicts decreased negative affect and depressive symptoms. Behaviour Research and Therapy, 48, 921-9.

320. Luong, G., Wrzus, C., Wagner, G.G. y Riediger, M. (2016). When bad moods may not be so bad: Valuing negative affect is associated with weakened affect-health links. Emotion, 16(3), 387-401.

321. Tamir, M. y Bigman, Y.E. (2018). Expectations influence how emotions shape behavior. Emotion, 18(1), 15. Consulta también: Tamir, M. y Ford, B.Q. (2012). When feeling bad is expected to be good: Emotion regulation and outcome expectancies in social conflicts. Emotion, 12(4), 807.

322. Ford, B.Q. y Tamir, M. (2012). When getting angry is smart: Emotional preferences and emotional intelligence. Emotion, 12(4), 685; Axt, J. y Oishi, S. (2016). When unfair treatment helps performance. Motivation and Emotion, 40(2), 243-57.

323. Thakral, M., Von Korff, M., McCurry, S.M., Morin, C.M. y Vitiello, M.V.

(2020). Changes in dysfunctional beliefs about sleep after cognitive behavioral therapy for insomnia: A systematic literature review and meta-analysis. Sleep Medicine Reviews, 49, 101230. Consulta también: Courtauld, H., Notebaert, L., Milkins, B., Kyle, S.D. y Clarke, P.J. (2017). Individuals with clinically significant insomnia symptoms are characterised by a negative sleep-related expectancy bias: Results from a cognitive-experimental assessment. Behaviour Research and Therapy, 95, 71-8.

324. Lichstein, K.L. (2017). Insomnia identity. Behaviour Research and Therapy, 97, 230-41. Consulta también: Woosley, J.A., Lichstein, K.L., Taylor, D.J., Riedel, B.W. y Bush, A.J. (2016). Insomnia complaint versus sleep diary parameters: Predictions of suicidal ideation. Suicide and Life-Threatening Behavior, 46(1), 88-95.

325. Draganich, C. y Erdal, K. (2014). Placebo sleep affects cognitive functioning. Journal of Experimental Psychology: Learning, Memory, and Cognition, 40(3), 857; Gavriloff, D., Sheaves, B., Juss, A., Espie, C.A., Miller, C.B. y Kyle, S.D. (2018). Sham sleep feedback delivered via actigraphy biases daytime symptom reports in people with insomnia: Implications for insomnia disorder and wearable devices. Journal of Sleep Research, 27(6), e12726. Consulta también: Rahman, S.A., Rood, D., Trent, N., Solet, J., Langer, E.J. y Lockley, S.W. (2020). Manipulating sleep duration perception changes cognitive performance - an exploratory analysis. Journal of Psychosomatic Research, 132, 109992.

326. Comunicación personal con Kenneth Lichstein, Universidad de Alabama, 26 de abril de 2018.

327. https://www.cdc.gov/mmwr/volumes/68/wr/mm6849a5.htm.

328. Espie, C.A., Broomfield, N.M., MacMahon, K.M., Macphee, L.M. y Taylor, L.M. (2006). The attention-intention-effort pathway in the development of psychophysiologic insomnia: A theoretical review. Sleep Medicine Reviews, 10(4), 215-45.

329. Thakral, M., Von Korff, M., McCurry, S.M., Morin, C.M. y Vitiello, M.V. (2020). Changes in dysfunctional beliefs about sleep after cognitive behavioral therapy for insomnia: A systematic literature review and meta-analysis. Sleep Medicine Reviews, 49, 101230. Consulta también: Eidelman, P., Talbot, L., Ivers, H., Belanger, L., Morin, C.M. y Harvey, A.G. (2016). Change in dysfunctional beliefs about sleep in behavior therapy, cognitive therapy, and cognitive-behavioral therapy for insomnia. Behavior Therapy, 47(1), 102-15.

330. Selye, H. (1979). The Stress of My Life: A Scientist's Memoirs, 117. New York: Van Nostrand Reinhold. Para más información sobre la invención de Selye del término «eustress» (eustrés), consulta: Szabo, S., Tache, Y. y Somogyi, A. (2012). The legacy of Hans Selye and the origins of stress research: A retrospective 75 years after his landmark brief 'letter' to the editor of Nature. Stress, 15(5), 472-8.

Capítulo 8. La fuerza de voluntad ilimitada

331. Lewis, M. (2012). Obama's way. Vanity Fair, 11 de septiembre. https://www.vanityfair.com/news/2012/10/michael-lewis-profile-barack-obama.

332. Elkins, K. (2017). Billionaires Mark Zuckerberg and John Paul DeJoria use a simple wardrobe trick to boost productivity. CNBC, 5 de enero. https://www.cnbc.com/2017/01/05/mark-zuckerberg-and-john-paul-dejorias-simple-wardrobe-trick.html.

333. De Vita, E. (2015). Creative thinking: Why a morning routine helps conserve your brainpower. Financial Times, 22 de febrero. https://www.ft.com/content/3d07fcea-b37b-11e4-9449-00144feab7de.

334. Baumeister, R.F., Bratslavsky, E., Muraven, M. y Tice, D.M. (1998). Ego depletion: Is the active self a limited resource? Journal of Personality and Social Psychology, 74(5), 1252.

335. Ibidem.

336. Inzlicht, M., Berkman, E. y Elkins-Brown, N. (2016). The neuroscience of 'ego depletion'. Social Neuroscience: Biological Approaches to Social Psychology, 101-23.

337. Baumeister, R.F., Bratslavsky, E., Muraven, M. y Tice, D.M. (1998). Ego depletion: Is the active self a limited resource? Journal of Personality and Social Psychology, 74(5), 1252.

338. Schmeichel, B.J., Vohs, K.D. y Baumeister, R.F. (2003). Intellectual performance and ego depletion: Role of the self in logical reasoning and other information processing. Journal of Personality and Social Psychology, 85(1), 33; Schmeichel, B.J. (2007). Attention control, memory updating, and emotion regulation temporarily reduce the capacity for executive control. Journal of Experimental Psychology: General, 136(2), 241.

339. Vohs, K.D., Baumeister, R.F., Schmeichel, B.J., Twenge, J.M., Nelson, N.M. y Tice, D.M. (2014). Making choices impairs subsequent self-control:A limited-resource account of decision making, self-regulation, and active initiative. Motivation Science, 1(S), 19-42.

340. Vohs, K.D. y Faber, R.J. (2007). Spent resources: Self-regulatory resource availability affects impulse buying. Journal of Consumer Research, 33(4), 537-47.

341. Baumeister, R.F. (2012). Self-control: The moral muscle. The Psychologist, 25(2), 112-15. https://thepsychologist.bps.org.uk/volume-25/edition-2/self-control-%E2%80%93-moral-muscle.

342. Hofmann, W., Vohs, K.D. y Baumeister, R.F. (2012). What people desire, feel conflicted about, and try to resist in everyday life. Psychological Science, 23(6), 582-8.

343. Baumeister, R.F. y Vohs, K.D. (2016). Strength model of self-regulation as limited resource: Assessment, controversies, update. Advances in Experimental Social Psychology 54, 67-127.

344. Parker, I. (2014). Inheritance. New Yorker, 2 de junio. https://www.newyorker.

com/magazine/2014/06/02/inheritance.

345. Sheppes, G., Catran, E. y Meiran, N. (2009). Reappraisal (but not distraction) is going to make you sweat: Physiological evidence for self-control effort. International Journal of Psychophysiology, 71(2), 91-6; Wagstaff, C.R. (2014). Emotion regulation and sport performance. Journal of Sport and Exercise Psychology, 36(4), 401-12.

346. Para ver una descripción de estas tomografías por emisión de positrones y la propia investigación de Baumeister en esta área, consulta: Baumeister, R.F. y Vohs, K.D. (2016). Strength model of self-regulation as limited resource: Assessment, controversies, update. Advances in Experimental Social Psychology 54, 67-127.

347. Gailliot, M.T., Baumeister, R.F., DeWall, C.N., Maner, J.K., Plant, E.A., Tice, D.M., ... y Schmeichel, B.J. (2007). Self-control relies on glucose as a limited energy source: Willpower is more than a metaphor. Journal of Personality and Social Psychology, 92(2), 325.

348. Baumeister, R.F. y Vohs, K.D. (2016). Strength model of self-regulation as limited resource: Assessment, controversies, update. Advances in Experimental Social Psychology 54, 67-127.

349. Para estudios recientes a gran escala que confirmen la existencia del agotamiento del ego, consulta: Dang, J., Liu, Y., Liu, X. y Mao, L. (2017). The ego could be depleted, providing initial exertion is depleting: A preregistered experiment of the ego depletion effect. Social Psychology, 48(4), 242-5; Garrison, K.E., Finley, A.J. y Schmeichel, B.J. (2019). Ego depletion reduces attention control: Evidence from two high-powered preregistered experiments. Personality and Social Psychology Bulletin, 45(5), 728-39; Dang, J., Barker, P., Baumert, A., Bentvelzen, M., Berkman, E., Buchholz, N., ... y Zinkernagel, A. (2021). A multilab replication of the ego depletion effect. Social Psychological and Personality Science, 12(1), 14-24.

350. Martijn, C., Tenbult, P., Merckelbach, H., Dreezens, E. y de Vries, N.K. (2002). Getting a grip on ourselves: Challenging expectancies about loss of energy after self-control. Social Cognition, 20(6), 441-60. Consulta también: Clarkson, J.J., Hirt, E.R., Jia, L. y Alexander, M.B. (2010). When perception is more than reality: The effects of perceived versus actual resource depletion on self-regulatory behavior. Journal of Personality and Social Psychology, 98(1), 29. Esta es una referencia de una revisión de estudios similares: Klinger, J.A., Scholer, A.A., Hui, C.M. y Molden, D.C. (2018). Effortful experiences of self-control foster lay theories that self-control is limited. Journal of Experimental Social Psychology, 78, 1-13.

351. Job, V., Dweck, C.S. y Walton, G.M. (2010). Ego depletion: Is it all in your head? Implicit theories about willpower affect self-regulation. Psychological Science, 21(11), 1686-93. Consulta también: Miller, E.M., Walton, G.M., Dweck, C.S., Job, V., Trzesniewski, K.H. y McClure, S.M. (2012). Theories of willpower affect sustained learning. PLoS One, 7(6), e38680; Chow, J.T., Hui, C.M. y Lau, S. (2015). A depleted mind feels inefficacious: Ego-depletion reduces self-efficacy to exert further self-control. European Journal of Social Psychology, 45(6), 754-68.

352. Bernecker, K. y Job, V. (2015). Beliefs about willpower moderate the effect of previous day demands on next day's expectations and effective goal striving. Frontiers in Psychology, 6, 1496.

353. Consulta el estudio longitudinal en: Job, V., Dweck, C.S. y Walton, G.M. (2010). Ego depletion: Is it all in your head? Implicit theories about willpower affect self-regulation. Psychological Science, 21(11), 1686-93. Consulta también: Job, V., Walton, G.M., Bernecker, K. y Dweck, C.S. (2015). Implicit theories about willpower predict self-regulation and grades in everyday life. Journal of Personality and Social Psychology, 108(4), 637; Bernecker, K., Herrmann, M., Brandstatter, V. y Job, V. (2017). Implicit theories about willpower predict subjective well-being. Journal of Personality, 85(2), 136-50.

354. Bernecker, K. y Job, V. (2015). Beliefs about willpower are related to therapy adherence and psychological adjustment in patients with type 2 diabetes. Basic and Applied Social Psychology, 37(3), 188-95. Para una revisión de estos descubrimientos, consulta también: Job, V., Sieber, V., Rothermund, K. y Nikitin, J. (2018). Age differences in implicit theories about willpower: Why older people endorse a nonlimited theory. Psychology and Aging, 33(6), 940.

355. Se puede encontrar una descripción completa de estos experimentos, junto a hipótesis sobre los orígenes culturales de estas mentalidades y los efectos de la educación en: Savani, K. y Job, V. (2017). Reverse ego-depletion: Acts of self-control can improve subsequent performance in Indian cultural contexts. Journal of Personality and Social Psychology, 113(4), 589.

356. Las pruebas científicas dan apoyo a la idea de que la trataka puede mejorar la concentración, potencialmente a través del efecto de las expectativas que Job y Savani han descrito. Consulta: Raghavendra, B.R. y Singh, P. (2016). Immediate effect of yogic visual concentration on cognitive performance. Journal of Traditional and Complementary Medicine, 6(1), 34-6.

357. Se pueden encontrar descripciones de la teoría de la conservación del agotamiento del ego y las pruebas en Baumeister, R.F. y Vohs, K.D. (2016). Strength model of self-regulation as limited resource: Assessment, controversies, update. Advances in Experimental Social Psychology, 54, 67-127.

358. Job, V., Walton, G.M., Bernecker, K. y Dweck, C.S. (2013). Beliefs about willpower determine the impact of glucose on self-control. Proceedings of the National Academy of Sciences, 110(37), 14837-42.

359. Madzharov, A., Ye, N., Morrin, M. y Block, L. (2018). The impact of coffee-like scent on expectations and performance. Journal of Environmental Psychology, 57, 83-6; Denson, T.F., Jacobson, M., Von Hippel, W., Kemp, R.I. y Mak, T. (2012). Caffeine expectancies but not caffeine reduce depletion-induced aggression. Psychology of Addictive Behaviors, 26(1), 140; Cropsey, K.L., Schiavon, S., Hendricks, P.S., Froelich, M., Lentowicz, I. y Fargason, R. (2017). Mixed-amphetamine salts expectancies among college students: Is stimulant induced cognitive enhancement a placebo effect? Drug and Alcohol Dependence, 178, 302-9.

360. Leach, S. (2019). How the hell has Danielle Steel managed to write 179 books? Glamour, 9 de mayo. https://www.glamour.com/story/danielle-steel-books-interview; Jordan, T. (2018). Danielle Steel: 'I know an idea is right for me when it just clicks'. New York Times, 2 de febrero. https://www.nytimes. com/2018/02/02/books/review/danielle-steel-fall-from-grace-best-seller.html.

361. Burkeman, O. (2019). Danielle Steel works 20 hours a day, but is that to be envied? Guardian, 31 de mayo. https://www.theguardian.com/money/oliver-burkeman-column/2019/may/31/danielle-steel-work-20-hour-day.

362. Konze, A.K., Rivkin, W. y Schmidt, K.H. (2019). Can faith move mountains? How implicit theories about willpower moderate the adverse effect of daily emotional dissonance on ego-depletion at work and its spillover to the home-domain. European Journal of Work and Organizational Psychology, 28(2), 37-149. Consulta también el trabajo siguiente para ver un ejemplo de formas en las que el agotamiento del ego puede destruir nuestro tiempo libre: Reinecke, L., Hartmann, T. y Eden, A. (2014). The guilty couch potato: The role of ego depletion in reducing recovery through media use. Journal of Communication, 64(4), 569-89.

363. Bernecker, K. y Job, V. (2020). Too exhausted to go to bed: Implicit theories about willpower and stress predict bedtime procrastination. British Journal of Psychology, 111(1), 126-47.

364. Consulta el experimento 4 en Savani, K. y Job, V. (2017). Reverse ego-depletion: Acts of self-control can improve subsequent performance in Indian cultural contexts. Journal of Personality and Social Psychology, 113(4), 589.

365. Sieber, V., Fluckiger, L., Mata, J., Bernecker, K. y Job, V. (2019). Autonomous goal striving promotes a nonlimited theory about willpower. Personality and Social Psychology Bulletin, 45(8), 1295-1307.

366. Klinger, J.A., Scholer, A.A., Hui, C.M. y Molden, D.C. (2018). Effortful experiences of self-control foster lay theories that self-control is limited. Journal of Experimental Social Psychology, 78, 1-13.

367. Haimovitz, K., Dweck, C.S. y Walton, G.M. (2020). Preschoolers find ways to resist temptation after learning that willpower can be energizing. Developmental Science, 23(3), e12905.

368. Sobre el ritual de Williams: Serena Williams sings Flashdance theme to keep her calm on court. Sky News, 12 de julio de 2015. https://www.skysports.com/tennis/news/32498/9910795/serena-williams-sings-flashdance-theme-to-keep-her-calm-on-court. Sobre Dr Seuss y Beethoven: Weinstein, E. (2018). Ten superstitions of writers and artists. Paris Review, 13 April. https://www.theparisreview.org/blog/2018/04/13/ten-superstitions-of-writers-and-artists.
 Sobre Williams, Farrell y Beyoncé: Brooks, A.W., Schroeder, J., Risen, J.L., Gino, F., Galinsky, A.D., Norton, M.I. y Schweitzer, M.E. (2016). Don't stop believing: Rituals improve performance by decreasing anxiety. Organizational Behavior and Human Decision Processes, 137, 71-85. Consulta también: Hobson, N.M., Schroeder, J., Risen, J.L., Xygalatas, D. y Inzlicht, M. (2018). The psychology of rituals: An integrative review and process-based framework. Personality and Social Psychology Review, 22(3), 260-84.

369. Lonsdale, C. y Tam, J.T. (2008). On the temporal and behavioural consistency of pre-performance routines: An intra-individual analysis of elite basketball players' free throw shooting accuracy. Journal of Sports Sciences, 26(3), 259-66.

370. Damisch, L., Stoberock, B. y Mussweiler, T. (2010). Keep your fingers crossed! How superstition improves performance. Psychological Science, 21(7), 1014-20.

371. Friese, M., Schweizer, L., Arnoux, A., Sutter, F. y Wanke, M. (2014). Personal prayer counteracts self-control depletion. Consciousness and Cognition, 29, 90-5.

372. Rounding, K., Lee, A., Jacobson, J.A. y Ji, L.J. (2012). Religion replenishes self-control. Psychological science, 23(6), 635-42.

373. Brooks, A.W., Schroeder, J., Risen, J.L., Gino, F., Galinsky, A.D., Norton, M.I. y Schweitzer, M.E. (2016). Don't stop believing: Rituals improve performance by decreasing anxiety. Organizational Behavior and Human Decision Processes, 137, 71-85.

374. Tian, A.D., Schroeder, J., Haubl, G., Risen, J.L., Norton, M.I. y Gino, F. (2018). Enacting rituals to improve self-control. Journal of Personality and Social Psychology, 114(6), 851.

Capítulo 9. Un genio desaprovechado

375. En la literatura científica, la escuela se conoce como Oak School, pero un artículo de la revista Discover reveló la ubicación verdadera: Ellison, K. (2015). Being honest about the Pygmalion effect. Discover, 29 de octubre. https://www.discovermagazine.com/mind/being-honest-about-the-pygmalion-effect.

376. Rosenthal, R. y Jacobson, L., Pygmalión en la escuela: Expectativas del maestro y desarrollo intelectual del alumno, 85-93, Marova, Madrid, 1980.

377. Rosenthal, R. y Jacobson, L. (1966). Teachers' expectancies: Determinants of pupils' IQ gains. Psychological Reports, 19(1), 115-18.

378. Consulta, por ejemplo: Rudebeck, S.R., Bor, D., Ormond, A., O'Reilly, J.X. y Lee, A.C. (2012). A potential spatial working memory training task to improve both episodic memory and fluid intelligence. PLoS One, 7(11), e50431.

379. Boot, W.R., Simons, D.J., Stothart, C. y Stutts, C. (2013). The pervasive problem with placebos in psychology: Why active control groups are not sufficient to rule out placebo effects. Perspectives on Psychological Science, 8(4), 445-54.

380. Foroughi, C.K., Monfort, S.S., Paczynski, M., McKnight, P.E. y Greenwood, P.M. (2016). Placebo effects in cognitive training. Proceedings of the National Academy of Sciences, 113(27), 7470-4.

381. Consulta también: Jaeggi, S.M., Buschkuehl, M., Shah, P. y Jonides, J. (2014). The role of individual differences in cognitive training and transfer. Memory and Cognition, 42(3), 464-80; Miller, E.M., Walton, G.M., Dweck, C.S., Job, V., Trzesniewski, K.H. y McClure, S.M. (2012). Theories of willpower affect sustained learning. PLoS One, 7(6), e38680.

382. Turi, Z., Bjorkedal, E., Gunkel, L., Antal, A., Paulus, W. y Mittner, M. (2018). Evidence for cognitive placebo and nocebo effects in healthy individuals. Scientific Reports, 8(1), 1-14; Fassi, L. y Kadosh, R.C. (2020). Is it all in our head? When subjective beliefs about receiving an intervention are better predictors of experimental results than the intervention itself. bioRxiv. https://www.biorxiv.org/content/10.1101/2020.12.06.411850v1.abstract.

383. How drinking vodka makes you more creative. The Week, 16 de febrero de 2012. https://theweek.com/articles/478116/how-drinking-vodka-makes-more-creative.

384. Lipnicki, D.M. y Byrne, D.G. (2005). Thinking on your back: Solving anagrams faster when supine than when standing. Cognitive Brain Research, 24(3), 719-22.

385. Lapp, W.M., Collins, R.L. y Izzo, C.V. (1994). On the enhancement of creativity by alcohol: Pharmacology or expectation? American Journal of Psychology, 173-206.

386. Rozenkrantz, L., Mayo, A.E., Ilan, T., Hart, Y., Noy, L. y Alon, U. (2017). Placebo can enhance creativity. PLoS One, 12(9), e0182466. Consulte también: Weinberger, A.B., Iyer, H. y Green, A.E. (2016). Conscious augmentation of creative state enhances 'real' creativity in open-ended analogical reasoning. PLoS One, e0150773.

387. Weger, U.W. y Loughnan, S. (2013). Rapid communication: Mobilizing unused resources: Using the placebo concept to enhance cognitive performance. Quarterly Journal of Experimental Psychology, 66(1), 23-8.

388. Autin, F. y Croizet, J.C. (2012). Improving working memory efficiency by reframing metacognitive interpretation of task difficulty. Journal of Experimental Psychology: General, 141(4), 610. Consulta también: Oyserman, D., Elmore, K., Novin, S., Fisher, O. y Smith, G.C. (2018). Guiding people to interpret their experienced difficulty as importance highlights their academic possibilities and improves their academic performance. Frontiers in Psychology, 9, 781.

389. Rosenthal aborda algunas de las críticas comunes en el siguiente trabajo: Rosenthal, R. (1987). Pygmalion effects: Existence, magnitude, and social importance. Educational Researcher, 16(9), 37-40. Consulta también: De Boer, H., Bosker, R.J. y van der Werf, M.P. (2010). Sustainability of teacher expectation bias effects on long-term student performance. Journal of Educational Psychology, 102(1), 168. Para una revisión moderna, consulta: Timmermans, A.C., Rubie-Davies C.M. y Rjosk, C. (2018) Pygmalion's 50th anniversary: The state of the art in teacher expectation research. Educational Research and Evaluation, 24(3-5), 91-8.

390. Szumski, G. y Karwowski, M. (2019). Exploring the Pygmalion effect: The role of teacher expectations, academic self-concept, and class context in students' math achievement. Contemporary Educational Psychology, 59, 101787. Consulta la referencia siguiente para una revisión más crítica, que, sin embargo, cree que las profecías autocumplidas son significativas (y particularmente elevadas en los militares): Jussim, L. (2017). Precis of social perception and social reality: Why accuracy dominates bias and self-fulfilling prophecy. Behavioral and Brain Sciences, 40.

391. Sorhagen, N.S. (2013). Early teacher expectations disproportionately affect poor children's high school performance. Journal of Educational Psychology, 105(2), 465.

392. Eden, D. y Shani, A.B. (1982). Pygmalion goes to boot camp: Expectancy, leadership, and trainee performance. Journal of Applied Psychology, 67(2), 194.

393. El tamaño del efecto del estudio IDF y el tamaño del efecto medio en los sectores se puede encontrar en el trabajo siguiente: McNatt, D.B. (2000). Ancient Pygmalion joins contemporary management: A meta-analysis of the result. Journal of Applied Psychology, 85(2), 314. Para debates adicionesles sobre los efectos Pigmalión en el lugar de trabajo, consulta: Whiteley, P., Sy, T. y Johnson, S.K. (2012). Leaders' conceptions of followers: Implications for naturally occurring Pygmalion effects. Leadership Quarterly, 23(5), 822-34; y Avolio, B.J., Reichard, R.J., Hannah, S.T., Walumbwa, F.O. y Chan, A. (2009). A meta-analytic review of leadership impact research: Experimental and quasi-experimental studies. Leadership Quarterly, 20(5), 764-84.

394. Brophy, J.E. y Good, T.L. (1970). Teachers' communication of differential expectations for children's classroom performance: Some behavioral data. Journal of Educational Psychology, 61(5), 365.

395. Rubie-Davies, C.M. (2007). Classroom interactions: Exploring the practices of high-and low-expectation teachers. British Journal of Educational Psychology, 77(2), 289-306. Para una revisión exhaustiva, consulta: Wang, S., Rubie-Davies, C.M. y Meissel, K. (2018). A systematic review of the teacher expectation literature over the past 30 years. Educational Research and Evaluation, 24(3-5), 124-79.

396. Rosenthal, R. y Jacobson, L.F. (1968). Teacher expectations for the disadvantaged. Scientific American 218(4), 19-23.

397. Tal y como explica la siguiente revista, la investigación reciente muestra que las expectativas del profesor son estables a lo largo del tiempo: Timmermans, A.C., Rubie-Davies C.M. y Rjosk, C. (2018) Pygmalion's 50th anniversary: The state of the art in teacher expectation research. Educational Research and Evaluation, 24(3-5), 91-8.

398. Angelou, M., Yo sé por qué canta el pájaro enjaulado, 83, Lumen, Barcelona, 1993.

399. The teachers who changed Oprah's life. (1989). https://www.oprah.com/oprahshow/the-teachers-who-changed-oprahs-life/all.

400. Coughlan, S. (2016). Stephen Hawking remembers best teacher. BBC News, 8 de marzo. https://www.bbc.co.uk/news/education-35754759.

401. Talamas, S.N., Mavor, K.I. y Perrett, D.I. (2016). Blinded by beauty: Attractiveness bias and accurate perceptions of academic performance. PloS One, 11(2), e0148284. Los autores hacen una conexión directa al efecto de las expectativas: «Perceptions of conscientiousness, intelligence and academic performance may play a vital role in the classroom environment and in the success of a child's education.»

402. Consulta, por ejemplo: Todorov, A., Mandisodza, A.N., Goren, A. y Hall, C.C. (2005). Inferences of competence from faces predict election outcomes. Science, 308(5728), 1623-6; Moore, F.R., Filippou, D. y Perrett, D.I. (2011). Intelligence and attractiveness in the face: Beyond the attractiveness halo effect.

Journal of Evolutionary Psychology, 9(3), 205-17.

403. Consulta Jager, M.M. (2011). 'A thing of beauty is a joy forever'? Returns to physical attractiveness over the life course. Social Forces, 89(3), 983-1003; Frevert, T.K. y Walker, L.S. (2014). Physical attractiveness and social status. Sociology Compass, 8(3), 313-23.

404. Clifford, M.M. y Walster, E. (1973). The effect of physical attractiveness on teacher expectations. Sociology of Education, 248-58; Bauldry, S., Shanahan, M.J., Russo, R., Roberts, B.W. y Damian, R. (2016). Attractiveness compensates for low status background in the prediction of educational attainment. PLoS One, 11(6), e0155313.

405. Frieze, I.H., Olson, J.E. y Russell, J. (1991). Attractiveness and income for men and women in management 1. Journal of Applied Social Psychology, 21(13), 1039-57. Para un debate más detallado, consulta: Toledano, E. (2013). May the best (looking) man win: The unconscious role of attractiveness in employment decisions. Cornell HR Review. http://digitalcommons.ilr.cornell.edu/chrr/48.

406. Mayew, W.J., Parsons, C.A. y Venkatachalam, M. (2013). Voice pitch and the labor market success of male chief executive officers. Evolution and Human Behavior, 34(4), 243-8. La información adicional, cmo los ingresos de Skinner, proceden de material suplementario anexado al estudio y en una entrevista que hice con William Mayew para el vídeo siguiente: Does the way you speak reveal how much you earn? BBC Worklife. https://www.bbc.com/worklife/article/20180605-does-the-way-you-speak-give-away-how-much-you-earn.

407. Wang, S., Rubie-Davies, C.M. y Meissel, K. (2018). A systematic review of the teacher expectation literature over the past 30 years. Educational Research and Evaluation, 24(3-5), 124-79; Sorhagen, N.S. (2013). Early teacher expectations disproportionately affect poor children's high school performance. Journal of Educational Psychology, 105(2), 465.

408. Jamil, F.M., Larsen, R.A. y Hamre, B.K. (2018). Exploring longitudinal changes in teacher expectancy effects on children's mathematics achievement. Journal for Research in Mathematics Education, 49(1), 57-90.

409. Agirdag, O. (2018). The impact of school SES composition on science achievement and achievement growth: Mediating role of teachers' teachability culture. Educational Research and Evaluation, 24(3-5), 264-76.

410. Ha habido un gran debate sobre la importancia de la amenaza del estereotipo, con algunos intentos fallidos de replicar el fenómeno. Sin embargo, sus defensores afirman que ha habido problemas metodológicos con algunas de esas réplicas y que la prueba de la existencia de la amenaza del estereotipo en muchas situaciones importantes es robusta. Reforzando este argumento, un metaanálisis reciente confirmó que las medidas para reducir la amenaza del estereotipo aumentan significativamente el rendimiento de las personas que correrían el riesgo de sufrir dicha amenaza. Para obtener más información, consulta: Nussbaum, D. (2018). The replicability issue and stereotype threat research. Medium, 1 de febrero. https://medium.com/@davenuss79/the-replicability-issue-and-stereotype-threat-research-a988d6f8b080; y Liu, S., Liu, P., Wang, M. y Zhang, B. (2020). Effectiveness of stereotype threat interventions: A meta-analytic review. Journal of

Applied Psychology. doi: 10.1037/apl0000770.

411. Citado en: Ellison, K. (2015). Being honest about the Pygmalion effect. Discover, 29 de octubre. https://www.discovermagazine.com/mind/being-honest-about-the-pygmalion-effect.

412. Rubie-Davies, C.M., Peterson, E.R., Sibley, C.G. y Rosenthal, R. (2015). A teacher expectation intervention: Modelling the practices of high expectation teachers. Contemporary Educational Psychology, 40, 72-85. Los datos fueron reanalizados en el estudio siguiente, que da la mejora del 28 por ciento citada en este párrafo: Rubie-Davies, C.M. y Rosenthal, R. (2016). Intervening in teachers' expectations: A random effects meta-analytic approach to examining the effectiveness of an intervention. Learning and Individual Differences, 50, 83-92.

413. De Boer, H., Timmermans, A.C. y van der Werf, M.P. (2018). The effects of teacher expectation interventions on teachers' expectations and student achievement: Narrative review and meta-analysis. Educational Research and Evaluation, 24(3-5), 180-200.

414. John-Henderson, N.A., Rheinschmidt, M.L. y Mendoza-Denton, R. (2015). Cytokine responses and math performance: The role of stereotype threat and anxiety reappraisals. Journal of Experimental Social Psychology, 56, 203-6. Se pueden observar beneficios parecidos en el caso de estudiantes más pobres que quizás consideren los exámenes particularmente estresantes: Rozek, C.S., Ramirez, G., Fine, R.D. y Beilock, S.L. (2019). Reducing socioeconomic disparities in the STEM pipeline through student emotion regulation. Proceedings of the National Academy of Sciences, 116(5), 1553-8. Consulta también: Liu, S., Liu, P., Wang, M. y Zhang, B. (2020). Effectiveness of stereotype threat interventions: A meta-analytic review. Journal of Applied Psychology. doi: 10.1037/apl0000770.

415. El estudio lo vincula explícitamente a la investigación sobre la expectativa y el estrés. Brady, S.T., Reeves, S.L., Garcia, J., Purdie-Vaughns, V., Cook, J.E., Taborsky-Barba, S.,... y Cohen, G.L. (2016). The psychology of the affirmed learner: Spontaneous self-affirmation in the face of stress. Journal of Educational Psychology, 108(3), 353.

416. Martens, A., Johns, M., Greenberg, J. y Schimel, J. (2006). Combating stereotype threat: The effect of self-affirmation on women's intellectual performance. Journal of Experimental Social Psychology, 42(2), 236-43.

417. Miyake, A., Kost-Smith, L.E., Finkelstein, N.D., Pollock, S.J., Cohen, G.L. e Ito, T.A. (2010). Reducing the gender achievement gap in college science: A classroom study of values affirmation. Science, 330(6008), 1234-7. Los datos sobre la brecha de género extraídos del gráfico y el material suplementario están disponibles aquí: www.sciencemag.org/cgi/content/full/330/6008/1234/DC1.

418. Hadden, I.R., Easterbrook, M.J., Nieuwenhuis, M., Fox, K.J. y Dolan, P. (2020). Self-affirmation reduces the socioeconomic attainment gap in schools in England. British Journal of Educational Psychology, 90(2), 517-36.

419. Cohen, G.L., Garcia, J., Apfel, N. y Master, A. (2006). Reducing the racial achievement gap: A social-psychological intervention. Science, 313(5791), 1307-10; Cohen, G.L., Garcia, J., Purdie-Vaughns, V., Apfel, N. y Brzustoski, P. (2009). Recursive processes in self-affirmation: Intervening to close the minority achievement gap. Science, 324(5925), 400-3.

420. Goyer, J.P., Garcia, J., Purdie-Vaughns, V., Binning, K.R., Cook, J.E., Reeves, S.L., ... y Cohen, G.L. (2017). Self-affirmation facilitates minority middle schoolers' progress along college trajectories. Proceedings of the National Academy of Sciences, 114(29), 7594-9. Consulta también: Sherman, D.K., Hartson, K.A., Binning, K.R., Purdie-Vaughns, V., Garcia, J., Taborsky-Barba, S. ... y Cohen, G.L. (2013). Deflecting the trajectory and changing the narrative: How self-affirmation affects academic performance and motivation under identity threat. Journal of Personality and Social Psychology, 104(4), 591. Consulta la referencia siguiente para ver un resumen de estos estudios sobre las diferencias raciales: Walton, G.M. y Wilson, T.D. (2018). Wise interventions: Psychological remedies for social and personal problems. Psychological Review, 125(5), 617.

421. Para un metaanálisis de las intervenciones de autoafirmación, consulta: Liu, S., Liu, P., Wang, M. y Zhang, B. (2020). Effectiveness of stereotype threat interventions: A meta-analytic review. Journal of Applied Psychology. Para una descripción del círculo virtuoso, consulta: Cohen, G.L. y Sherman, D.K. (2014). The psychology of change: Self-affirmation and social psychological intervention. Annual Review of Psychology, 65(1), 333-71.

422. Liu, S., Liu, P., Wang, M. y Zhang, B. (2020). Effectiveness of stereotype threat interventions: A meta-analytic review. Journal of Applied Psychology. Publicación adelantada en internet. doi: 10.1037/apl0000770.

Capítulo 10. Los superenvejecedores

423. Gagliardi, S. (2018). Sanremo 2018. Huffpost, 6 de febrero. https://www. huffingtonpost.it/entry/sanremo-2018-paddy-jones-balla-a-83-anni-e-lascia-tutti-a-bocca-aperta-questanno-sanremo-lo-vince-lei-la-vecchia-che-balla-e-come-la-scimmia-di-gabbani_it_5cc1ef3ee4b0aa856c9ea862.

424. Yaqoob, J. (2014). Simon Cowell: Controversial salsa-dancing granny can win Britain's Got Talent - and she reminds me of mum. Mirror, 12 de abril. https://www.mirror.co.uk/tv/tv-news/britains-talent-paddy-nico-simon-3406432.

425. Puede parecer controvertido, pero esta es la conclusión de muchos estudios, como: Stewart, T.L., Chipperfield, J.G., Perry, R.P. y Weiner, B. (2012). Attributing illness to 'old age': Consequences of a self-directed stereotype for health and mortality. Psychology and Health, 27(8), 881-97.

426. El experimento se describe en profundidad en: Langer, E.J., Atrasa tu reloj: El poder de la posibilidad aplicado a la salud, Ridgen, Barcelona, 2010. Los detalles adicionales, como el debate sobre el trabajo futuro, proceden de: Pagnini, F., Cavalera, C., Volpato, E., Comazzi, B., Riboni, F.V., Valota, C., ... y Langer, E. (2019). Ageing as a mindset: A study protocol to rejuvenate older adults with a counterclockwise psychological intervention. BMJ Open, 9(7), e030411.

427. Levy, B.R., Slade, M.D., Kunkel, S.R. y Kasl, S.V. (2002). Longevity increased by positive self-perceptions of aging. Journal of Personality and Social Psychology, 83(2), 261.

428. Levy, B.R., Zonderman, A.B., Slade, M.D. y Ferrucci, L. (2009). Age stereotypes held earlier in life predict cardiovascular events in later life. Psychological Science, 20(3), 296-8.

429. Levy, B.R., Ferrucci, L., Zonderman, A.B., Slade, M.D., Troncoso, J. y Resnick, S.M. (2016). A culture-brain link: Negative age stereotypes predict Alzheimer's disease biomarkers. Psychology and Aging, 31(1), 82.

430. Levy, B.R., Slade, M.D., Pietrzak, R.H. y Ferrucci, L. (2018). Positive age beliefs protect against dementia even among elders with high-risk gene. PLoS One, 13(2), e0191004.

431. Levy, B.R., Slade, M.D., Kunkel, S.R. y Kasl, S.V. (2002). Longevity increased by positive self-perceptions of aging. Journal of Personality and Social Psychology, 83(2), 261.

432. Kuper, H. y Marmot, M. (2003). Intimations of mortality: Perceived age of leaving middle age as a predictor of future health outcomes within the Whitehall II study. Age and Ageing, 32(2), 178-84. También hay pruebas experimentales para un efecto a corto plazo aquí: a las personas les afectan los anuncios de TV «edadistas», pero solo si se identifican como miembros de la misma generación que los actores: Westerhof, G.J., Harink, K., Van Selm, M., Strick, M. y Van Baaren, R. (2010). Filling a missing link: The influence of portrayals of older characters in television commercials on the memory performance of older adults. Ageing and Society, 30(5), 897.

433. Stephan, Y., Sutin, A.R. y Terracciano, A. (2016). Feeling older and risk of hospitalization: Evidence from three longitudinal cohorts. Health Psychology, 35(6), 634; Stephan, Y., Caudroit, J., Jaconelli, A. y Terracciano, A. (2014). Subjective age and cognitive functioning: A 10-year prospective study. American Journal of Geriatric Psychiatry, 22(11), 1180-7.

434. Mock, S.E. y Eibach, R.P. (2011). Aging attitudes moderate the effect of subjective age on psychological well-being: Evidence from a 10-year longitudinal study. Psychology and Aging, 26(4), 979. Consulta el trabajo siguiente para ver una explicación detallada del vínculo entre el envejecimiento subjetivo, el bienestar psicológico y la salud física: Stephan, Y., Chalabaev, A., Kotter-Gruhn, D. y Jaconelli, A. (2013). 'Feeling younger, being stronger': An experimental study of subjective age and physical functioning among older adults. Journals of Gerontology Series B: Psychological Sciences and Social Sciences, 68(1), 1-7; Westerhof, G.J., Miche, M., Brothers, A.F., Barrett, A.E., Diehl, M., Montepare, J.M., ... y Wurm, S. (2014). The influence of subjective aging on health and longevity: A meta-analysis of longitudinal data. Psychology and Aging, 29(4), 793; Wurm, S. y Westerhof, G.J. (2015). Longitudinal research on subjective aging, health, and longevity: Current evidence and new directions for research. Annual Review of Gerontology and Geriatrics, 35(1), 145-65; Terracciano, A., Stephan, Y., Aschwanden, D., Lee, J.H., Sesker, A.A., Strickhouser, J.E., ... y Sutin, A.R. (2021). Changes in subjective age during COVID-19. Gerontologist, 61(1), 13-22.

435. Davies, C. (2010). Martin Amis in new row over «euthanasia booths». Guardian, 24 de enero. https://www.theguardian.com/books/2010/jan/24/martin-amis-euthanasia-booths-alzheimers; https://www.manchester.ac.uk/discover/news/writing-is-not-for-the-old-says-amis-yes-it-is-says-james.

436. «Martin Amis always had a fear and loathing of ageing». Evening Standard, 13 de abril de 2012. https://www.standard.co.uk/news/martin-amis-always-had-a-fear-and-loathing-of-ageing-6791926.html.

437. Rosenbaum, R. (2012). Martin Amis contemplates evil. Smithsonian. https://www.smithsonianmag.com/arts-culture/martin-amis-contemplates-evil-17857756.

438. Higgins, C. (2009). Martin Amis on ageing. Guardian, 24 de enero. https://www.theguardian.com/books/2009/sep/29/martin-amis-the-pregnant-widow.

439. Levy, B. (2009). Stereotype embodiment: A psychosocial approach to aging. Current Directions in Psychological Science, 18(6), 332-6.

440. Touron, D.R. (2015). Memory avoidance by older adults: When «old dogs» won't perform their «new tricks». Current Directions in Psychological Science, 24(3), 170-6.

441. Robertson, D.A., King-Kallimanis, B.L. y Kenny, R.A. (2016). Negative perceptions of aging predict longitudinal decline in cognitive function. Psychology and Aging, 31(1), 71; Jordano, M.L. y Touron, D.R. (2017). Stereotype threat as a trigger of mind-wandering in older adults. Psychology and Aging, 32(3), 307.

442. Westerhof, G.J., Harink, K., Van Selm, M., Strick, M. y Van Baaren, R. (2010). Filling a missing link: The influence of portrayals of older characters in television commercials on the memory performance of older adults. Ageing and Society, 30(5), 897.

443. Robertson, D.A., Savva, G.M., King-Kallimanis, B.L. y Kenny, R.A. (2015). Negative perceptions of aging and decline in walking speed: A self-fulfilling prophecy. PLoS One, 10(4), e0123260.

444. Levy, B.R. y Slade, M.D. (2019). Positive views of aging reduce risk of developing later-life obesity. Preventive Medicine Reports, 13, 196-98.

445. Stewart, T.L., Chipperfield, J.G., Perry, R.P. y Weiner, B. (2012). Attributing illness to «old age»: Consequences of a self-directed stereotype for health and mortality. Psychology and Health, 27(8), 881-97.

446. Consulta, por ejemplo, Levy, B.R., Ryall, A.L., Pilver, C.E., Sheridan, P.L., Wei, J.Y. y Hausdorff, J.M. (2008). Influence of African American elders' age stereotypes on their cardiovascular response to stress. Anxiety, Stress, and Coping, 21(1), 85-93; Weiss, D. (2018). Sobre la inevitabilidad del envejecimiento: Essentialist beliefs moderate the impact of negative age stereotypes on older adults' memory performance and physiological reactivity. Journals of Gerontology: Series B, 73(6), 925-33.

447. Levy, B.R., Moffat, S., Resnick, S.M., Slade, M.D. y Ferrucci, L. (2016). Buffer against cumulative stress: Positive age self-stereotypes predict lower cortisol across 30 years. GeroPsych: The Journal of Gerontopsychology and Geriatric Psychiatry, 29(3), 141-6.

448. Levy, B.R. y Bavishi, A. (2018). Survival advantage mechanism: Inflammation as a mediator of positive self-perceptions of aging on longevity. Journals of Gerontology: Series B, 73(3), 409-12.

449. https://www.newscientist.com/term/telomeres. Consulta también: Levitin, D. (2020) The Changing Mind, 325. London: Penguin Life.

450. Pietrzak, R.H., Zhu, Y., Slade, M.D., Qi, Q., Krystal, J.H., Southwick, S.M. y Levy, B.R. (2016). Negative age stereotypes' association with accelerated cellular aging: Evidence from two cohorts of older adults. Journal of the American Geriatrics Society, 64(11), e228.

451. Tamman, A.J., Montalvo-Ortiz, J.L., Southwick, S.M., Krystal, J.H., Levy, B.R. y Pietrzak, R.H. (2019). Accelerated DNA methylation aging in US military veterans: Results from the National Health and Resilience in Veterans Study. American Journal of Geriatric Psychiatry, 27(5), 528-32.

452. Levy, B.R., Slade, M.D., Pietrzak, R.H. y Ferrucci, L. (2018). Positive age beliefs protect against dementia even among elders with high-risk gene. PLoS One, 13(2), e0191004.

453. Callaway, E. (2010). Telomerase reverses ageing process. Nature, 28 de noviembre. https://www.nature.com/news/2010/101128/full/news.2010.635.html; Ledford, H. (2020). Reversal of biological clock restores vision in old mice. Nature, 2 de diciembre. https://www.nature.com/articles/d41586-020-034030?fbcl id=IwAR2hB3VaqEpokcSQwoGkG5W6Jjfprw90pKfTz_ A4zav2V7xkrNYlMnTs06w.).

454. Knechtle, B., Jastrzebski, Z., Rosemann, T. y Nikolaidis, P.T. (2019). Pacing during and physiological response after a 12-hour ultra-marathon in a 95-year-old male runner. Frontiers in Physiology, 9, 1875.

455. Citado en este trabajo de revisión: Lepers, R. y Stapley, P.J. (2016). Master athletes are extending the limits of human endurance. Frontiers in Physiology, 7, 613.

456. Ibidem.

457. Harvey-Wood, H. (2000). Obituary: Penelope Fitzgerald. Guardian, 3 de mayo. https://www.theguardian.com/news/2000/may/03/guardianobituaries.books.

458. Wood, J. (2014). Late bloom. New Yorker, 17 de noviembre. https://www.newyorker.com/magazine/2014/11/24/late-bloom.

459. Sotheby's (2020). Getting to know Picasso ceramics. https://www.sothebys.com/en/articles/picasso-ceramics-7-things-you-need-to-know.

460. «In pictures: Matisse's cut-outs». BBC News, 7 de octubre de 2013. https://www.bbc.co.uk/news/in-pictures-24402817.

461. Weiss, D. (2018). On the inevitability of aging: Essentialist beliefs moderate the impact of negative age stereotypes on older adults' memory performance and physiological reactivity. Journals of Gerontology: Series B, 73(6), 925-33.

462. Shimizu, A. (2019). For Hiromu Inada, an 86-year-old ironman triathlete, age really is just a number. Japan Times, 5 de abril: https://www.japantimes.co.jp/life/2019/04/05/lifestyle/hiromu-inada-86-year-old-ironman-triathleteage-really-just-number/.

463. Office for National Statistics (2018). Living longer: how our population is changing and why it matters. https://www.ons.gov.uk/peoplepopulationandcommunity/birthsdeathsandmarriages/ageing/articles/livinglo ngerhowourpopulationischangingandwhyitmatters/2018-08-13#how-do-changes-in-the-uk-population-compare-with-the-rest-of-the-world.

464. https://www.who.int/news-room/fact-sheets/detail/dementia.

465. Kaeberlein, M. (2018). How healthy is the healthspan concept? GeroScience, 40(4), 361-4.

466. Levy, B.R., Pilver, C., Chung, P.H. y Slade, M.D. (2014). Subliminal strengthening: Improving older individuals' physical function over time with an implicit-age-stereotype intervention. Psychological Science, 25(12), 2127-35.

467. Consulta el apartado Discussion del siguiente trabajo: Robertson, D.A., King-Kallimanis, B.L. y Kenny, R.A. (2016). Negative perceptions of aging predict longitudinal decline in cognitive function. Psychology and Aging, 31(1), 71-81.

468. Sarkisian, C.A., Prohaska, T.R., Davis, C. y Weiner, B. (2007). Pilot test of an attribution retraining intervention to raise walking levels in sedentary older adults. Journal of the American Geriatrics Society, 55(11), 1842-6.

469. Consulta, por ejemplo: Stephan, Y., Chalabaev, A., Kotter-Gruhn, D. y Jaconelli, A. (2013). 'Feeling younger, being stronger': An experimental study of subjective age and physical functioning among older adults. Journals of Gerontology Series B: Psychological Sciences and Social Sciences, 68(1), 1-7; Brothers, A. y Diehl, M. (2017). Feasibility and efficacy of the AgingPLUS Program: Changing views on aging to increase physical activity. Journal of Aging and Physical Activity, 25(3), 402-11; Nehrkorn-Bailey, A., Forsyth, G., Braun, B., Burke, K. y Diehl, M. (2020). Improving hand-grip strength and blood pressure in adults: Results from an AgingPLUS pilot study. Innovation in Aging, 4 (Suppl 1), 587; Wolff, J.K., Warner, L.M., Ziegelmann, J.P. y Wurm, S. (2014). What do targeting positive views on ageing add to a physical activity intervention in older adults? Results from a randomised controlled trial. Psychology and Health, 29(8), 915-32; Beyer, A.K., Wolff, J.K., Freiberger, E. y Wurm, S. (2019). Are self-perceptions of ageing modifiable? Examination of an exercise programme with vs. without a self-perceptions of ageing-intervention for older adults. Psychology and Health, 34(6), 661-76.

470. He escrito acerca de esta investigación anteriormente: Robson, D. (2017). The amazing fertility of the older mind. BBC Future, 28 de agosto. http://www.bbc.com/future/story/20170828-the-amazing-fertility-of-the-older-mind.

471. https://www.tuttitalia.it/sardegna/73-nuoro/statistiche/popolazione-andamento-demografico.

472. Kirchgaessner, S. (2016). Ethical questions raised in search for Sardinian centenarians' secrets. Guardian, 12 August. https://www.theguardian.com/world/2016/aug/12/ethical-questions-raised-in-search-for-sardinian-centenarians-secrets; https://www.bluezones.com/exploration/sardinia-italy.

473. Ruby, J.G., Wright, K.M., Rand, K.A., Kermany, A., Noto, K., Curtis, D. ... y Ball, C. (2018). Estimates of the heritability of human longevity are substantially inflated due to assortative mating. Genetics, 210(3), 1109-24.

474. Mi corto documental sobre este tema se puede encontrar en: https://www.bbc.com/reel/playlist/elixir-of-life?vpid=p08blgc4.

475. North, M.S. y Fiske, S.T. (2015). Modern attitudes toward older adults in the aging world: A cross-cultural meta-analysis. Psychological Bulletin, 141(5), 993.

476. Levy, B.R. (2017). Age–stereotype paradox: Opportunity for social change. Gerontologist, 57 (Suppl 2), S118–S126.

EPÍLOGO

477. Anzilotti, E. (2017). This hospital bridges traditional medicine with Hmong spirituality - and gets results. Fast Company. https://www.fastcompany.com/3068680/this-hospital-bridges-traditional-medicine-with-hmong-spirtuality-and-gets-results.

478. Citado en Colucci-D'Amato, L., Bonavita, V. y Di Porzio, U. (2006). The end of the central dogma of neurobiology: Stem cells and neurogenesis in adult CNS. Neurological Sciences, 27(4), 266-70.

479. Schroder, H.S., Kneeland, E.T., Silverman, A.L., Beard, C. y Bjorgvinsson, T. (2019). Beliefs about the malleability of anxiety and general emotions and their relation to treatment outcomes in acute psychiatric treatment. Cognitive Therapy and Research, 43(2), 312-23.

480. Burnette, J.L. (2010). Implicit theories of body weight: Entity beliefs can weigh you down. Personality and Social Psychology Bulletin, 36(3), 410-22; Burnette, J.L. y Finkel, E.J. (2012). Buffering against weight gain following dieting setbacks: An implicit theory intervention. Journal of Experimental Social Psychology, 48(3), 721-5; Burnette, J.L., Knouse, L.E., Vavra, D.T., O'Boyle, E. y Brooks, M.A. (2020). Growth mindsets and psychological distress: A meta-analysis. Clinical Psychology Review, 77, 101816.

481. Consulta el material complementario: Yeager, D.S., Johnson, R., Spitzer, B.J., Trzesniewski, K.H., Powers, J. y Dweck, C.S. (2014). The far-reaching effects of believing people can change: Implicit theories of personality shape stress, health, and achievement during adolescence. Journal of Personality and Social Psychology, 106(6), 867.

482. Kross, E. y Ayduk, O. (2017). Self-distancing: Theory, research, and current directions. Advances in Experimental Social Psychology, 55, 81-136.

483. Streamer, L., Seery, M.D., Kondrak, C.L., Lamarche, V.M. y Saltsman, T.L. (2017). Not I, but she: The beneficial effects of self-distancing on challenge/threat cardiovascular responses. Journal of Experimental Social Psychology, 70, 235-41.

484. Diedrich, A., Hofmann, S.G., Cuijpers, P. y Berking, M. (2016). Self-compassion enhances the efficacy of explicit cognitive reappraisal as an emotion regulation strategy in individuals with major depressive disorder. Behaviour Research and Therapy, 82, 110.